나 혼자 하는 ESG

- ESG평가 준비 -

②권
우수한 ESG평가는
어떻게 가질 수 있나

이희선·구대환 共著

나 혼자 하는
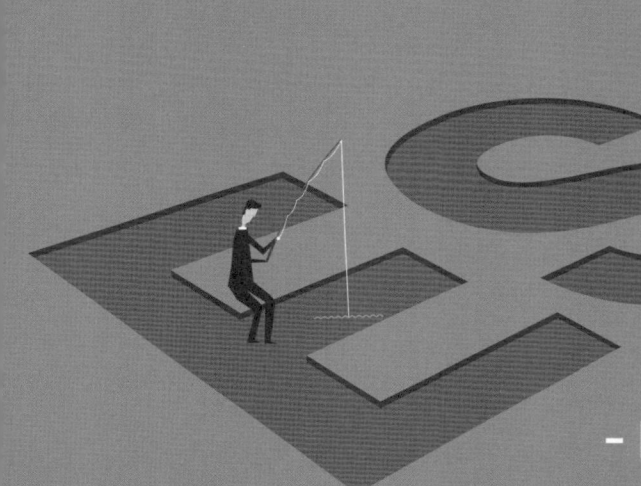

- ESG평가 준비 -

②권
우수한 ESG평가는
어떻게 가질 수 있나

이희선 · 구대환 共著

ESG교육평가원(주)　철강금속신문 S&M 미디어(주)

머릿말

　ESG가 회자된 지도 여러 해가 흘렀다. ESG를 많이 얘기하지만, 내용이 너무 다양하고 범위가 넓어 이를 이해하기가 어렵다. 많은 분들이 자기 분야를 중심으로 깊게 설명하다 보니 일반인들과 중소기업 종사자들 그리고 일선 행정에 종사하는 분들은 전반적인 이해를 하기가 쉽지 않다. 기본적인 개념과 이를 적용한 사례를 이해해 가다 보면 전체적인 그림을 그릴 수 있고, 이를 바탕으로 응용을 넓혀 가다 보면 자기 분야에 적용하고 응용하여 좋은 성과를 낼 수 있다고 생각하였다. 이런 생각이 이 책을 준비하게 된 이유이다.

　ESG는 단순히 기업 경영 전략의 개념을 넘어 지속 가능한 발전 그리고 다양한 이해관계의 포용이라는 가치 체계에 대한 사회적 담론을 형성했다. "어떤 기업이 '환경, 사회, 지배구조' 이슈를 잘 관리할 수 있다면, 이는 곧 그 기업이 지속가능한 성장에 필요한 리더십과 좋은 지배구조를 가졌음을 의미한다. 그렇기 때문에 우리는 투자결정 과정에서 이 세 가지 이슈를 점점 더 많이 고려하고 있다."는 말은 자주 그리고 큰 울림으로 인용되고 있는 말이다.

　국내에서도 여야 국회의원 61명이 초당적으로 참여하고, 총 128개 ESG 관련 기관이 회원으로 가입하는 국회포럼이 결성되었고, 기획재정부, 산업통상자원부, 환경부, 중소기업벤처부 등에서 ESG활성화를 위한 입법활동 시작하였으며, 2023년까지 100대기업 ESG보고서 제출, 2025년까지 중견중소기업 ESG 보고서 제출을 의무화하는 과정이 진행 중에 있다. 이러한 경향이 화두가 되면서 기업들의 바람직한 ESG 활동을 유도하기 위해서 다양한 형태로 기업 활동이 일어나고 있으며, 2,000편 이상의 많은 연구들이 이러한 활동이 투자 수익률에도 긍정적인 영향을 미친다는 결과를 발표하고 있다.

　이러한 ESG 국내외 경향에 순응하는 것이 중요하며, 이를 위해서는 첫째, Regulation 및 Standard를 기존보다 높은 수준의 목표 기준 설정하고, 둘째, 경영진, 주주, 직원 등 이해관계자 모두가 공감 지향할 수 있도록 내부 정책과 행동강령을 수립하고, 이를 경영에 내재화하며, 셋째, 성과 평가를 위한 적절한 측정 기준, 지표 등을 마련하고 절차, 방법 등 명시적 근거 마련하는 것이 필요하다.

　현재는 대기업을 대상으로 하지만, 앞으로는 중소기업 단계까지 ESG가 요구될 것이기 때문에, 중소기업 관련 단체에서의 동영상 강의, 공개 교육, 컨설팅 등이 필요하며, 대기업은 이러한 책임을 중소기업에게 떠넘기기보다는 공급망 관리 차원에서 중소기업을 책임지는 행동이 필요하다.

　윤석열정부는 ESG를 110대 정책 과제로 포함시키는 등 ESG 정책에 관심을 기울이고 있으며, ①ESG 공시제도 정비 ②중소·중견기업 ESG 지원 ③ESG 채권 발행·투자활성화 등 ESG 인프라 고도화방안을 마련하고, 글로벌 ESG 공시 표준화 동향에 맞춰 국내 공시제도를 정비하고 정보 접근성 제고를 위해 ESG 종합정보 플랫폼 구축을 마련하고자 하였다.

ESG는 환경(E), 사회(S), 지배구조(G)를 의미하며, 이것을 종합하여 생각하고 적용하는 것이 중요하며, 이러한 목적을 가지고 내용을 준비하였다. 국내외 많은 문헌을 조사하였으며, 이를 바탕으로 보다 심도 있게 분석하고 재 서술하여 체계적이며 쉽게 이해할 수 있도록 준비하였다.

ESG를 평가하거나 평가받는 작업을 수행하시는 분들을 생각하며, 내용을 준비하였다. 이를 1권과 2권으로 준비하였다. 1권은 ESG 평가를 어떻게 준비해야 하는 지를 설명하였다. 1부와 2부로 구성하여 1부는 ESG평가가 무엇인지를 이해하도록 하였다. 그래서 1부는 3장으로 구성하여 ESG는 무엇이며, ESG를 왜 하여야 하며, ESG평가를 위해서 어떤 평가 지침을 이해해야 하는 지를 설명하였다. 2부는 이러한 평가지침을 어떻게 활용해야 하는지를 설명하였다. 2부는 5장으로 구성하였다. 중요성 맵핑 프로세스를 활용할 수 있도록 하였고, 탈탄소시장을 이해하고 활용할 수 있도록 하였고, 규정 및 정책을 이해하고 활용할 수 있도록 하고, 시스템사고와 가치사슬을 이해하고 활용할 수 있도록 하였다. 이는 ESG 평가를 하거나 받기 위한 프로세스를 이해하고 준비하기 위한 기본적인 자료를 중심으로 서술하였다.

2권은 우수한 ESG 평가를 하거나 받기 위해 어떤 사항들을 준비해야 하는 지를 설명하였다. 1부와 2부로 구성하여 1부는 ESG평가를 잘 하거나 받기 위해서 강화해야할 요소를 준비하였으며, 2부는 이해하고 활용해야 할 요소를 준비하였다. 1부는 4장으로 구성하여 강화해야 할 요소를 혁신, 소통, 순환경제, 공급망으로 구성하여 이를 상세히 준비하였다. 2부에서는 이해하고 활용해야 할 요소를 위기와 기회, 생산과 소비, 직원 육성 및 변화담당자 육성으로 구성하여 4장을 준비하였다. 이해를 돕고 응용을 잘 할 수 있도록 풍부한 사례를 조사하였고, 연습을 할 수 있도록 하였다.

ESG를 잘 이해하고 준비하고자 미국대학 및 영국 대학과 기관에서 3개 강좌를 수강하였고, 기초가 되는 여러 권의 서적을 이해하고 국내외 잡지, 기사 및 뉴스 자료를 참고하였다. 25년 동안 KEI에서의 환경정책 수행과 2018년에 발간한 책 ECOTOPIA의 저술은 이 책을 준비하는 데 밑 바탕이 되었다. 이 모든 것으로부터 다양한 자료의 이해를 바탕으로 이 책을 구성하고, 이 들을 이해하는 범위에서 준비하고 설명하였다.

ESG를 시민, 중소기업 종사자, 기초 지자체 종사자 및 관심 있는 학생들이 잘 이해하고 응용할 수 있도록 돕기 위하여, 교육을 제공하고, 후에 평가를 준비하고, 필요한 경우 컨설팅을 제공하고자 ESG교육평가원㈜를 설립하였다. ESG는 아직 확고한 기반을 만든 것이 아니고 계속 발전을 하고 표준 프로세스를 만들어 가는 과정에 있다고 생각한다. 그래서 계속 국내외 동향 및 자료를 수집하고 분석하는 것이 중요하다. 이를 준비하고 실행하고자 하였다. MZ세대는 기성세대와는 달리 손해를 감수하면서도 ESG를 중요시한다는 여러 조사 결과를 고려할 때, 앞으로는 ESG가 더욱 중요해질 것이다. ESG는 간단하지 않고, 쉽지 않지만, 앞으로 해야만 하며, 그렇기 때문에 제대로 하지 않거나, 하지 않으면 우리는 국제적으로 고립될 수도 있을 것이다.

이 책이 아무쪼록 많은 분들께 조금이나마 도움이 되었으면 한다.

우리는 4차산업혁명의 물결 속에 자신도 모르게 휩쓸려가고 있다. AI, ESG, 블록체인, 암호화폐, 메타버스, 패권 전쟁, 달러의 종말, 금융위기, 저성장, 중산층의 몰락, 펜데믹, 환경재해, 식량위기 등등 생소하고 이해하기 어려운 단어들이 넘쳐나고 있는 시대이다. 그래도 지속적인 생존과 행복한 삶을 위하여 우리는 앞으로 나아가야한다. ESG는 4

차산업혁명의 미래를 추측할 수 있고 방향성을 이해할 수 있는 수단의 하나라고 생각된다.

  이 책을 읽는 모든 분들이 ESG에 대한 학습을 통해 ESG에 대한 이해도를 높이고 ESG를 생활화하기를 바란다.

2023년 8월 20일
ESG교육평가원
이 희 선 · 구 대 환

감사의 말

 "25년을 일하다 퇴직이라는 사건에 마주하게 되자 앞으로 무엇을 해야 하고 할 수 있을까?" 에 대해를 많이 고민하였다. 환경분야를 생각하다 이를 더 넓게 바라보는 것이 더 보람이 있을 것이라는 많은 분들의 조언이 있었다. 이것이 이 일에 엄두를 두는 계기가 되었다. ESG라는 분야에 큰 방향과 앞으로의 진행에 깊은 식견을 가지고 심도 있는 논의를 해주고, 물심 양면의 지원과 이 책을 함께 저술해 준 구대환 대표께 감사한다. 이 일을 준비하는 데 많은 분들의 도움이 있었다. 건강을 잘 유지해 주시는 부모님께 감사하며, 항상 큰 기반이 되어준 아내 노재윤에게도 감사한다. 항상 쾌활하고 자기 몫을 잘 해주는 둘째 이수연과 캐나다에서 세 딸(나에게는 세 손녀)을 잘 키워 가서 우리 부부에게 큰 기쁨을 주는 첫째 이윤주에게도 감사한다. 시엘(예영), 노엘(예주), 리엘(예현) 세 손녀들이 건강히 잘 자라고 항상 주는 기쁨이 모든 일을 하는 원동력이 되는 것에 감사한다. 그리고 첫째 사위 이승희(폴)과 곧 둘째가 될 박상윤 박사에게도 감사한다. CSMBA 박진대표, 화성시 곽윤석 정책실장, KEI의 조공장박사, 주현수박사, 한상운 박사, 법무법인 화우의 김도형박사, 환경일보 김익수대표, 용산구의회 백준석의원께 감사한 마음을 전한다. 이 원고가 잘 마무리 질 수 있도록 큰 도움을 준 권은수씨에게 감사한 마음을 전한다.

은퇴 후에도 새로운 영역에 대한 학습과 연구를 통하여 ESG 관련 책을 완성하고 제2의 인생을 개척하고 계시는 이희선 박사께 축하와 감사의 말씀을 드린다. 앞으로도 ESG교육평가원㈜의 설립 및 운영을 통해 그리고 한결같은 연구와 학습을 통해 ESG 교육과 평가의 길을 완성해 나가시길 기원한다. 그리고 나의 모든 가족에게도 감사한다.

발간사

다양한 위기 상황이 동시에 발생하는 요즘 ESG 경영이 화두로 부상한 지 오래 됐습니다. 환경, 사회, 거버넌스 등 기업의 모든 관계자들은 나아갈 방향을 설정하고 다양한 관점에서 리스크 부분을 미리 분석해 대응하는 논의가 활발합니다.

기존의 기업들은 재무적 성과(실적)를 중심으로 판단했지만, 장기적 관점에서 기업의 가치를 상승시키고 지속적으로 영향을 주는 비재무적 요소인 ESG가 투자자들의 장기적인 수익을 추구하는 데 영향을 미치면서 기업의 주가에도 반영이 되고 있습니다. 이에 기업들은 ESG 성과를 외면할 수 없게 되었습니다. 국제적으로도 환경에 큰 관심을 가지면서 탄소 배출과 기후변화, 환경오염 등이 주목받고 있습니다. 당연히 국내 기업은 이 추세에 적극 대응해야 합니다.

이처럼 거대한 패러다임으로 부상한 것이 ESG 경영입니다. 기업의 전반적인 체질을 개선하고 변화의 물결에 대응하기 위해서는 더욱 그렇습니다. 이에 ESG를 평가하거나 평가받는 작업을 수행하는 사람들을 위해 체계적으로 정리한 책을 출간합니다. S&M미디어(철강금속신문)와 ESG교육평가원이 공동으로 발간하는 ESG 관련 책이 그 주인공입니다. 1권과 2권이 나뉘어 집필한 이 책은 당면한 기업의 ESG 경영에 나침반 같은 역할을 할 것으로 확신합니다.

「나 혼자 하는 ESG」라는 큰 제목으로 1권 'ESG평가는 어떻게 준비하여야 하나?' 2권 '우수한 ESG 평가는 어떻게 가질 수 있나?'로 나뉜 이 책은 ESG 경영 교본이나 마찬가지입니다. 그 내용을 들여다보면 ESG는 무엇이며, 왜 해야 하며, 평가를 위해서 어떤 지침을 이해해야 하는지를 설명합니다. 아울러 이러한 평가 지침을 어떻게 활용해야 하는지와 탈탄소시장을 이해하고 활용할 수 있는 방법과 규정 및 정책, 시스템 사고와 가치 사슬을 이해하고 활용할 수 있도록 체계적으로 정리해 설명하고 있습니다.

또한 우수한 ESG 평가를 하거나 받기 위해 어떤 사항들을 준비해야 하는 지도 설명합니다. ESG 평가를 잘하거나 받기 위해서 강화해야 할 요소와 이해하고 활용해야 할 요소를 어떻게 준비해야 하는지 등과 특히 이해를 돕고 응용을 잘할 수 있도록 풍부한 사례를 조사했고, 연습을 할 수 있도록 하였습니다. 이에 저자는 이 책을 읽는 모든 사람들이 ESG에 대한 학습을 통해 이해도를 높이고 생활화하기를 바란다는 바람을 피력하였습니다. 이 책의 집필 취지는 여기에 있습니다.

이 책은 막연하게만 느껴지던 ESG 경영을 이해하고 실천하는 지침서가 될 것으로 확신합니다. 그동안 기업들은 ESG 경영을 제대로 알기 위해서는 어떻게 해야 하는지, 초혁신 시대에 기술로 ESG 경영을 리드하려면 어떤 과정을 반드시 거쳐야 하는지, 공급망의 최종 목적지라고 할 수 있는 탄소 중립을 고도화하는 순환경제를 구축하려면 어떤 노력이 필요한 지 방향을 잡지 못해 고민이 컸습니다. 이러한 문제를 깨끗이 해결해 준 것이 이 책이라고 생각합니다.

ESG교육평가원은 이 책을 통해 ESG 교육을 구체화할 예정이라고 합니다. 모쪼록 이 책이 ESG 교육에 중요한 길라잡이 역할을 하기를 바라며 애독자들의 뜨거운 관심이 이어지기를 기대합니다. 마지막으로 이 책을 집필해 주신 두 분의 노고에 감사드리며 여러분의 많은 애독으로 필자의 노력이 헛되지 않기를 기원합니다.

2023년 8월 20일
S&M미디어(철강금속신문)
대표이사 **배 장 호**

Contents

2권 | 우수한 ESG 평가는 어떻게 가질 수 있나?

| 머릿말 | 저자 이희선·구대환 4
| 감사의 말 9
| 발간사 11

1부 | 우수한 ESG평가를 위해 강화해야 할 요소들 17

제1장 | 어떻게 혁신을 강화할 것인가? 19
- Ⅰ. 혁신 강화 필요성 20
- Ⅱ. 혁신모델의 성공요소는 무엇인가? 23
- Ⅲ. 혁신의 유형은 무엇인가? 29
- Ⅳ. 어떠한 기업 사례가 있나? 39

제2장 | 어떻게 소통을 강화할 것인가? 59
- Ⅰ. 그린 워싱(Green washing)과 어떻게 싸울 것인가? ... 60
- Ⅱ. 코로나19 후의 마케팅 전략 68
- Ⅲ. 지속 가능한 소통이란 무엇인가? 73
- Ⅳ. 어떠한 기업 사례가 있나? 78

제3장 | 어떻게 순환경제를 강화할 것인가? 93
- Ⅰ. 순환경제 94
- Ⅱ. 순환경제 산업 110
- Ⅲ. 순환경제와 ESG 118
- Ⅳ. 어떠한 기업 사례가 있나? 120
- Ⅴ. 순환경제의 적용 연습 152

제4장 | 어떻게 공급망을 강화할 것인가? 157
- Ⅰ. 지속가능한 공급망은 무엇인가? 158
- Ⅱ. 어떠한 기업 사례가 있나? 163
- Ⅲ. 공급망 관리의 실습 181

2부 | 우수한 ESG평가를 위해 활용해야 할 요소들 191

제5장 | 어떻게 위기와 기회를 분석하고 활용할 것인가? 193
- Ⅰ. 어떻게 위기와 기회를 분석하고 활용할 것인가? 194
- Ⅱ. 어떠한 기업 사례가 있는가? 203
- Ⅲ. 위기와 기회 사례 연습 212

제6장 | 어떻게 지속가능한 소비와 생산을 이해하고 활용할 것인가? 215
    Ⅰ. 지속 가능한 소비(SC) ·············· 216
    Ⅱ. 지속 가능한 생산(SP) ·············· 224
    Ⅲ. 통합적인 소비와 생산은 무엇인가? ·············· 229
    Ⅳ. 어떠한 기업 사례가 있나? ·············· 236

제7장 | 어떻게 직원을 육성하고 활용할 것인가? 245
    Ⅰ. 다양성과 포용성 ·············· 246
    Ⅱ. 상위권에 다양성이 부족한 진짜 이유 ·············· 248
    Ⅲ. 어떠한 기업 사례가 있나? ·············· 255
    Ⅳ. 직원과 지속 가능성에 대한 연습 ·············· 269

제8장 | 어떻게 변화담당자를 육성하고 활용할 것인가? 275
    Ⅰ. 효과적인 변화담당자 ·············· 276
    Ⅱ. 지속가능성과 변화담당자에 대한 연습 ·············· 285

1권 ESG평가는 어떻게 준비하여야 하나

1부 | ESG평가의 이해 17
    제1장 ESG는 무엇인가? ·············· 19
    제2장 ESG는 왜 해야하나? ·············· 69
    제3장 ESG평가를 위한 평가지침은 무엇인가? ······ 119

2부 | ESG 평가지침의 활용 173
    제4장 어떻게 중요성 맵핑 프로세스를 활용할 것인가? ··· 175
    제5장 어떻게 탈탄소시장을 이해하고 활용할 것인가? ··· 203
    제6장 어떻게 정책 및 규제를 이해하고 활용할 것인가? ··· 237
    제7장 어떻게 시스템 사고를 분석하고 활용할 것인가? ··· 271
    제8장 어떻게 시스템 사고를 분석하고 활용할 것인가? ··· 293

I
우수한 ESG평가를 위해 강화해야 할 요소들

- 제1장 혁신 강화
- 제2장 커뮤니케이션 강화
- 제3장 순환경제의 강화
- 제4장 공급망의 강화

제1장
어떻게 혁신을 강화할 것인가?

Ⅰ. 혁신 강화 필요성
Ⅱ. 혁신모델의 성공요소는 무엇인가?
Ⅲ. 혁신의 유형은 무엇인가?
Ⅳ. 어떠한 기업 사례가 있나?

01 어떻게 혁신을 강화할 것인가?

Ⅰ. 혁신 강화 필요성

1. 혁신이란 무엇인가?

혁신은 새로운 제품과 서비스를 시장에 소개하기 위한 목적으로 제품 및 서비스를 공식화(또는 발명)하는 것이다(Hacking, Driffill, Dee, & Friedman, 2015[1]). 기술 혁신과 제품 혁신, 프로세스 혁신, 정책 및 사회 혁신(Driffill, Hacking, & Stiles, 2016[2])을 포함한 혁신은 다양한 맥락에서 적용될 수 있다.

지속 가능성을 추구하는 기업과 혁신을 추구하는 기업 간의 연관성에 주목하는 것이 중요하다. 지속 가능성 분야에서 선도적인 기업이 혁신의 선도자로 간주될 가능성이 400% 더 높다(Makower, 2013[3]).

지속 가능성을 추구하는 기업들이 지속 가능성 전략을 구현하기 위해 혁신적인 프로세스, 제품 및 서비스를 개발할 가능성이 더 높다는 것은 당연하다. 이 혁신은 부정적인 환경 및 사회적 영향의 감소를 포함하여, 새로운 특징과 이점을 제공하는 결과를 낳는다. 또한 혁신 성과와 재무 성과 사이에는 강력하고 긍정적인 상관 관계가 존재한다고 여겨진다(McKinsey Quarterly, 2019[4]).

---

[1] Hacking, T., Driffil, L., Dee, N. & Friedman, K. (2015) Sustainable design and technology. Cambridge: Cambridge Institute of Sustainability Leadership
[2] Driffil, L., Hacking, T. & Stiles, P. (2016) Sterategy, business model and corporate govermance. Cambridge: Cambridge Institute of Sustainability Leadership
[3] Makower, J. (2013 October 28). Two steps forward: How sustainability drives innovation. GreenBiz
[4] McKinsey Quarterly. (2019) The Innovation Commitment

2007년, 2012년, 2017년에 종료된 3개의 5년 단위 기간 동안, 상대적 총 주주 수익률은 약간 증가했지만, 하이레버리지 혁신가들(high-leverage innovators)의 상대적 실적은 두 가지 핵심 척도인 '매출 총이익'과 '영업 이익'에서 증가했다. 이는 시간이 지남에 따라 글로벌 이노베이션 1000 기업의 전반적인 실적 개선을 반영할 수 있다. 그러나, 이 데이터는 또다른 놀라운 사실을 드러낸다. 하이레버리지 혁신가들은 2007-12년 동안 다른 회사들을 크게 앞질렀는데, 이 기간에는 주요 기업들이 침체에 빠졌고, 현재 사업 확장의 첫 해에 걸쳐 있었기 때문이다. 이는 이 기간 동안 하이레버리지 혁신가들이 더 빠르고 강력하게 회복했음을 시사한다. 실제로 글로벌 이노베이션 1000에 속한 기업은 다른 나머지 기업의 13.4배에 달하는 총이익 증가율(타사 대비 6.6배), 영업이익 증가율(7.0배), 총 주주 수익률 경쟁에서도 이겼다.

2. 왜 혁신을 필요로 하는가?

   글로벌 이노베이션 1000[5]의 R&D 지출은 2018년에 전체적으로 11.4% 증가하여 7,820억 달러로 사상 최고치를 기록했는데, 이는 모든 지역과 거의 모든 산업의 R&D 지출 증가를 반영한다. 하이레버리지 혁신가들을 살펴보면, 2017년에 그 분류를 획득한 88개 기업은 2012년부터 2017년까지 글로벌 이노베이션(innovation) 1000대 기업 중 다른 기업보다 매출은 2.6배, 시가총액은 2.9배 높았고 동시에 연구개발 집약도(매출액 대비 R&D 비용)는 산업 중위값보다 낮은 것으로 나타났다.
   이러한 하이레버리지 혁신가들은 모든 지역과 산업에서 찾아볼 수 있다. 여기에는 애플, 아디다스, 스탠리 블랙 & 데커와 같은 가정용 브랜드와 스페인에 기반을 둔 여행 솔루션 및 소프트웨어 글로벌 제공업체인 아마데우스 IT 그룹, 일본에 기반을 둔 특수 화학 제품 회사인

---

[5] 'Profiling the Global Innovation 1000'을 참조

DIC 코퍼레이션과 같이 독자들에게 덜 친숙할 수 있는 회사들이 포함된다.

우리는 올해 분석 결과를 토대로 하이레버리지 혁신가가 경쟁사와 차별화되는 것이 무엇인지 판단하기 위해 혁신 리더를 인터뷰하고 목록에 있는 여러 회사의 혁신 프로그램을 연구했다. 또한 혁신 노력을 어디에 집중하고 있는지, 혁신 접근 방식이 어떻게 변화하고 있는지, 어떤 혁신 모델을 추구하고 있는지, 얼마나 잘 성공하고 있는 지에 대한 통찰력을 얻기 위해 리더와 관리자의 표본(총 869명)을 조사했다. 우리는 성장 및 수익성 측면에서 경쟁사를 능가하고 있다고 보고한 기업들을 분류하고, 그들의 혁신 관행이 비슷하거나 더 느린 성장을 보고한 기업들과 어떻게 대조를 이루는 지에 주목했다.

3. 혁신을 통해 경쟁 우위를 창출할 수 있나?

혁신은 21세기 조직이 달성할 수 있는 유일한 지속 가능한 경쟁력이다(Cheam, 2015[6]). 이는 오늘날의 지식 경제가 이미 기업에 방대한 양의 정보에 접근을 허용하고 있으며, 최고의 조직과 일반 조직 간의 차이는 주어진 정보를 사용하여 혁신을 이루고 경쟁에서 앞서 나갈 수 있는 능력에 있을 것이라는 전제에 기초하고 있다. 그러나, 혁신의 이점을 얻기 위해서는 기업이 중장기적인 위험을 감수하고 단기적인 비용을 부담할 수 있는 준비가 되어 있어야 한다. 이를 위해서는 최고 경영진의 헌신, 그리고 어려움을 이겨내고 지속할 의지가 필요하다.

4. 혁신의 6가지 주요 특징은 무엇인가?

우리의 분석에 따르면, 하이레버리지 혁신가와 비교적 높은 성능을 보고하는 기업들 모두 6가지 주요 특성을 가지고 있다. 처음 다섯째까

---

[6] Cheam, J. (2015) Innovation: The only sustainable competitive advantage

지는 널리 이해되고 있지만, 성취의 정도는 다양하다. 여섯 번째는 최고의 혁신자들만이 성취할 수 있는 것이다.

첫째, 혁신기업들은 혁신 전략을 비즈니스 전략과 긴밀하게 연계한다.

둘째, 혁신기업들은 혁신을 위한 전사적 문화 지원을 창출한다.

셋째, 혁신기업들의 최고 지도부는 혁신 프로그램에 크게 관여하고 있다.

넷째, 최고 경영자가 직접 주도하는 통찰력을 바탕으로 혁신을 실현한다.

다섯째, 혁신기업들은 혁신 프로세스 초기에 프로젝트 선택을 엄격하게 통제한다.

여섯째, 혁신기업들은 첫째부터 다섯째 특성 각각에 탁월하며, 이를 통합하여 시장을 혁신할 수 있는 고유한 고객 경험을 창출할 수 있다.

혁신 사례 및 전략의 질문에 대한 설문 응답자들의 답변을 분석한 결과, 빠른 수익 성장을 보고하는 기업(응답자의 43%)과 동종 기업과 비슷하거나 덜 성공했다고 답한 기업(48%) 간에 확연한 차이를 보였다(48%는 자신들이 동종 기업과 같은 속도로 성장하고 있다고 답했고, 9%는 더욱 느리게 성장하고 있다고 답했다). 더욱이 그들의 회사가 경쟁사들을 능가하고 있다고 보고한 설문 응답자들은, 하이레버리지 혁신가들이 예시하는 것과 같은 기술 혁신에 대한 접근 방식과 태도를 상당 부분 갖추고 있었다.

II. 혁신모델의 성공요소는 무엇인가?

1. 전략적 연계

기업의 실적이 동종 업계보다 우수하다고 응답한 응답자는 전략적 연계를 보고하는 경우가 훨씬 많았다. 이 그룹 중 77%는 혁신 전략이 비즈니스 전략과 매우 비슷하거나 밀접하게 일치한다고 답했으며, 이는 동종 기업과 비슷한 성장세를 갖추고 있다고 답한 응답자 54%와 더디게 성장하고 있다고 보고한 응답자 32%와 비교된다. 높은 수익성을 보고한 기업에서도 비슷한 차이가 존재한다. 또한 지난 11년 동안 기업을 세분화한 세 가지 혁신 모델 즉, 니즈 탐색자(need seekers), 시장 독자(market readers) 및 기술 동력자(technical drivers) 간의 전략적 조정에 관한 차이점도 발견했다.

설문 조사에서는 니즈 탐색자가 전체 응답자의 34%수치(반올림 했음)를 차지했다. 이 회사들은 새로운 아이디어를 창출하기 위해 고객을 직접 참여시킨 다음, 독창적인 제품과 서비스를 개발하고 그것들을 먼저 시장에 내놓는다. 우리 응답자의 23%를 차지하는 시장 독자들은 빠른 추종자들이다. 이들은 일반적으로 시장, 고객 및 경쟁사를 면밀히 모니터링하여 아이디어를 창출하며, 주로 현재 제품에 대해 점진적인 혁신을 통해 가치를 창출하는 데 초점을 맞춘다. 응답자의 44%인 기술 동력자들은 새로운 기술을 통해 고객의 알려진 요구와 알려지지 않은 요구를 충족시키는 것을 목적으로 새로운 제품과 서비스를 개발하기 위해 내부 기술 전문성에 크게 의존하고 있으며, 혁신과 점진적인 변화를 주도하고 있다.

시장 독자의 38%와 기술 동력자의 43%에 비해, 니즈 탐색자의 65%는 동종 업체보다 수익성이 높다고 답하였다. 따라서, 니즈 탐색자의 혁신 모델별 응답 내역을 살펴보면 도움이 될 것이다. 또한, 니즈 탐색자들은 시장 독자(35%)나 기술 동력자(36%)보다 높은 수익 증가율(59%)을 보고하고 있다. 더욱 중요한 것은, 84%의 니즈 탐색자가 혁신과 비즈니스 전략이 긴밀하게 일치한다고 답한 반면, 시장 독자의 48%와 기술 동력자의 53%만이 이에 해당된다.

2. 문화적 지원

경쟁사보다 매출 면에서 빠르게 성장하고 있다고 응답한 기업의 71%가 그들의 혁신 전략과 기업 문화가 크게 일치한다고 답한 반면, 경쟁사와 동일한 성장세를 보인다고 답한 기업은 53%, 성장 속도가 더딘 기업은 33%만이 그렇다고 답했다. 더 높은 수익성을 보고한 기업의 문화적 성향 차이는 비슷했다.

우리는 또한 혁신 모델에 따른 문화적 지원의 차이를 발견했다. 니즈 탐색자들은 기업 문화를 자신에게 유리하게 전환하는 데 훨씬 더 능숙하다. 82%는 조직의 문화가 혁신 전략을 매우 지지한다고 답한 반면, 시장 독자는 48%, 기술 동력자는 47%였다.

애플(Apple)의 CEO인 팀 쿡(Tim Cook-오랫동안 니즈 탐색자인 것으로 판단됨)은 혁신은 회사의 DNA 안에 있으며, 애플은 교차 기능을 통해 협력할 수 있는 똑똑한 사람들을 고용해서 애플의 문화를 육성한다고 말한다. Cook은 2013년 Duke's Fuqua School of Business의 학장(Cook의 동문)과의 인터뷰에서 "정치적이지 않은 사람들을 찾는다."고 말했다. 또한, 다음과 같이 덧붙였다. "우리는 영악하고 똑똑한 사람들을 찾고 있습니다. (중략) 서로 다른 관점을 이해하는 사람들을 말합니다. (중략) 애플이 특별한 이유는 우리가 하드웨어, 소프트웨어, 서비스에 집중하기 때문입니다. 그리고 마법은 이 세 가지가 합쳐진 곳에서 일어납니다. (중략) 그 안에 있는 것 중 오직 하나에만 집중하는 사람은 마법을 만들어낼 수 없습니다. 그래서, 우리는 사람들이 다른 방법으로는 생산할 수 없는 것들을 만들 수 있는 방식으로 협력하기를 원합니다."

아마데우스(Amadeus) IT는 전 세계 45개 지점(이 회사의 주요 R&D 허브는 프랑스, 독일, 인도, 영국 및 미국에 있음)에 걸쳐 문화적 지원을 구축하는 데 주력하고 있다. "우리는 새로운 것, 흥미로운 기술 및 새로운 기회에 대한 욕구가 큰 사람들로 구성되어 있습니다."라고 연구 혁신 및 벤처 책임자인 마리온 메스나쥬(Marion Mesnage)는 말했다. 또한, 혁신 팀은 매우 다문화적으로 구성되어 있다고 덧붙이며, "이것은 창의성과 다른 관점을 교환하기 위한 훌륭한 토대를 만든다."고 말했다. Amadeus IT가 채택한 관행 중 하나는 R&D 및 사업부 내에 혁신 챔피언 시스템을 구축하는 것이다. R&D 및 사업부의 역할은 회사의 혁신 접근 방식을 홍보하고 육성하며, 사람들이 새로운 아이디어를 제출하도록 장려하는 것이다. 그리고 이러한 아이디어를 수집하여 조직의 나머지 구성원에게 확실하게 보여주는 것이다.

3. 경영진의 참여

경쟁사보다 높은 수익 증가를 보고한 설문 응답자들은, 회사의 경영진들이 R&D 프로그램에 밀접하게 관련되어 있다고 답하는 경향이 훨씬 높았다. 78%는 자사의 경영진들이 R&D 투자 및 전략에 매우 또는 밀접하게 관련되어 있다고 답한 반면, 동종 업계와 비슷한 성장세를 보이는 기업의 경우는 62%, 그보다 느린 성장세를 보이는 기업의 경우는 53%였다.

혁신 모델 중에서, 대부분의 니즈 탐색자들은 그들의 리더들이 혁신 프로그램에 연결되어 있다고 보고했다. 시장 독자의 63%와 기술 동력자의 57%에 비해, 니즈 탐색자의 84%는 그들의 경영진이 R&D 투자와 전략에 관한 의사 결정에 매우 많이 관여하고 있다고 답했다.

우리가 인터뷰하거나 분석한 모든 하이레버리지 혁신가들은, 그들의 경영진들의 방향성이 혁신 프로그램과 매우 유사하다고 말했다. Stanley Black & Decker가 그 좋은 예이다.

Stanley Engineered Fasting의 최고 기술 책임자인 팀 해치(Tim Hatch)는 "경영진은 수직적으로 혁신에 관여합니다."고 말한다. "저희

CEO는 그룹 연설 때마다 혁신의 돌파구를 언급합니다. 프로젝트나 제품 리뷰가 있을 때마다, 그는 항상 우리가 돌파구를 가지고 어디에 있는지, 그리고 팀에 의해 만들어진 아이디어를 어떻게 상업화하고 있는 지에 대해 질문합니다. 그리고, 그의 직위와 사업부에서 비슷한 수준의 참여도가 나타납니다."라고 말했다.

애플에서, 혁신은 항상 최고 경영진의 의제였다. 이는 비전 있는 창업자(故 스티브 잡스)와 함께 시작하는 데 도움이 됨과 동시에, 조직 내부에서의 혁신, 특히 디자인을 향상시켰다. 예를 들어, 1996년부터 애플의 디자인 스튜디오를 운영하고 있는 조나단 아이브(Jonathan Ive)는 2015년에 최고 디자인 책임자로 임명되었다. 그는 CEO에게 직접적인 보고 절차를 거쳐 애플 하드웨어의 모양과 느낌, 사용자 인터페이스, 패키징, 애플 파크 및 애플의 소매점과 같은 주요 아키텍처 등에 대한 책임을 맡고 있다. 또한, 새로운 아이디어와 미래 계획을 제안하는 역할을 하기도 한다.

4. 고객 통찰력에 집중하기

우리의 모든 설문 응답자(동종 업계보다 성장률이 빠르거나 느리거나 동일하다고 보고한 응답자)는 혁신 프로그램에서 고객 및 소비자의 통찰력을 중요하게 생각한다. 그들은 아이디어화 단계에서 가장 중요한 능력으로 소비자와 고객의 통찰력을 꼽았다. 하지만 흥미롭게도, 동종 업계와 성장률이 같거나 느리다고 보고한 응답자는 자신들이 관련 능력에서 가장 유능하다고 판단했지만, 더욱 빠른 수익 성장률을 보고한 응답자들은 자신들이 그 정도의 전문성을 지니고 있지 않다고 평가했다. 이것은 직관에 반하는 것처럼 보일 수 있지만, 실제로는 꽤 일리가 있는 결과이다. 전자의 경우는 이 분야에서 충분히 조사했다고 생각하는 것으로 보인다. 그러나, 후자는 더 많은 개선의 기회를 시도하고 연구한다.

혁신 모델을 살펴보면, 고객 통찰력에 크게 의존하는 니즈 탐색자도 이를 자신들의 최고 역량으로 선택하지 않았다. 그러나 시장 독자들과 기술 동력자들은 이를 그들의 최고 역량으로 선택했다. 전반적으로 최고의 혁신가들은 고객의 통찰력을 수집하는 데 있어 어떤 회사도 완벽하게 학습을 끝내지 못한다는 것을 인식하고 있는 것으로 보인다.

DIC 코퍼레이션은 가장 성공적인 혁신 중 일부를 통해 직접적인 고객 통찰력을 얻는 데 초점을 맞췄다. 이 회사의 주요 사업 중 하나는 TV, 컴퓨터 및 기타 장치에 사용되는 액정 디스플레이의 컬러 필터(특히 빨간색, 파란색 및 녹색 색소)를 위한 구성 요소와 재료를 생산하는 것이다. R&D 총괄 매니저 기요타카 가와시마(Kiyotaka Kawashima)에 따르면 이 분야의 기술은 지난 10년 동안 빠르게 발전했으며, 공급망이 길기 때문에 일반적으로 최종 사용자는 DIC 코퍼레이션과 같은 공정 및 자재 공급 업체와의 거리가 멀 수밖에 없다고 한다. 이에 혁신팀은 최신 컬러 필터 혁신에 대해 개발 초기 단계에서 최종 사용자의 피드백을 모색했으며, 통찰력을 통합하고 생산 노하우를 활용해 경쟁사 제품보다 우수한 색소를 만들 수 있었다. 오늘날, 녹색 색소에 대한 DIC 코퍼레이션의 시장 점유율은 80%이고, 파란색은 50% 정도로 높다.

5. 프로젝트 선정에 집중하기

혁신 프로세스 중 아이디어화, 프로젝트 선택, 제품 개발 또는 상용화 중 어느 단계까지가 가장 중요한지 묻는 질문에 설문 응답자 중 35%가 프로젝트 선택을 선택했으며, 그 다음이 아이디어화(31%)였다. 이러한 혁신 프로세스의 "프론트 엔드(front end)"는 성공에 매우 중요한 역할을 한다. 우선, 제품 개발의 장기 비용 중 70%가 아이디어화 및 프로젝트 선택 단계에 사용된다. 그리고 아무리 뛰어난 운영 및 비즈니스 관리 능력을 지니고 있다고 해도, 프로젝트 선택의 과정에서 어떤 아이디어를 개발 및 선택 과정으로 옮겨야 하는지에 대한 잘못된 결정을 극복하지 못한다.

 비교적 빠른 성장을 보고한 기업은 아이디어 및 프로젝트 선택 단계에서 가장 유능하다고 답했고, 느린 성장을 보고한 기업보다 프로젝트 선택 능력에서도 훨씬 더 많은 잠재력을 보일 가능성이 높았다. 고속 성장 기업의 42%가 프로젝트 선택을 회사가 성장할 수 있는 가장 중요한 기회라고 보았고, 이는 동종 업계와 비슷한 성장률을 보이는 기업(30%), 느린 성장을 보이는 기업(31%)과 상당히 비교된다.

 또한 니즈 탐색자들은 혁신 프로세스의 프로젝트 선택 단계를 개선하기 위해 더욱 노력한다. 이들의 42%는 선택 단계가 가장 혁신이 필요한 단계라고 답했지만, 기술 동력자(33%)와 시장 독자(29%)는 이보다 적게 긍정했다. 그에 반해, 니즈 탐색자는 제품 개발 단계에는 그다지 중점을 두지 않았다.

III. 혁신의 유형은 무엇인가?

1. 지속가능한 시스템 혁신

 지속 가능한 발전에 필요한 혁신은 점진적인 조정으로는 부족하다는 주장이 있다. 지속 가능한 발전은 생산과 소비 시스템에서 더 큰 부분의 혁신을 요구한다. 이미 있는 생산과 소비 시스템에서 점진적인(제품과 공정 관련) 혁신은 지속 가능성 성과에 대해 추가적인 점진적인 개선으로 이어진다. 하지만 결국에, 점진적 혁신은 다차원적 생산 및 소비 시스템에서 전 세계적으로 최적인 시스템 구성으로 이어지지 않는 경우가 많다(Schaltegger and Wagner 2011[7]).

지난 수 십년 간 지속 가능한 혁신이라는 단어는 폭 넓게 사용되었지만, 학술적 문헌에서 정의된 수는 제한적이다(Boons and Lüdeke-Freund 2013[8]). 하비에르 카릴로 헤르모시야(Javier Carrillo-Hermosilla(2010[9])) 등의 리뷰에서 생태 혁신이나 환경 혁신과 같은 생태학적 지속 가능성에 초점을 맞춘 혁신의 정의 목록을 만들었다. 예를 들어, "환경적 기능을 개선시키는 혁신"을 그들의 생태 혁신의 정의로 소개했다. Charter 등(2008[10])은 지속 가능한 발전에 의해 제기된 과제가 주어졌을 때, 지속 가능한 혁신은 종종 시스템 전체를 아우르고, 급진적인 특징이 있다고 설명했다. 일반적으로, 지속 가능한 혁신은 일반적인 제품 및 공정의 혁신을 넘어 미래 지향적이다. 지속 가능한 혁신은 사회적 목표를 포함하고 지속 가능성의 장·단기 목표를 위한 지속 가능한 개발의 총체적이고 장기적인 프로세스와 더 명확하게 연결되어 있기 때문에, 생태 혁신을 넘어서는 개념이다. Holmes와 Smart(2009[11])는 지속 가능성 주도의 혁신과 파트너십에 대해 더 많은 연구가 필요하다고 설명한다.

Adams 등(2016[12])은 지속 가능성 지향적인 혁신 실천 및 프로세스를 보여줄 수 있는 지속 가능성 지향 혁신(SOI; Sustainability-Oriented Innovation) 모델을 제시한다. 이러한 SOI에는 운영 최적화(예: 환경 효율성 - 규정 준수, 효율성, 동일한 작업 개선)와 조직의 변화(예: 새로운 시장 기회-새로운 제품, 서비스 또는 사업 모델, 새로운 일을 함으로써 좋은 일을 하는 것)가 있다. 또한, 지속 가능성 지향 혁신을 경제적

---

7) https://link.springer.com/chapter/10.1007/978-3-319-48514-0_13#CR33
8) https://link.springer.com/chapter/10.1007/978-3-319-48514-0_13#CR6
9) https://link.springer.com/chapter/10.1007/978-3-319-48514-0_13#CR8
10) https://link.springer.com/chapter/10.1007/978-3-319-48514-0_13#CR10
11) https://link.springer.com/chapter/10.1007/978-3-319-48514-0_13#CR19
12) https://link.springer.com/chapter/10.1007/978-3-319-48514-0_13#CR1

수익과 더불어 사회적, 환경적 가치를 창출하고 실현하는 특정 목적을 달성하기 위해 조직의 철학과 가치뿐만 아니라, 제품, 프로세스 또는 관행을 의도적으로 변경하는 것이라고 설명한다.

드레이퍼(Draper(2015[13]))는 보고서에서 큰 변화를 만들어내는 지속 가능성을 위한 시스템 혁신은 "시스템(도시, 부문, 경제)을 보다 지속 가능한 길로 전환시키는 일련의 행동"으로 정의했다. 이는 일련의 행동을 인지할 수 있는 것이 중요하다. 시스템의 변화는 보통 다양한 사회 영역에 걸친 여러 개입이 필요하다. 한 사람이나 하나의 혁신이 폐기물이나 에너지와 같은 전체의 복잡한 시스템을 변화시키기는 어려우며, 아무리 강력한 조직이더라도 한 조직이 감당하기 어려운 큰 문제이다. 예를 들어, 시스템을 더 탄력적이며 공평하게 만들고 미래에도 지속되도록 하는 것으로, 혁신을 확장할 수 있는 부문에 필요한 기술이 없다고 말한다.

지속 가능한 발전을 위해서는 급진적이고 체계적인 혁신이 필요하며, 비즈니스 모델의 개념을 기반으로 이러한 혁신들을 구축할 때, 보다 효과적으로 만들 수 있다고 주장한다. 지속 가능한 비즈니스 모델들은 더 높은 시스템 수준에서 지속 가능한 혁신과 경제적 성과 간의 개념적인 연결을 제공한다(Boons and Lüdeke-Freund 2013[14]). 지속 가능한 혁신은 급진적인 특징이 있다고 설명하고, 지속 가능한 혁신은 일반적인 제품 및 프로세스 혁신을 넘어 미래 지향적인 특징이 있다 (Charter 등. 2008[15]). 또한, 지속 가능한 혁신을 다음과 같이 설명했다. "지속 가능한 혁신은 지속 가능성에 대한 고려(환경, 사회 및 재무)가 아이디어를 떠올리는 것에서부터 연구 개발(R&D) 및 상용화에 이르기까지 기업 시스템에 통합되는 과정입니다. 이런 것들은 제품, 서비스 및 기술뿐만 아니라 새로운 비즈니스 및 조직 모델에도 적용됩니다."

---

13) https://link.springer.com/chapter/10.1007/978-3-319-48514-0_13#CR13
14) https://link.springer.com/chapter/10.1007/978-3-319-48514-0_13#CR6
15) https://link.springer.com/chapter/10.1007/978-3-319-48514-0_13#CR10

2. 절약을 위한 혁신

자원들의 비용이 오르고 제한되면서, 절약을 위한 혁신이 가치 사슬 전반에서 개발되고 있다. 기업들은 더 적은 천연 자원과 재정을 사용하여, 더 낮은 비용으로 더 큰 경제적, 사회적 가치를 지닌 새로운 제품과 서비스를 도입하고 있다. 절약을 위한 혁신의 목표는 저렴하게 제품을 만드는 것이 아니라 경제성, 단순성, 품질 및 지속 가능성 측면에서 보다 효과적인 제품을 만드는 것이다. 절약을 위한 혁신은 새로운 사고방식이다. 이것은 자원에 대한 제한이 우리를 약화시키는 문제가 아닌, 성장의 기회로 보는 유연한 접근법이다. 순환적 경제와 밀접한 연관이 있다.

2.1 절약을 위한 혁신의 사례

1) Unilever의 접근 방식은 생산 중 더 적은 자원을 필요로 하고 더 적은 폐기물이 나오도록 기존 제품을 재구성하는 것이다.
2) 글락소스미스클라인 (GlaxoSmithKline)은 연구 결과의 효율성과 실행 가능성에 따라 확장되거나 사라질 수 있는 많은 소규모 연구 및 개발 프로젝트에 투자하려는 것이다.
3) M-KOPA의 "홈 태양광 솔루션 박스"는 케냐의 전력 공급을 못 받는 사람들에게 조명을 공급하는 태양광 패널, 태양광 라디오 및 태양광 휴대폰 충전기를 제공한다(Radjou, 2017[16]).
4) 새로운 방식을 통해 외부 이해관계자와 협력하는 것이 있다. 이를 통해 기업은 혁신을 가능케 하는 외부의 자원과 지식에 접근할 수 있게 된다. 예를 들어, General Electric Company가 차세대 항공기 브래킷을 개발할 때, 절약을 위한 솔루션을 크라우드 소싱했다 (Radjou & Prabhu, 2014[17]).

---

16) Radjou, N. & Parabhu, J. (2017, March 21). The genius of frugal innovation. Ideas. Ted.Com.
17) Radjou, N. & Parabhu, J. (2014, November 28). 4 CEOs who are making frugal innovation work. Harvard Business Review

5) 기업이 외부 이해관계자와 소통하며, 기업의 업무 방식에 대한 외부 관점을 논의하고 반영하는 것이 있다. 이런 것들은 기업 내에서 더 새롭고 효과적인 방법의 촉매제가 될 수 있다(Whelan & Fink, 2016[18]). 이러한 외부 이해관계자 참여의 예들은 기업이 회복력과 관련하여 경쟁보다는 협력해야 할 필요성이 증가했다는 것을 의미한다.

3. 청정 기술 혁신

기술 혁신 및 환경과 관련된 새로운 비즈니스 벤처의 개발은 한동안 존재해 왔다. 하지만, "청정 에너지, 환경, 지속 가능한 또는 친환경 제품 및 서비스를 포함하는 투자 자산군, 기술 및 비즈니스 부문을 포괄하는"을 뜻하는 청정 기술(Clean Tech)이라는 포괄적인 단어는 20년 전에서부터 점차 대중화되었다. 정부의 규제 정책 및 표준 설정이 늘어가면서, 2000년대 초반 청정 기술 혁신 및 관련 벤처 투자에 대해 사람들의 관심이 점차 늘었다. 정부의 정책 및 표준은 다음과 같다.

1) 장기적인 보조금 제도가 풍력 및 태양열 발전이 부상하는 데에 뒷받침해 줬다. 그 중 가장 눈에 띄는 예는 독일의 Energiewende이다. 이것은 재생 가능한 자원을 이용해 저탄소 경제로 계획적으로 전환하기 위해 만든 투명하고 체계적인 보조금 체계이며, 현재 독일 전력의 40%가 재생 가능 자원에서 나온다.

2) 최소한의 기술 표준의 조화는 청정 기술 혁신을 추진하는 데 도움을 주었다. 지난 수십 년간 유럽의 조명 시스템의 혁명은 EU의 정책 결정자들에 의해 추진되었는데, 그들은 백열 전구들을 에너지를 적게 사용하는 형광등이나 LED 전구로 바꾸려 했다. 국제 표준화 기구(The International Organization for Standardization;

---

18) Whelan, T. & Fink, C. (2016). The comprehensive business case for sustainability. Harvard Business Review

ISO)는 일련의 관리 시스템 표준화를 통해 여러 기업들이 에너지를 효율적으로 관리할 수 있게 도왔다. 또한, 전 세계의 많은 정부는 건물이 건축, 판매 또는 임대될 때마다 에너지 성능 인증서를 필요로 하여, 건물에서 에너지를 효율적으로 사용하는 것을 장려한다.

3) 부동산 부문에서는, 많은 부동산 개발업자와 소유주가 에너지 효율적인 자재와 저탄소 기술의 이점을 활용하고 있어, 상당한 변화가 일어나고 있다. 이는 시장 개발을 주도하는 대부분의 유럽 국가의 규제 당국이 추진하는 에너지 성능 인증서(EPCs)를 임대 및 판매에 필요한 문서 중 하나로 만드는 등의 정책과 결을 함께 했다. 이러한 정책으로는 건축 법규(특히 북유럽 국가)에서 에너지 효율성에 대해 보다 엄격한 기준을 요구하거나, 모든 신규 주거 건물이 최소 저탄소 기준을 충족하도록 규정하는 것도 있다.

영국에서는 주거용 임대에 대해 최소 EPC 등급 기준을 도입한다는 법률이 새로 생겼으며, 이는 상업용 임대로 확대되고 있다. 또한 부동산 소유자들은 점점 건물 인증 및/또는 에너지 성능 표준(예: 국제적 표준인 에너지 및 환경 디자인의 리더십(LEED), 호주의 국립 호주 건축 환경 등급 시스템(NABERS), 일본의 환경 효율 종합 평가(CASBEE), 미국의 EnergyStar, 중국의 Green Building 등등)에 따라 자산을 평가하는 경우가 늘고 있으며, 대출 기관과 기관 투자자는 GRESB와 같은 표준을 이용하여 보유 자산을 벤치 마킹하고 있다. 건물 및 생산 시설의 에너지 효율성을 개선하고, 에너지 효율적으로 신축을 장려하는 다양한 정부 지원 계획과 더불어, 부동산 대출 기관은 에너지 효율성에 투자한 차용인에게 보상하는 대출 상품을 개발했다.

4) 지난 10년 간의 가장 놀랍고 예상하지 못했던 발전 중 하나는 재생 에너지 비용의 하락이다. 국제 재생 에너지 기구(IRENA)의 비

용 분석에 따르면, 새로운 태양광 발전(PV) 및 육상 풍력 발전은 기존 석탄 화력 발전소의 한계 운영 비용보다 더 저렴해지는 과정에 있다. 보고서는 2020년까지 육상 풍력 발전과 태양광 발전은 재정적 지원 없이도 가장 저렴한 화석 연료 발전보다 더 저렴하게 신규 전력을 지속적으로 제공할 것이라고 예측했었다. 유럽 나머지 지역, 특히 독일과 네덜란드에서 해상 풍력에서도 이러한 인상적인 비용 절감이 일어나고 있다. 록키 마운틴 연구소의 최근 연구에 따르면, 이러한 기술로 구성된 청정 에너지 포트폴리오(CEP)는 이제 미국 전역의 새로운 천연 가스 발전소와 비용면에서 경쟁력도 있고 동일한 그리드 신뢰성을 가지므로, 재생 가능한 에너지 쪽으로 자본 흐름이 바뀔 가능성이 높다. 이러한 청정 에너지 기술의 비용 감소는 정책이나 규제보다 저비용 기후 및 탈탄소 해결책으로서 효과적으로 보이며, 따라서 매력적인 투자 기회로 보인다. 환경 및 기후 해결책 역할을 하는 청정 기술 부문의 산업들은 넓게 보면 운송, 물 관리, 폐기물 관리, 스마트 에너지 및 자원 효율성, 식품 및 농업에 적용 가능하다.

블룸버그 뉴 에너지 파이낸스(BNEF)에 따르면, 2019년 전 세계 재생 에너지에 대한 총투자는 미화 2,822억 달러였으며, 중국이 가장 큰 투자자였고 그 다음이 미국이었다. 또한 기존 화석 연료 기반 기업들의 청정 및 재생 가능 기술에 대한 벤처 및 투자 활동이 증가하고 있다. 이런 민간 부문의 노력에 더해, 지속 가능한 에너지 혁신에 투자하고 혁신을 가속화하기 위해 설립된 유럽 혁신 기술 연구소(EIT)와 같은 더 큰 초국가적인 공공 부문 지원이 이를 보완하고 있다. 아직 개념 단계에 머물러 있는 또 다른 계획으로는 민간 자금과 공공 투자를 연결하는 '세계 경제 포럼의 지속 가능한 에너지 혁신 기금(SEIF)'이 있다.

5. Lazlo의 혁신을 위한 공식(Lazlo Innovation Schema)

당신의 회사에 Lazlo의 혁신을 위한 공식을 적용해 보자. 먼저, 사소한 것이라도 좋으니 당신의 혁신에 대한 모든 생각들을 리뷰해 보라. 그러면 당신의 비즈니스가 얼마나 친환경적인지, 사회적으로 조화를 이루고 있는지, 어떤 변화를 원하는지 도식화하는 데 도움이 될 것이다. 다음과 같이 확인해 보자.

1) 지속 가능성의 측면에서 당신의 비즈니스는 해결책의 일부인가 아니면 문제의 일부인가?

건설 회사로서 아파트와 사무실 건물을 건설하는 것은 모든 사람에게 좋은 삶의 질을 제공하기 때문에 해결책의 일부이다.

2) 산업 부문에서 당신의 회사는 다른 회사에 비해 더 지속 가능한가?

고객에게 환경 및 사회적 이점을 제공하기 때문에 건설 산업 내의 다른 어떤 회사보다 지속 가능하다. 에너지 효율, 청정 공기 시스템, 재생 에너지 및 순환 경제를 제공한다.

3) 이해관계자가 생각하는 바도 고려하여 수평 축에서 당신의 비즈니스가 어디쯤 있는지 결정하라. 기업은 이미 시장에 생태학적 또는 사회적 해결책을 제공했다. 또한 지속 가능성 성과를 점점 내고 있다. 여기서, 지속 가능성은 지속 가능한 기업이 된다는 핵심 전략을 강화한다.

4) ES Cloud를 보자. 5년, 10년, 15년 후, 비즈니스에 대한 당신의 비전은 무엇인가?

나의 비전은 환경 비즈니스로 전환하는 것이다. 즉, 태양광, 풍력 발전, 수소 에너지 등 신재생 에너지와 플랫폼을 개발하여, 다른 기업의 환경 문제에 대해 해결책을 제공하는 것이다. 여기에 더해서, 순환 경제로의 전환도 나의 비전 중 하나이다.

5) 당신은 어떤 변화를 원하는가? 점진적인? 급진적인? 파괴적인 변화?

파괴적인 혁신을 원한다. 왜냐하면 나의 비즈니스 방향을 환경 기업 쪽으로 돌릴 것이기 때문이다. 이 친환경적인 생태계 플랫폼 비즈니스 모델은 환경과 사람 그리고 금융을 연결한다. 그리고 진보된 기술과 창의적인 해결책을 통해 지속 가능한 라이프 스타일을 구축하고, 온실가스 배출과 같은 현재의 환경 문제에 해결책을 제공한다.

6) 혁신과 성장 기회는 어떤 것이 있나?

환경 문제를 해결하기 위해 선형적인 비즈니스 양식에서 순환성으로 전환하고 있다. 친환경 비즈니스, 친환경 에너지, 친환경적인 해결책 분야에 과감한 투자와 혁신 기술 연구개발에 매진하여, 전 세계적으로 환경을 선도하는 기업으로 성장할 것이다. 아래의 내재된 지속 가능성에 대한 Lazlo 프레임을 사용하여 회사에서 보고 싶은 지속 가능성 혁신 전략 유형에 대한 비전을 탐색하라.

7) 건설사 A를 참조로 한 아래의 예를 참고하여 본인의 기업을 대상으로 작성하시오.

〈표2.1〉 건설사 A의 Lazlo의 혁신

문제	당신의 회사는 어떠한가?	질문에 답하시오
1) 당신의 목표는 무엇인가?	지속 가능한 가치를 추구할 것인가?	• 경제, 사회, 환경 이슈를 통합하고 이해관계자에 대한 가치 향상을 통해 경영 시스템을 강화한다. • 비즈니스 포트폴리오를 환경 및 재생 가능한 에너지로 전환하고, ESG 관리를 완벽하게 구현한다.
2) 당신의 능력은 어디까지인가?	핵심 비즈니스를 변경할 것인가?	• 건설업의 한계를 극복하고, 시장 패러다임을 지속가능성으로 변화시킨다. • 국내 제조업에서 세계 최고 품질의 연료전지를 제조하고 있는 한국 최대 환경 플랫폼 기업인 EMC 홀딩스 인수를 통해, 혁신적인 재생가능한 에너지 및 친환경 비즈니스 모델의 혁신할 수 있 는 기반을 마련하고 ESG 경영에 앞서고 있다.
3) 고객에게 어떤 도움이 되는가?	트레이드오프 (trade-off) 없이 더 스마트한 솔루션을 제공할 것인가?	• 에너지 효율화, 재생에너지, 폐기물 관리 등을 통해 고객에게 양질의 삶의 질을 제공한다 • 순환경제 기반의 3R을 중심으로 한 폐기물 자원화 사업 (감소: 소각 및 매립, 재사용: 수처리, 재활용: 폐자재), 지구 온난화 문제를 해결할 수 있는 친환경 에너지 기술 및 친환경 생태계 플랫폼 의 탄소중립형 친환경 에너지 기술

4) 어떻게 이해관계자의 가치를 창 출할 것인가?	지속 가능한 가치창출을 제공할 것인가?	• 이해관계자에 대한 가치는 시스템 사고 및 수명 주기 평가를 통해 포착할 수 있다. • 원재료 공급자, 임직원, 고객, 지역사회, NGO 및 정부는 지속가능성 가치 창출을 위한 중요한 이해관계자이다. • ESG 원칙을 비즈니스 활동에 포함시키는 것은 지속가능한 가치를 창출하는 데 필요한 새로운 가치를 만들어낼 수 있을 것이다. "안전 제일"이라는 원칙을 회사에 포함시킴으로써 고용인들의 안전을 최우선으로 하는 사내 문화를 만들 수 있다.	
5) 가치 사슬에 어떻게 영향을 미칠 수 있는가?	제품/서비스의 라이프사이클 전 반에 걸쳐 관리 하는가?	• 시스템 사고와 라이프 사이클 평가는 가치사슬에 영향을 미친다. • 원재료 공급업체, 직원, 고객, 지역 커뮤니티, NGO 및 정부는 창의적인 솔루션과 기술 혁신을 통해 기업이 내재된 지속 가능성을 적용하여 회사 제품을 관리할 수 있도록 지원한다.	
6) 이해관계자들과의 관례에 어떻게 영향을 미칠 수 있는가?	혁신적인 관계를 만들 것인가?	• 거래 관계를 활용하지 않고 이해 관계자 관계에 영향을 미치며, 변혁적 관계를 구축한다. 모든 주요 이해 관계자는 원자재 공급업체, 직원, 고객, 지역 커뮤니티, NGO 및 정부이다. • 모든 주요 이해 관계자를 위한 변혁적 관계는 지역사회에 책임을 부여하고, 비즈니스 솔루션에 대한 공동 소유권을 창출한다.	
7) 경쟁을 어떻게 다룰 수 있는가?	긴밀한 협력을 할 것인가?	• 경쟁은 승패가 아닌, 경쟁사 간의 상생으로 해결할 수 있다. • 경쟁사와의 긴밀한 협업을 통해 차별화된 비즈니스 가치를 창출할 수 있다. 제5와 유인물 1에서 볼 수 있듯이, 경쟁자가 많기 때문에 환경 및 사회 분야에서 우수한 성과를 거두기 위해서는 깊은 협업이 필요하다	
8) 조직에 어떻게 융화될 수 있는가?	지속가능성이 모든 직원의 직무에 포함되도록 보장할 것인가?	• 모든 부서를 "희생양"으로 만드는 것이 아닌, 지속 가능성을 모두의 역할로 만들어 조직에 포함 시켰다. 이를 위해서는 모든 사람이 이사회의 지원을 받아야 하는 내재된 지속가능성 변화의 주 체가 되어야 한다. 또한, "지속가능경영자"라는 명칭을 폐지한다.	
9) 변화를 위해 어떤 종류의 유능함을 보여야 하는가?	시스템 사고를 구현할 것인가?	• 변화를 위해서는 경쟁 우위가 필요하다. 이는 평균 이상의 산업 수익을 달성하기 위한 것이다. • 도로, 철도, 항만, 주택 등 다양한 인프라 프로젝트에 참여함으로써 기술력과 시공 능력에 대한 국제적인 명성을 얻었다.	
10) 얼만큼 눈에 띄어야 하는가?	지속가능성 문화를 장려할 것인가?	• 지속가능문화 활성화 • 기업 문화의 지속 가능한 발전을 위한 혁신적인 가치를 창출하기 위해, 모든 비즈니스 활동에 ESG 관행을 통합하고 있다. • 이는 글로벌 탄소 중립 솔루션 및 RE100 참여를 구현하고, 신흥 국가에 전력 공급을 제공함으로써 탄소 중립을 실현한다.	

Ⅳ. 어떠한 기업 사례가 있나?

1. 스탠리 블랙 & 데커(Stanley Black & Decker)

127억 달러 규모의 다각화된 제조 회사 Stanley Black & Decker의 프로젝트 팀은 건설 현장에서 회사 제품을 사용하는 고객을 관찰하면서 문제가 있음을 발견했다. Stanley Black & Decker는 "FlexVolt" 무선 전동 공구 및 배터리 팩의 DeWalt 라인을 개발했다. 이 제품군은 전문 계약자에게 빠르게 수용되어 2016년 라인 출시 이후 3억 달러의 매출 증가를 이루었다.

이 회사의 글로벌 도구 및 보관 부서의 인사 담당 부사장인 스티븐 M. 수베이직(Stephen M. Subasic)은 "코드는 건설 작업 현장에서 가장 큰 애로사항 중 하나입니다."라고 말했다. "고객들은 저희 팀에게 무선 옵션을 더 많이 원한다고 말해왔습니다." 그러나 최종 사용자는 다음과 같은 추가 제약이 있었다. 그들은 기존의 20볼트 도구에 많은 투자를 했고, 이를 포기할 의사가 없었다. 이에, FlexVolt 시스템이 문제를 해결했다. Subasic은 "우리는 모터와 배터리에 일부 새로운 기술을 결합하여 FlexVolt 시스템이 도구의 전압에 자동으로 조정되도록 할 수 있었습니다." 또한, "이러한 과제를 해결한 것은 단일 배터리 플랫폼으로, 차세대 및 현재 세대의 툴에 모두 적용됩니다."라고 말했다.

매년 높은 성과를 달성하는 것은 항상 어렵고, 이를 유지하는 것도 매우 어렵다. 그러나 이러한 하이레버리지 혁신가들의 성공은 시간이 지남에 따라 사실로 실현된 우리의 연구 결과를 재확인시켜준다. 기업이 혁신 노력에 쓰는 돈의 양과 전반적인 재무 실적 사이에는 장기적인 상관관계가 없다. 대신 중요한 것은, 기업들이 그 돈과 다른 자원을 사용하여 고객과 연결되는 제품과 서비스를 어떻게 만드는 지에 대한 방법이다. 또한 기업의 인재, 프로세스 및 의사 결정의 질도 중요하다.

Stanley Black & Decker는 더욱 많은 것을 갈망하는 회사들 중 하나이다. Stanley Engineered Fastening의 CTO인 Hatch는 "프로젝트 선택이 개선의 가장 큰 기회가 있는 영역이라는 데 동의합니다."라고 말한다. 핵심 제품 개발 팀은 현재 제품을 반복하는 단계, 혹은 더욱 개선된 단계를 찾는 데 어려움을 겪고 있으며, "100% 정시에, 제 비용으로 납품해야 하는" 제품 일정에 맞춰 공급해야 하기 때문에 매우 엄격하게 측정된다고 말한다. 그러나 획기적인 혁신 팀은 성공하지 못할 수도 있는 프로젝트를 추구해야 한다. "우리가 하는 모든 일이 성공하기만 한다면, 우리는 충분히 노력하지 않고 핵심 분야에만 안주할 것입니다."라고 Hatch는 말한다.

Stanley Black & Decker는 오래전부터 해당 분야에서 제품 혁신 리더로 알려졌지만, 최고경영자 제임스 M. 로리(James M. Loree)는 더욱 야심찬 목표를 세웠다. 그는 2018년 8월 The Street에서 이렇게 말했다. "우리는 세계에서 가장 혁신적인 회사 중 하나로 알려지기를 원합니다. 그래서 우리는 이 시점에서 엄청난 혁신의 흐름을 우리 회사의 문화에 녹이는 결과를 만들어냈습니다. 우리는 획기적인 혁신 활동을 위한 발돋움을 하고 있습니다. 우리는 벤처 투자를 하고 있으며, 기업가를 위해 내외부적으로 가속적인 지원을 하고 있습니다." 2017년 주주들을 위한 리뷰에서는, Loree가 "저희가 보유하고 있는 10개의 획기적인 혁신 팀이 전 세계 여러 지점과 모든 비즈니스를 포괄하고 있으며, 각 팀은 연간 1억 달러 이상의 수익을 제공할 수 있는 잠재력을 가진 혁신을 개발하는 데 초점을 맞추고 있다."고 썼다.

Stanley Black & Decker는 혁신적인 스타트업에 투자하는 실리콘 밸리의 스탠리 벤처스(Stanley Ventures), 테크스타즈(Techstars)와 제휴하여 코네티컷주의 적층 제조 가속기 프로그램, 애틀랜타의 디지털 가속기, 실리콘 밸리의 산업용 인큐베이터 등 다양한 분야에서 혁신 생태계를 발전시키고 있다. "이 혁신 전략은 전 세계적으로 다양하게 유통되었지만, 아직 전체론적이고 원활하게 비즈니스에 통합하는 단계까지는 미치지 못했습니다."라고 Stanley Black & Decker의 최고 기술 책임자인 마크 메이버리(Mark Maybury)는 말한다. 또한 이러한 말도 덧붙였다. "우리가 직면한 현실에서 리더십 역량의 위치를 유지하거나 계속해서 성장시키려면, 오늘날 비용을 지불해서라도 점진적으로 혁신을 이뤄낼 뿐만 아니라 우리가 경쟁하는 산업을 형성하는 것에도 집중해야 한다는 것입니다."

2. 아마데우스 IT 그룹(Amadeus IT Group)

하이레버리지 혁신 기업의 리더들과 대화에서는 모든 리더들이 조정(alignment)에 대해 유사한 의견을 밝혔다. Amadeus IT의 연구, 혁신 및 벤처 책임자인 Marion Mesnage는 "우리의 야망은 비즈니스 전략과 혁신 전략 사이에 강력한 조화를 이루는 것입니다." 또한 "우리는 조정 능력을 강화하고 있습니다."라고 말했다. 그러나 그것은 항공사, 호텔, 여행사, 보험사, 렌터카 및 철도 회사, 페리 및 크루즈 라인, 여행사 및 개별 여행객에게 서비스를 제공하는 회사의 사업부 내에서 고객의 요구를 이해하고 성장의 기회를 파악하는 데에 더욱 초점을 맞추고 있다. Mesnage는 "현재 우리는 다음 물결의 혁신 테마를 공동 창조하는 것을 목표로 하여, 각기 다른 사업 분야에서 온 사람들을 한 번에 모으기 위해 전략 스프린트(짧은 시간 안에 빠르게 달려간다는 프로젝트 수행 방법 중 하나)를 실행하고 있습니다."라고 말했다.

아마데우스 IT 그룹도 비슷한 데에 초점을 맞춘다. "혁신 리더는 포트폴리오를 정확하게 추적하고, 프로젝트 선택에 대한 명확한 기준을 가지고 있습니다. 우리가 무언가를 새로 창조하고 상품화하는 것은 아닙니다."라고 연구 책임자인 Mesnage는 말한다. "해결할 가치가 있는 문제를 찾아내고, 해결할 수 있는 솔루션을 염두에 두고 있으며, 이를 비즈니스로 전환시킬 욕구가 있어 제안할 솔루션에 대한 비용을 지불할 수 있는 충분한 인력이 있음을 확인하는 것이 중요합니다." 회사의 혁신적인 접근 방식에서 나온 최근의 제품 혁신 중 하나는 "Amadeus Video Solutions"이다. Amadeus Video Solutions는 여행사가 소비자들에게 여행지에 대한 비디오를 보여주고, 언제든지 비디오를 일시 중지하여 지도에서 위치를 볼 수 있도록 한다. 또한, 여행, 숙박 및 활동 옵션을 확인하거나 가격을 책정할 수 있도록 한다. 이 모든 과정을 플랫폼을 떠나지 않고 구매할 수 있다.

3. DIC 코퍼레이션

일본에 기반을 둔 인쇄 잉크, 유기 안료 및 합성 수지를 개발하는 글로벌 제조업체인 DIC 코퍼레이션에서도 최근 몇 년 동안 최고 경영진이 회사의 R&D 활동을 비즈니스 전략과 더욱 밀접하게 연계하기 위해 움직이고 있다. DIC 코퍼레이션은 R&D 업무를 두 부문으로 나눈다. 점진적 혁신에 중점을 둔 고객 직접 연결 기술 부서는 항상 비즈니스 전략과 동기화되고, 사업부와 긴밀하게 협력한다. "이러한 조직의 활동은 상당히 밀접하게 연결되어 있습니다."라고 R&D의 전무이자 총지배인인 키오타카 카와시마(Kiyotaka Kawashima)는 말한다. 또한 이와 같이 덧붙인다. "예산 통제와 행정은 모두 사업부가 하고, 기술과 R&D의 테마를 승인하는 역할도 맡는다." 기초 혁신을 중시하는 별도의 사업부도 최근 사업 전략과 더욱 긴밀하게 연계됐지만, 추진할 프로젝트를 결정할 때에 더 많은 자율성을 얻었다.

4. 아디다스(Adidas)

아디다스는 이제 오픈소스 혁신을 고객과 공동 창조에 초점을 두며 새로운 아이디어를 개발하고 있다. 아디다스의 전 CEO 카스퍼 로스테드(Kasper Rorsted)는 이렇게 말했다. "우리는 회사 내부의 협력을 통해 만들어낸 것들을 가치 있게 생각할 뿐만 아니라, 회사 외부의 파트너와 협력하는 것도 가치 있다고 생각합니다. 브랜드란 우리에게 신성한 것이기 때문에, 우리 브랜드의 울타리를 명확히 인식하고 있습니다. 하지만 우리는 우리의 울타리 내에서 나오는 영감과 창의성만 이용한다면, 시장에서 실제로 일어나는 많은 것들을 놓칠 것이란 것 또한 알고 있습니다. 소비자에게 관심을 갖고, 소비자를 위한 최고의 제품을 만들어야 하는 필요성을 강조하는 점을 분명히 하고 싶습니다. 위에서 말한 것들이 만약 여러분의 최종 목표라면, 여러분은 비판조차 할 수 없었던 기존의 관습, 제도들을 마주해야 하고, 전에는 닫혀 있던 생각들에 대해서 열린 생각을 가져야 합니다." 이러한 아디다스의 혁신에 대한 접근 방식은 아디다스를 다시 최고의 혁신과 재무 성과를 내는 기업으로 만들고, 2012~2017년 아디다스가 가장 높은 영향력을 가진 혁신 기업 중 하나로 선정되는 데 핵심적인 역할을 했다.

1990년 대 시작된 아디다스의 재기에는 최종 사용자에 대한 투자가 중요한 역할을 했다("How Adidas Found Its Second Wind,[19]" s+b, Aug. 24, 2015.). 새로운 경영진들은 1978년 사망한 창업자 아돌프 다슬러(Adolf Dassler) 시절, 운동화 회사의 특징이었던 혁신적인 매력을 되찾으려 노력했습니다. 아돌프 다슬러는 아주 간단한 접근을 기반으로 회사를 설립했다. 그는 운동선수들을 관찰하고 그들이 필요한 것들을 묻고, 그 문제를 해결하기 위해 새로운 방법으로 실험하였다. 새로운 경영진들은 성능 관련 디자인과 산업적 장인 정신에 중점을 둔 다슬러의

---

19) https://www.strategy-business.com/article/00352

접근 방식을 새롭게 하고, 아디다스의 제품 라인을 재건하였다.

5. 유니레버(Unilever)[20]

지속 가능한 생활 계획은 사업 전략에 내재된 지속 가능성 목표를 의미한다. 이 목표에는 두 배의 성장, 생태발자국의 절반의 감소, 100% 지속 가능한 자원 활용, 100만 명의 소규모 자작농을 위한 일자리 창출 그리고, UN-SDGs에 기여하는 신제품 개발이 포함된다. 또한, 이러한 지속 가능한 생활 계획은 CEO 보너스와도 연관되어 있다.

결과는 다음과 같다. 첫째, 목표를 능가한 브랜드들로서, 2018년에는 28개의 지속 가능한 생활 브랜드가 나머지 브랜드들보다 69% 빠르게 성장했으며, 이는 2017년 46%에서 증가한 수치이다. 전체 성장의 75%를 차지했다. 둘째, 인기 있는 고용주가 되어 링크드인(미국의 비즈니스 중심의 SNS)에서 2~3위를 했다. 셋째, 내부 지속 가능한 농업 표준, 더 티 부츠 소프트웨어를 만들었다. 넷째, 활동적인 자문 위원회를 조직하였다. 다섯째, 지속 가능성을 중심으로 비즈니스를 재구성했다. 해결책에 공급 업체를 참여시키고, 오래된 브랜드를 재창조했다. 여섯째, 혁신적인 새로운 브랜드를 구매하고 그 브랜드로부터 배웠다. 일곱째, 고객을 대화에 참여시켰다.

6. 나이키 플라이니트(Nike Flyknit)

FY15(2015년 4월 1일 ~ 2016년 3월 31일까지 회계)에서 300억 달러 이상의 매출을 달성한 나이키는 운동화 및 의류 분야에서 세계 최대 업체이다. 설립 때부터 나이키의 사업 모델은 혁신, 그리고 디자인과 성능의 경계를 허무는 것에 초점을 두었다. 운동선수들은 딱 맞는 편안함과 동시에 양말처럼 느껴지는 신발이라는 필수적인 기능성을 최고의

---

20) https://www.unilever.com

성과를 위해 요구해왔다.

　나이키의 혁신 과정에 지속 가능성도 포함되어 있기 때문에, 디자이너들은 사회적, 환경적 기준을 만족시키며 운동선수들이 요구하는 기능성을 동시에 만족시킬 수 있는 방법들을 고려해야 했다. 이러한 것들을 해결하기 위해 나이키는 전체적인 운동화 생산 과정을 재고해야 했다.

　나이키의 기업적 책임과 지속 가능성 전략은 1990년 대까지 거슬러 올라간다. 나이키는 계약한 공장들의 노동 실태에 대해 광범위하게 비판받고 있었다. 이러한 브랜드 위기에, 나이키는 공장 근로 조건의 개선과 제조업에서 생태발자국 감소에 초점을 맞춘 기업적 책임 부문을 만들어서 대응하였다. 2009년부터 나이키의 전략은 "지속 가능한 비즈니스 및 혁신"팀이 주도하여 비즈니스의 모든 면에서 기업적 책임과 통합하는 방향으로 발전해왔다.

　나이키는 가치 사슬(Value chain) 전반에 걸친 그들의 영향에 대한 광범위한 평가를 바탕으로, 자원과 제조가 그들이 운영하는 환경, 근로자 그리고 지역에 가장 큰 영향을 미치며, 그래서 이러한 것들이 지속 가능한 혁신 전략의 중심이 된다는 것을 깨달았다.

　제품 디자이너들은 '나이키 자원 지속 가능성 지수'라는 점수 체계를 이용하여 지속 가능성과 기능성을 둘다 만족시키는 자원을 선택할 수 있었고, 이 점수 체계는 주로 폐기물을 줄이고 더 지속 가능한 자원을 선택할 수 있게 도왔다. 나이키는 지속 가능한 혁신을 능률화하기 위해 2013년에 지속 가능한 비즈니스 & 혁신 부문을 회사의 혁신 그룹에 포함시켰다.

　플라이니트 운동화는 "지속 가능성과 기능성은 동의어이다."라는 나이키의 비전을 현실로 구현한 제품이다. 나이키는 그동안 자원과 제조에서 수년 동안 점진적으로 변화를 줬지만, 2012년 플라이니트 출시는 지속 가능한 혁신의 근본적인 변환점이었다. 디자이너, 프로그래머, 엔지니어, 그리고 운동선수들은 운동선수들이 요구하는 편안함, 기능성이 있으면서 제조 과정의 폐기물이 적은 운동화를 만들기 위해 나이키의 이노베이션 키친에 모였다. 나이키는 거의 10년 동안 200개의 프로토타입을 만들었다. 이 과정에서 디자인을 재고해야 할 뿐만 아니라, 신발 제조 전 과정에서 새로운 기계와 소프트웨어를 만들어야 했다. 원래 운동화는 여러 조각들을 붙이고 꿰매서 만들어지는데, 나이키는 경량 운동화에 하나의 연속된 실을 사용하는 방법으로 우수한 통기성과 지지력을 부여하고 움직이는 발에 더 잘 적응하도록 하였다.

나이키의 플라이니트는 지난 40년 동안 가장 획기적인 운동화의 혁신이었다. 혁신적인 제조방법은 자원 사용과 낭비를 80%를 줄임과 동시에 기능성까지 뛰어났다. 반면, 기존의 신발 생산은 자르는 공정과 여러 개를 엮는 과정이 필요했기에, 다른 파트를 추가하기 위해 비행기로 수송해야 하는 경우도 있었고, 폐기물도 많이 생기지만 플라이니트 생산 공정은 실의 편물들을 함께 짜서 하나의 이음매 없는 갑피를 형성한다. 이 공정들을 통해 밀리미터 단위까지 조작할 수 있으며, 꼭 필요한 것만 사용하기 때문에 폐기물을 매우 많이 줄일 수 있었다. 나이키는 플라이니트를 출시하고 350만 파운드의 폐기물을 줄일 수 있었고, 매립지의 1억 8200만 개의 플라스틱 병을 활용한 재활용 폴리에스터를 나이키 플라이니트 신발에 활용했다.

폐기물을 줄이는 것을 넘어, 플라이니트 신발은 나이키가 만들었던 모든 신발을 통틀어 가장 기능성이 좋은 신발이다. 플라이니트 신발은 나이키의 가장 가벼운 장거리 모델보다 19% 더 가벼워서 총 마라톤 코스에서 자동차 무게와 같은 무게를 줄인다. 나이키는 이후 트레이닝화, 축구화, 농구화, 골프화 등 다른 신발 라인에도 이러한 제조 방법을 적용해서 28개의 모델을 생산하고 기술 및 디자인 분야에서 플라이니트 관련 글로벌 특허 500개를 달성했다. 구체적으로 브랜드에 대한 정보를 공개하지는 않았지만, 플라이니트 신발 매출은 약 10억 달러로 추산된다.

　혁신 과정에 지속 가능성을 통합함으로써, 나이키는 가장 성능이 좋은 신발 중 하나를 개발했을 뿐만 아니라, 완전히 새로운 신발 제조 방법을 개발했다. 플라이니트의 이러한 파괴적일 정도의 영향력을 주는 기술은 사회적, 환경적 위험을 도전 과제에서 비즈니스 기회로 바꾸기 위해 혁신 과정에 지속 가능성을 통합하는 것의 중요성을 보여준다. 예를 들어, '지속 가능한 렌즈'를 적용하여 기업은 제한된 자원을 더 많이 재활용하고, 지속 가능한 자재를 사용하고, 제조 공정을 간소화하고, 공급망 효율성을 증가시키는 원동력으로 볼 수 있다. 플라이니트는 나이키가 지속 가능한 혁신을 통해 위험을 줄이고 성장을 이끈 하나의 예시일 뿐이다. 나이키는 플라이니트[21] 기술이 기존의 방식에 비해 폐기물을 60% 줄였다고 하였으며, 지금까지 총 1,000만 파운드의 폐기물을 줄였다고 한다(Nike, 2019[22]).

　이러한 예는 다음에서도 볼 수 있다: 1)'Loop store[23]'는 글로벌 진출을 꿈꾸는 순환형 쇼핑 플랫폼이다. 이곳의 모든 제품들은 재활용 가능한 포장을 이용하여 판매된다. 그런 다음 고객은 빈 용기를 루프 토드백에 보관하고 후에 수거해 간다. 용기는 깨끗하게 세척되고 재활용된다. 2)'Carepay'는 포괄적인 의료를 위한 기술 플랫폼이다. 3)'M-Kopa Solar'[24]는 독립형 태양열 솔루션을 제공한다.

---

21) https://about.nike.com/en/newsroom
22) Nike (2019). Circularity: Guiding the Future of Design. Available at: www.nikecirculardesign.com
23) https://exploreloop.com/shop/
24) https://m-kopa.com/

7. 애플 (Apple)

애플의 혁신적인 사고방식은 회사의 강령과 조직에 완전히 통합되어 있다. 기업을 다루는 잡지 Fast company 인터뷰에서 외부인들이 애플에 대해 오해하거나 과소 평가하는 것이 무엇인지 물었을 때, 애플의 CEO 팀 쿡은 다음과 같이 말했다. "사람들이 놓치는 건, 애플이 다른 기술 회사들과 비교해서 어떻게 다른 지입니다. 금융인들은 수익과 이익을 보고 '애플은 돈을 잘 벌어.'라고 생각할 수 있습니다. 하지만 그건 우리가 누구인지 설명할 수 있는 것은 아닙니다. 우리는 세상을 좀 더 나은 세상으로 바꾸려 노력합니다. 우리에게 기술은 기본 배경일 뿐입니다. 우리는 사람들이 비트와 바이트, 피드와 속도에 집중하길 바라지 않습니다. 우리는 사람들이 여러 시스템으로 이동하거나 통합되지 않은 기기와 함께 사는 것을 원치 않습니다. 우리는 통합된 전체 서비스를 제공하기 위해 하드웨어와 소프트웨어, 그리고 핵심 서비스도 제공합니다."

또한, 애플은 학제 간 협업의 중요성을 강조한다. 흔히 우주선에 비견되는 50억 달러 규모의 새 본사(2018년 완공)를 지을 때, 창의성과 혁신을 장려할 수 있게 건축과 건물이 디자인되었다. 이는 혁신 건축물의 아이콘과 같은 20세기 중반 Bell labs의 협업 작업 공간 모델과 MIT media lab의 기술 연구 허브와 같이 다학제적 상호작용을 장려하였다.

8. 에코버 (Ecover)

2000년 샌프란시스코에서 설립된 메소드(Method)는 기업가로 변신한 두 룸메이트의 아이디어였다. 브랜드 전문가인 에릭 라이언(Eric Ryan)은 전 기후 과학자 애덤 라우리(Adam Lowry)와 협력하여 무독성 천연 홈 케어 제품을 만들었다. 다양한 제품은 현재 Target, Whole food, Kroger를 포함한 전 세계 40,000개 이상의 소매점에서 판매되고 있다. 2012년, Method는 유럽의 환경 선구 기업인 Ecover에 인수되어 세계 최대 친환경 청소 회사로 묘사되고 있다. 지속 가능성과 환경 민감성에 중점을 둔 Method의 세척병은 대부분 100% 재생 플라스틱으로 만들어지며, 회사 자체는 "Cradle to Cradle" 승인 회사이다. 제품 중 60개 이상이 C2C 친환경 인증 마크를 받았다. 내부적으로 Method는 탄소 배출을 상쇄하고, LEED 인증 지속 가능한 사무실에서 일하며, 동물 대상으로 제품 실험을 하지 않는다.

Method는 브랜드도 혁신하여, 단순하고 지루한 청소 이상의 것을 상징하는 회사 브랜드 이미지를 구축하였다. 포장은 친환경적일 뿐만 아니라 화려하고 부엌 조리대 친화적으로 디자인되어 있고, 이 회사는 선도적인 홈 데코를 좋아하는 많은 팬과 디자인 블로그들을 보유하고 있을 뿐만 아니라, "People Against Dirty"로 알려진 자체 커뮤니티 사이트도 운영하고 있다.

9. 생체모방(Biomimicry)
9.1 생체모방이란 무엇인가?

생체 모방은 생명체가 어떻게 작용하는지 그리고 궁극적으로 우리가 어디에 잘 맞을 지에 대해 공감적이고 상호 연결된 이해를 제공한다. 생체 모방은 오늘날 살아 있는 생명체의 다양한 진화 전략으로부터 배우고 모방하는 방법이다. 생명체들의 수십억 년의 연구와 개발 중 실패는 화석이 되었고, 아직까지 남은 생명체들은 우리들의 생존에 대한 비밀을 간직하고 있다. 생체 모방의 목표는 지구 상의 모든 생명체와 연대하여, 우리의 가장 큰 설계 과제를 지속 가능한 방식으로 해결하게 해주는 제품, 공정 및 시스템, 즉 새로운 생활 방식을 만드는 것이다. 우리는 자연의 지혜에서 배울 뿐만 아니라, 그 과정에서 우리 자신과 이 지구를 치유하기 위해 생체모방을 사용할 수 있다.

9. 2. 생체모방에서 얻는 이익은 무엇인가?

1) 생체모방은 안도감을 준다.

많은 이들은 기후 위기와 이와 관련되어 생기는 전 세계의 생태계에 미치는 부정적인 효과들을 해결할 수 없다고 포기하고 있다. 하지만 생체 모방은 우리에게 희망을 준다. 왜냐하면 우리는 해결법이 생체 모방에 있고, 이용 가능하며 오늘날 생태계에 기여하는 많은 종들에 의해 유용함이 입증되었음을 알기 때문이다. 우리는 자연을 멘토로 삼음으로써, 자연계와 연결하여 강력한 치유 효과를 경험하는 동시에, 이러한 문제를 함께 해결할 수 있다는 안도감을 얻는다.

2) 생체 모방은 우리가 자연 친화적으로 디자인하도록 도와준다

(Biomimicry helps us design generously).

순환성, 지속 가능성, 재생산 디자인과 같은 이 모든 것들은 우리 인간들이 만든 것들이 공기와 물, 그리고 흙의 질을 저하시키기는 힘이 아닌, 회복시키는 힘이 될 수 있다는 뜻이다. 자연은 기능을 변화시키는 구조를 이용하고, 수동적인 형태의 에너지도 사용한다. 반면에 우리의 발명품들은 보통 고대의 탄소와 수많은 유해 화학물질들과 같은 무차별적인 힘을 사용해왔다. 우리는 자연이 하는 것처럼 생명에 도움이 되는 환경을 만들 수 있다.

3) 생체 모방은 우리가 지속 가능한 해결책으로 더 빨리 다다르게 해준다.

우리의 연구개발 속도는 느리고, 기후 변화는 우리를 기다려 주지 않을 것이다. 획기적인 아이디어를 더 빨리 출시하려면 수 천년 동안 성공한 생물학적 모범 사례를 살펴봐야 한다. 우리가 이미 가진 전략들을 또다시 발명할 필요는 없다. 그것들을 조화시키는 방법을 배우기만 하면 된다.

4) 생체 모방은 우리가 세상을 바라보는 시야를 바꾼다.

혁신가들은 효율적이고 효과적인 독특한 제품을 얻기 위해 생체 모방에 눈을 돌리지만, 이뿐만 아니라 종종 자연에 대한 깊은 이해와 연결을 얻는다. Biomimicry Launchpad의 참여자이자 Mangrove Still의 공동 설립자인 알레산드로 비안시아르디(Alessandro Bianciardi)는 다음과 같이 말했다. "나는 이 나무들에게서 무언가를 배우려고 수 년을 노력해왔기에 이 나무들과 친분을 느끼지 않을 수가 없습니다. 이제 나는 모든 나무들이 달라 보입니다." 생체 모방은 우리가 생존하고 번성하는 데 필요한 지식을 포함하고 있기 때문에, 생태계와 생태계 속 생명체들을 보전토록 한다.

9.3. 생체 모방에 필수적인 3가지 요소는 무엇인가?

자연의 전략을 디자인으로 전환할 때, 과학은 3가지 필수 요소인 '모방', '에토스', '(재)연결'을 포함한다. 이 세 가지 구성 요소는 생체 모방의 모든 측면에 불어넣어져 있으며, 그 본질에는 이러한 핵심 가치가 잘 나타나 있다.

1) 모방

재생 가능한 디자인을 만들기 위해 자연의 형태, 프로세스 및 생태계에서 학습한 다음 복제하는 과학적 연구 기반 실무이다.

2) 에토스

삶이 어떻게 작동하는지 이해하고 삶에 도움이 되는 조건을 지속적으로 지원하고 생성하는 디자인을 만드는 철학이다.

3) (재)연결

우리는 자연이며 생명의 상호 연결된 시스템의 일부로, 지구상의 우리 위치를 연결하는 데 가치를 찾는다는 개념이다. (재)연결은 우리가 생명체가 어떻게 작용하는지를 이해하기 위해 자연에서 관찰하고 시간을 보내도록 장려하여, 우리의 디자인에서 생물학적 전략을 모방하는 더 나은 에토스를 가질 수 있도록 한다.

9.4. 생체에서 영감 받은 디자인은 무엇인가?

이는 생물학을 해결책의 자원으로 사용하는 생체 모방을 포함한 디자인 및 공학적 접근의 포괄적 범주의 단어이다. 생체 모방은 생체에서 영감 받은 디자인의 한 유형이지만, 모든 생체에서 영감 받은 디자인이 생체 모방은 아니다. 생체 모방과 생체 모방을 제외한 다른 생체에서 영감 받은 디자인과의 중요한 차이점은 특정 기능적 문제에 대해 살아 있는 시스템이 가지고 있는 재생적인 해결책을 배우고 모방하는 것의 유무이다.

생체에서 영감을 받은 디자인 중 우리가 일반적으로 오해하는 것 중 하나는, 생체 묘사(Biomorphism)를 생체 모방으로 착각하는 것이다. 생체 묘사는 생명체를 시각적으로 닮은 디자인을 이르는 반면, 생체 모방은 기능에 초점을 맞춘 디자인이다. 인간은 자연과 자연 형태에 대해 자연스러운 친화력을 갖고 있기 때문에, 생체 묘사 디자인은 매우 아름답게 느껴질 수 있다. 하지만 시각적으로 닮은 것이 생체 모방 디자인을 의미하는 것은 아니다. 참고로 생체 모방 디자인은 오히려 한 생명체를 전혀 닮지 않은 경우도 있다. 시각적 모방보다는 오히려 기능적 모방이 더 생체 모방을 의미한다.

비슷하게 혼동을 줄 수 있는 건 생체 모방과 생체이용(Bioutilization)이다. 생체이용은 디자인이나 기술에서 생체 물질이나 살아있는 유기체를 이용하는 것이다. 예를 들어, 나무를 가구의 재료로 이용하는 것이나, 사무실 건물 벽에 살아 있는 식물을 이용하여 공기를 정화하는 것은 생체이용이다. 인간 이외의 생명체들은 우리가 할 수 없는 것들을 해 줄 수 있기 때문에 생체이용은 유익하다. 따라서 생체모방은 종종 생체이용과 함께 이용되기도 한다. 하지만, 살아있는 생명체를 해결책으로 삼거나 자연의 물질을 사용한다고 해서 생체 모방이라고 할 순 없다. 생체 모방의 구별되는 특징은 (재)연결 및 에토스를 구현하는 지속 가능한 해결책을 만들기 위한 기능적 전략의 연구 및 모방이다.

10. 캐나다 플라스틱 협정(CPP: CANADA PLASTICS PACT)

　CPP 주최 기관의 The Natural Step Canada의 CEO인 데이비드 휴스(David Hughes)는 한 영상[25]에서 다음과 같이 말했다. "전 세계와 여기 캐나다의 주요 조직은 운영의 모든 단계에서 플라스틱 폐기물을 줄이기 위한 위대한 걸음을 내디뎠습니다. 불행히도 한 조직의 행동만으로는 더 과감하고 빠른 행동이 필요한 사회와 지구의 기대 및 요구사항을 만족시킬 수 없습니다. 그에 따라, Natural Step Canada는 기업, 정부 및 시민 사회의 다양한 선도 그룹과 협력하여 캐나다 플라스틱 협정이 발족되었으며, 이를 자랑스럽게 생각합니다. 우리는 플라스틱을 경제에서는 유지하지만, 환경에서는 퇴출시킬 것이며, 해결책을 혁신하고 구현할 것입니다." 또한, "CPP를 통해 뭉친 것은 캐나다의 플라스틱 가치 사슬 전반에 걸친 다양한 리더 그룹입니다." "나는 플라스틱 폐기물 제로 경제를 달성하기 위한 그들의 진정한 노력에 깊은 인상을 받았지만, 나를 가장 고무시킨 것은 진정으로 혁신적인 해결책을 확장하기 위해 서로 간의 장벽을 허물고자 하는 의지입니다."

　2021년 1월 27일(Globe Newswire) 플라스틱 폐기물과의 관계는 본질적으로 변했으며, 플라스틱 오염과 폐기물을 없애기 위해 캐나다 오타와에서 CPP[26]가 발족되었다. 이 협정에서 핵심 관계자들을 한데 모아 혼자서는 결코 달성할 수 없는 야심 찬 2025 목표를 향해 함께 노력하기로 다짐했다. CPP는 플라스틱 오염을 혁신적인 해결책으로 해결하기 위해 2021년 1월 27일에 만들어진 것이다. 2025년 이후부터 포장 쓰레기를 없애기 위해 선도적인 기업, NGO 및 정부가 연합하였다.

　플라스틱 가치 사슬의 다양한 부분을 대표하는 선도 브랜드부터, 폐

---

25) https://youtu.be/WZ3OX42TDYAdptj
26) https://plasticspact.ca/

기물 처리 기업, 정부, NGO 등 40개가 넘는 조직이 캐나다 플라스틱 협정에 가입했다. 플라스틱 포장은 플라스틱 폐기물의 47%를 차지하기 때문에, 플라스틱 포장이 CPP의 가장 첫 목표 대상이 되었다.

CPP는 경쟁 이전의, 다양한 이해 관계자가 엮인 플랫폼이기 때문에, CPP를 통해 캐나다 플라스틱 가치 사슬 전반의 기업들이 협력하고 혁신할 수 있도록 지원할 수 있다. 이미 진행 중인 플라스틱 폐기물을 줄이는 작업을 기반으로 하여 시간이 지날수록 성장할 것이다. 파트너들은 함께 플라스틱을 디자인하고, 사용 및 재사용하는 방식을 재고하여 2025년까지 플라스틱 순환 경제로 향하는 길을 계획할 것이다.

과감한 시스템 변화를 염두에 두고, CPP는 우리가 필요하지 않은 플라스틱은 없애고, 우리가 필요한 플라스틱은 재사용, 재활용 그리고 퇴비로 사용할 수 있게 혁신하여, 플라스틱을 순환시킬 것이다. 이를 통해 CPP는 플라스틱을 환경에서는 퇴출시키고 경제에서는 유지할 것이다.

CPP는 2025년까지 4가지의 명확하고 실행 가능한 목표를 위해 노력하고 있다. 첫째, 문제가 있거나 불필요하게 디자인된 플라스틱 포장을 명확한 리스트를 만들고 그것들을 없앨 조치를 취할 것이다. 둘째, 100%의 플라스틱 포장들이 재사용, 재활용, 퇴비화할 수 있게 디자인할 수 있도록 할 것이다. 셋째, 플라스틱 포장의 최소 50%가 효과적으로 재활용되거나 퇴비화할 수 있도록 야심 찬 조치를 취할 것이다. 넷째, 모든 플라스틱 포장에서 평균 30% 이상의 재활용 플라스틱을 포함하도록 보장할 것이다.

캐나다는 플라스틱 폐기물 및 오염에 대해 전 세계적으로 연계된 대응을 하기 위한 조직인 Ellen MacArthur Foundation의 플라스틱 협정 네트워크[27]에 가장 최근에 가입한 국가이다. 플라스틱 순환 경제를 위한 Ellen MacArthur Foundation의 비전[28]에 따라 CPP는 혁신과

---

27) https://ellenmacarthurfoundation.org/the-plastics-pact-network
28) https://www.newplasticseconomy.org/

지식 공유를 촉진하고 캐나다만의 요구와 과제에 맞는 협업과 해결책을 추진한다.

"2025년까지의 목표를 명확히 설정하고 그것을 이루기 위해 함께 노력함으로써, CPP의 기업과 정책 결정자들은 플라스틱이 결코 낭비나 오염이 되지 않는 플라스틱 순환 경제로의 여정에서 중요한 한 걸음을 뗐습니다."라고 Ellen MacArthur Foundation의 플라스틱 협정 프로그램 매니저인 소냐 웨지(Sonja Wegge)가 말했다. 또한 "우리의 성장하는 전 세계적 네트워크 협약에 CPP가 들어와 기쁘고 환영합니다. New Plastics Economy 계획을 통해 전 세계의 1,000개 이상의 조직을 이미 한데 모은 플라스틱 순환 경제의 비전으로 많은 다른 조직들도 통합되길 바랍니다."라고 말했다.

2025년 목표를 이루기 위한 CPP의 다음 단계는 행동을 위한 로드맵을 만드는 것이다. 투명성과 측정 가능한 행동을 보장하기 위해, 매년 CPP 진행 보고서가 공개될 예정입니다. 또한, CPP의 파트너들은 캐나다인들이 플라스틱을 이용하고 재사용하는 방식을 근본적으로 변화시키는 동시에 자연의 한계 내에서 번성하는 회복력 있는 경제를 확보할 것이다.

11. 일어날 것 같지 않은 혁신의 다음 물결은 무엇인가?

텐시 웰런(Tensie Whelan[29]) 2019년 2월 28일 출판에서 제시된 내용을 정리·요약한 것이다.

지난 20년 간의 혁신의 특징은 블록체인 기술뿐 아니라, Spotify, Amazon, Facebook와 같은 플랫폼 기업을 통해 정보, 엔터테인먼트, 제품, 서비스에 대해 누구나 접근할 수 있게 된 것이다. 기술 및 비즈니스 혁신이 계속되는 동안, 성장이 소비자 데이터 수익화에 의존하게 되

---

29) https://www.worth.com/twhelan/

는 것과 같은 의도치 않은 결과에 대한 반발이 커지고 있다. 예상치 못한 곳에서 매일 세상을 바꾸는 혁신이 일어나고 있다.

11.1. 사례분석: 그렇다면 미래는 어떻게 될까?

아래에 설명하는 혁신 중 많은 것들이 현재 사용되고 있으며 일부는 아직 프로토타입이다. 그러나 미래의 혁신은 기후 변화, 물 부족 및 늘어나는 폐기물과 같은 사회적 문제들의 해결책과 연관이 될 것이 분명하다. 미래에 성공하는 기업과 리더는 혁신을 위한 무수한 기회를 인지하고, 급진적인 아이디어들을 실제 적용 가능한 기능으로 전환할 수 있는 기업일 것이다. 앞으로 인간 사회와 지구의 건강은 이러한 것에 달려있다.

1) 고체 재활용 고무(solid recycled rubber)[30]를 3D 프린터로 만든 Goodyear 타이어의 휠 캡에는 이끼가 박혀 있고, AI도 내장되어 있다. 고체 고무를 사용하여 더 오래 사용할 수 있다. 이끼를 박음으로써, 도로가 젖어 있을 때 도로와 더 잘 접촉하여 안정성을 높여준다. 또한 이끼가 이산화탄소를 흡수하고 산소를 내뿜어 온실가스 배출을 줄인다. AI는 자율주행 차량에 타이어를 이용할 수 있게 한다.

2) 구글의 'Project Loon[31]'은 풍선을 이용해서 인터넷에 연결하는 것을 목표로 한다. 구글은 이미 헬륨과 태양광 발전을 탑재한 테니스 경기장 크기의 풍선을 이용해 멀리 떨어진 지역에 인터넷을 공급하고 있다. 또한 풍선은 구름 층 위에서[32] 하루 종일 태양광 패널을 이용해 태양광 에너지를 모으는 데 이용할 수도 있다.

---

[30] https://interestingengineering.com/innovation/goodyear-unveils-moss-covered-concept-tire-that-helps-improve-air-quality
[31] https://www.bbc.com/news/technology-44886803
[32] https://www.fastcompany.com/3053998/these-sky-high-balloons-could-generate-more-power-than-solar-panels

3) 우유[33]와 쐐기풀[34], 바나나 껍질[35]과 콤부차 박테리아[36]로 만들어진 옷으로, 이 의류 및 실내 장식용 가죽은 실험실에서 만들어지고 있다[37]. 소비재 의류는 이제 녹여서 재사용할 수 있는 생체 기반 재료를 사용하여 3D프린터로 주문 생산38)할 수 있다. (현재, 전체 직물의 60%가 구매 1년 이내에 소각되거나 매립되어, 의류는 환경 영향 측면에서 최악의 산업 중 하나이다.)

4) 코 내부에 장착하는 호흡기[39]로, 베이징과 같이 대기질이 나쁜 도시의 사람들은 곧 이를 사용할 수 있게 된다. 어떤 회사들은 배출되는 탄소를 이용해 잉크[40]나, 벽돌[41] 그리고 다이아몬드[42]를 만들고 있다. 또 어떤 회사들은 배출되는 탄소를 다시 연료로 바꾸고 있다.

5) 수직 농업으로 탈바꿈하고 있으며, 이는 전 세계 깨끗한 물의 60%를 사용하고, 깨끗한 물의 고갈과 오염을 야기하는 농업이 이러한 방법으로 바뀌어 가고 있다. 이러한 수직 농업은 LED로 만 든 빛과 소량의 물만 필요로 한다. 식용유는 조류[43](藻類) 농장에서 생산된다.

6) 스마트미터의 도입으로, 식당 주방에서 이를 이용하여 대략 40%

---

33) https://www.reuters.com/article/us-germany-fashion-milk-idUSTRE7953MG20111006
34) https://fashionunited.com/news/business/sustainable-textile-innovations-nettle-fibres/2017080716824
35) https://www.fastcompany.com/3053998/these-sky-high-balloons-could-generate-more-power-than-solar-panels
36) https://medium.proto.life/kombucha-leather-9a79826d1a66
37) https://www.cnbc.com/2018/03/09/modern-meadow-and-evonik-are-brewing-leather-in-a-lab.html
38) https://www.wired.com/2017/05/the-shattering-truth-of-3d-printed-clothing/
39) https://resprana.com/
40) https://www.nationalgeographic.com/
41) https://inhabitat.com/worlds-first-pilot-plant-converts-carbon-dioxide-into-bricks/?variation=d
42) https://ideas.ted.com/this-tower-sucks-up-smog-and-turns-it-into-diamonds/
43) https://www.cnet.com/science/algae-another-way-to-grow-edible-oils/

의 음식이 버려지고 있는 상황에서 버려지는 음식물을 확인[44]할 수 있고, 음식물 폐기물과 지출을 줄일 수 있게 도와준다. 폐곡물은 양조장 부산물의 85%를 차지하는데, 단백질이 풍부하며 밀가루, 에너지바 및 기타 제품에[45] 사용될 수 있다. 반대로, 흔한 음식 폐기물인 빵은, 맥주[46]를 만드는 데 사용할 수 있다. 인스턴트 커피나 차는 곧, 물에 녹는 먹을 수 있는 포장지[47]로 포장될 것이다. 폐곡물은 또한 에너지[48]로 사용되며, 쇼핑몰에 출퇴근하는 사람들[49]과 방문자들의 체온은 건물의 전원으로 이용될 수 있다.

---

44) https://www.theguardian.com/sustainable-business/2016/may/27/startup-smart-tech-cut-food-waste-winnow-awards-winner
45) https://beverage-master.com/article/using-spent-grain-responsibly/
46) https://www.toastale.com/about-us
47) https://www.fastcompany.com/1669557/just-eat-it-dissolvable-packaging-could-take-over-instant-coffee
48) https://beverage-master.com/article/using-spent-grain-responsibly/
49) https://content.time.com/time/health/article/0,8599,1981919,00.html

제2장
어떻게 소통을 강화할 것인가?

Ⅰ. 그린 워싱과 어떻게 싸울 것인가?
Ⅱ. 코로나19 후의 마케팅 전략
Ⅲ. 지속 가능한 소통이란 무엇인가?
Ⅳ. 어떠한 기업 사례가 있나?

02 어떻게 소통(Communication)을 강화할 것인가?

Ⅰ. 그린 워싱(Green washing)과 어떻게 싸울 것인가?

그린 워싱(Green washing)은 제품, 서비스를 가지고 기업이 기후 변화, 환경, 동물 및 인권 문제와 관련하여 뒷받침할 적절한 근거 없이 "더 나은" 것으로 제시하는 잘못된 마케팅 또는 커뮤니케이션의 한 형태이다.

1. 그린 워싱의 위험성

그린 워싱에 대한 언급은 그 분야가 넷제로로 전환하기 위한 핵심 요소이다. 시장과 경제 체제가 녹색 솔루션으로 전환함에 따라, 많은 기업들이 녹색 솔루션을 홍보하기 위해 기업의 웹 사이트와 소셜 미디어 채널을 사용하고 있다. 불행하게도, 이 모든 주장들이 사실과 진실에 근거하는 것은 아니다.

국제소비자보호집행기구(ICPEN: International Consumer Protection and Enforcement Network)는 브랜드가 잠재적으로 사기적이고, 소비자를 기만하는 내용이 있거나 불공정한 온라인 행위를 제거하기 위해 조사하는 연간 웹 사이트 "Sweeps"를 주최한다. Sweeps가 매년 조사한 기업 웹사이트 순위에 따르면, 10개 중 4개가 오해를 불러일으킬 수 있거나 잠재적으로 소비자법을 위반할 수 있는 환경 기준 정보를 제공하고 있는 것으로 나타났다.[1]

이에 ICPEN은 최초로 기업의 환경 관련 주장과 소비자에게 정

---

1) https://www.edie.net/greenwash-40-of-websites-misleading-consumers-on-environmental-credentials/

확한 정보를 제공하고 있는지에 초점을 맞췄다. 경쟁시장국(CMA: Competiton and Market Authority)과 네덜란드 소비자 및 시장청(ACM: Authority for Consumers and Markets)이 주도하는 최근 조사에서, 500개의 웹사이트 중 40%가 잠재적으로 오해의 소지가 있는 환경 정보를 게시하고 있는 것으로 나타났다.

웹사이트는 환경 관련 제품과 서비스 제공 업체에서 의류, 화장품, 식품 브랜드에 이르기까지 다양했다. 조사 결과 웹사이트의 40%가 "에코", "지속 가능한" 또는 "자연 제품"을 정의하지 못한 채 애매한 주장을 게시한 것으로 나타났다. 어떤 기업은 공인 기관과 관련이 없는 자체 브랜드 지속 가능성 라벨을 게시한 한편, 많은 기업이 제품의 탄소 발자국과 같은 주요 정보를 생략했다.

전문가들은 최근 몇 년간 그린 워싱이 보편화됐고, 지속 가능한 제품에 대한 소비자 및 투자자들의 요구가 기업의 행동을 앞지르기 때문에 이러한 추세는 앞으로 더욱 가속화될 것이라고 거듭 주장했다[2]. Futerra가 1,000명을 대상으로 실시한 최근 조사[3]에 따르면, 대부분의 사람들이 더 많은 친환경적인 옵션을 선택하기를 원하지만, 2/5 이상이 기업들이 약속한 지속 가능성 관련 약속에도 불구하고 실제로 행하지 않기 때문에 선택의 폭을 더욱 좁게 만든다고 생각한다.

따라서, 광고 업계는 그린 워싱에 대한 우려를 불식시킬 수 있는 독특한 위치에 있다. 광고표준위원회(ASA: Advertising Standards Authority)는 영국의 독립적인 광고 규제 기관으로, 광고주가 게시 또는 방송하기 전에 자신들의 환경 관련 주장을 입증하도록 요구하는 광고 법규[4]를 준수한다. 2020년 ASA는 전년 대비 346% 증가한 36,342

---

2) https://www.hubbub.org.uk/blog/greenwashing-is-back-and-it-has-got-more-sophisticated
3) https://www.forbes.com/sites/solitairetownsend/2018/11/21/consumers-want-you-to-help-them-make-a-difference/?sh=d89c85f69547
4) https://www.asa.org.uk/codes-and-rulings/advertising-codes.html

건의 민원을 해결했다. 이러한 강력한 법규와 표준을 통해 광고 부문은 소비자의 행동을 변화시키고, 환경 문제를 해결하는 데 있어 잘못된 인식을 바로잡는 것에 핵심적인 역할을 할 수 있다고 믿어진다.

Woodford는 다음과 같이 덧붙였다. "우리 분야의 모든 콘텐츠는 규제됩니다." 또한, "ASA는 모든 상업 회사를 규제합니다. 이에 더해 기업들의 주장은 NGO에 의해 면밀히 조사되어 발표될 것이며, 그린 워싱에 노출되어 발생하는 평판의 훼손의 정도는, 당신이 그린 워싱을 통해 대중을 속임으로써 얻을 수 있는 어떠한 잠재적인 이익보다 더 클 것입니다. 이런 행동에 대한 가장 효과적인 제재 중 하나는 부정적인 언론 보도입니다."

2. 그린 워싱과의 싸움

광고협회는 2030년까지 순 제로(0)에 도달하기 위한 새로운 계획을 시작했다. Edie의 콘텐츠 에디터 매트 메이스(Matt Mace)가 이정표를 달성하기 위해 이 부문에서 어떻게 협력하고 있는지 탐구함과 동시에, 지속 가능한 제품과 서비스를 대중에게 알리는 광범위한 문화 변화를 어떻게 촉진하고 있는지 살펴본다.

2.1. 경쟁시장국(CMA)

2021년 5월 24일, 소스: eide 뉴스룸[5] : '명백하고 솔직하게 행동하라'
CMA는 영국 기업들에게 그린 워싱을 피할 것을 촉구한다.

온라인 상에서 지속 가능성 관련 기업 주장의 40%가 오해의 소지가 있다는 것을 발견한 후, CMA는 그린 워싱 방지에 대한 권장 사항을 내놓았으며, 작년에 처음으로 기업의 주장 중 가장 일반적이고 혼란스러운 것으로 밝혀진 일련의 소비자 대면 부문에 초점을 맞춰 그린 워싱에

---

[5] https://about.nike.com/en/newsroom

대한 조사를 시작했다. 여기에는 건강 및 미용 제품, 홈 클리닝 제품, 음식과 음료 그리고 패션류가 포함된다.

조사 결과, 분석 대상 분야의 기업 10곳 중 4곳[6]이 오해를 불러일으키고 잠재적으로 소비자 법을 위반할 수 있는 환경 기준에 대한 정보를 제공하고 있는 것으로 나타났다. 예를 들어, 대부분이 유기 성분이나 재활용 물질을 포함하지 않음에도 불구하고, 제품에는 '유기농' 또는 '재활용'으로 표시되어 있는 경우가 그것이다. 제품들은 또한 "미세플라스틱으로부터 자유롭다"라는 꼬리표가 붙었는데, 이 때 미세플라스틱은 사실상 몇 년 동안 영국 전역에서 금지되었다.

CMA는 그동안 사업체들의 모든 환경 관련 주장에 대한 6가지 원칙을 설명했다. 첫째, 정확성 보장, 둘째, 주장이 모호하지 않고 명확한지 확인하는 것, 셋째, 중요한 정보가 누락되거나 숨겨지지 않은지 확인하는 것, 넷째, 제품 간에 '공정하고 의미 있는' 비교가 이루어질 수 있는지 확인하는 것, 다섯째, 제품의 전체 수명 주기가 고려되었는지 확인(재활용 가능 여부 및 주기에 따라 상이함), 여섯째, 주장이 입증될 수 있도록 보장하는 것이다. 즉, 기업은 소비자 또는 이해 집단이 이의를 제기하는 경우 "구성이 튼튼하고 신뢰 가능한 최신의 자료"로 된 증거를 통해 주장을 뒷받침할 수 있어야 한다.

이 원칙이 적용된다면, 브랜드와 언론 매체가 상세한 설명 없이 패션과 같은 분야의 제품군을 경쟁사나 업계 평균보다 "친환경적" 또는 "더 지속 가능한" 것으로 묘사하는 것을 막을 수 있을 것이다.

CMA의 안드레아 코시엘리(Andrea Coscielli) 회장은 그린 워싱은 소비자들을 혼란스럽게 하고 대중과 브랜드 사이의 신뢰를 손상시킬 뿐만 아니라, 환경적으로 피해를 주는 기업들이 소비자의 충성심을 얻는 결과를 초래한다고 지적했다.

---

[6] https://about.nike.com/en/newsroom

Coscielli는 "옷을 사든, 화장품을 사든, 청소 제품을 사든 그 어느 때보다도 많은 사람들이 환경에 더 이로운 선택을 하려고 한다."며 영국 소비자들의 절반이 쇼핑을 할 때 환경을 고려한다는 것을 밝힌 이전의 CMA 연구를 지목했다. 또한 "많은 기업들이 이미 제품의 진정한 친환경성에 대해 명확하고 솔직하게 밝힘으로써 올바른 일을 하고 있지만, 모든 기업이 항상 그런 것은 아닙니다." 라고 말했다.

2.2 그린 워싱을 피할 수 있는 스토리텔링 활용 10단계 가이드

이 10단계 가이드의 목표는 대기업과 중소기업이 그린 워싱을 피할 수 있도록 돕는 것이다. 이 가이드는 노르웨이 기관인 Skift - Business Climate Leaders가 Zero, WWF 노르웨이 및 Future in our hands와 협력하여 만들었다. 이를 정리·요약한 것이다.

조직에 있는 사람들이 의사소통을 할 때, 그들은 종종 이야기를 통해 의사소통을 한다. 사람들은 과거를 반성하고, 현재를 이해하며, 미래를 추측하기 위해 이야기를 사용한다. 이 가이드에서는 생태계의 한계를 존중하고, 사회적으로 정의로운 비즈니스 관행을 유지하기 위해 노력하는 조직에서 스토리텔링이 어떻게 활용될 수 있는지 살펴본다.

지속가능성을 위한 스토리텔링에 대한 이 가이드는 여러분의 이해를 돕는 것을 목표로 한다. 첫째, 실제로 스토리텔링이 어떻게 보이는지 생각해보라. 둘째, 왜 스토리텔링이 지속가능성을 포함하는데 중요한지 이해해라. 셋째, 더 나은 스토리텔러가 되어라. 넷째, 다른 실무자들의 스토리텔링 경험을 배우고, 자신의 노력을 계획하라. 그린워셔들은 더 나은 세상에 기여하지 않으면서, 지속가능성에 대해서는 큰 소리로 이야기한다. 책임있는 기업은 자신과 사회를 위한 공통 가치를 창출하기 위해 열심히 일한다. 스토리텔링에서 다음의 사항들을 고려해야 한다.

1) 정직하고 책임감이 있어야 한다.

녹색, 지속 가능, 재활용 가능, 친환경, 공정과 같은 단어를 사용할 때 주의하라. 이 문구가 검증될 수 있도록 여러분의 회사가 무엇을 했는지에 대해 설명하고 문서화하지 마라. 오염되지 않은 자연, 녹색 잎, 풍차 또는 행복한 일꾼의 사진을 지속가능성을 표방하는데 사용하는 것을 피하라. 마케팅 요소에 맞추기 위해 상황과 맥락에 맞지 않는 보고서 결과를 사용하지 마라.

2) 당신 회사의 지속가능성에 대한 노력이 커뮤니케이션 및 마케팅 부서에만 국한되지 않도록 하라.

평소처럼 사업을 이어가면서도, 지속가능성에 초점을 맞춘 마케팅 전략을 구사하는 기업은 거의 모든 경우에 그린워셔로 전락하게 된다. 지속 가능성에 대한 전반적인 접근을 목표로 하라.

3) 회사가 이러한 문제에 심각하게 노력하지 않는 경우, 지속 가능성, 자연, 기후, 윤리적 거래의 중요성에 대해 이야기하지 마라.

프라이드 플래그를 들고, 세계 여성의 날을 기념하고, 지속가능성 목표 배지를 착용하거나 #Black Lives Matter(블랙라이브스매터: 흑인의 생명도 귀중하다.)를 공유하는 것은 좋지만, 만약 이것이 지속 가능성에 대해 여러분이 단순 약속을 하는 정도라면 그것은 공허하게 보일 것이다.

4) 회사 자체의 배출량과 기후, 자연 및 인간의 삶에 대한 부정적인 영향을 과소평가하지 마라.

문제의 일부임을 인정하고, 더 나아지기 위해 할 수 있는 일에 집중하는 것이 더 낫다. 좋은 계획과 명확한 목표는 대중들에게 높이 평가될 것이다. 대부분의 사람들은 최선을 다하는 사람들을 응원한다.

5) 당신 회사의 탄소발자국에 큰 영향을 미치지 않는 작은 조치에 많은 마케팅 예산을 사용하는 것을 주의하라.

마케팅이 '지속 가능한'으로 표시되는 제품 범위의 5%에 초점을 맞추고 있지만 나머지 95%가 기후, 환경 및 이들을 생산하는 사람들에게 해를 끼치는 경우, 여러분은 그 비율을 과감하게 바꿀 구체적인 계획을 세워야 한다.

6) 기후 할당제(climate quotas)나 다른 사람들이 해양 플라스틱을 청소하도록 함으로써 깨끗한 양심을 사는 행위를 피해라.

지속가능성과 관련된 노력에 대해 많이 생각하는 기업은, 자신들의 탄소발자국을 관리하는 작업부터 시작한다.

7) 공식적으로 인증된 라벨링을 사용하거나, 현재 업계 체계가 제대로 구축되어 있지 않은 경우 좋은 라벨링 메커니즘을 구축하기 위해 노력하라.

확립된 라벨링을 통해 사람과 기업 모두 객관적 정보를 기반으로 한 선택이 더 쉽게 이루어질 수 있다. 공신력이 없는 제3자가 인증하여 잘못된 인상을 심어 줄 수 있는 라벨링은 권장하지 않는다.

8) "기후, 자연, 환경에 더 좋다"와 같은 용어를 사용할 때 주의하라.

거의 모든 상품과 서비스의 생산은 어떤 식으로 든 생물권에 부정적인 영향을 미친다. 제품이 "더 나은" 것으로 간주될 수 있는 방법에 대한 구체적인 문서가 없는 경우, "기후, 자연, 환경에 더 좋다"와 같은 용어를 사용하여 제품을 판매해서는 안 된다.

9) 유엔의 지속가능한 개발목표에서 나온 "체리 피킹"[7]은 여러분을 잘못된 길로 이끌 수 있다.

가장 중요한 지속가능성 목표는 회사의 핵심 활동과 가장 밀접한 관련이 있는 목표이다. 생산라인이 많은 양의 이산화탄소를 배출하거나 다른 나라에서 인권침해를 일으킨다면, 당신은 모국에서 평등과 관련된 일을 마케팅 하는 것을 피해야 한다.

10) 기부와 후원은 훌륭하지만, 이것이 여러분이 지속가능성 문제에 몰두하고 있다는 증거는 아니다.

---

[7] 증거 은닉의 오류 또는 불안전한 증거의 오류는 모순될 만한 중요한 비율과 관련이 있는 개별 사례, 특정 상황과 관련된 해당 사례나 해당 입장에 상충될 수 있는 자료의 상당부분을 무시하고 본인의 논증에 유리한 사례만 선택하는 논리오류

2.3. 그린 워싱 산업에 대한 도전의 증가

그린 워싱은 원래 환경 관행, 성능 또는 제품에 대한 잘못된 주장을 설명하기 위해 존재했지만, ESG 요소를 보다 광범위하게 통합하기 위해 더 널리 사용되었다. 이 현상은 투자 산업에만 국한된 것이 아닌 임팩트 투자를 비롯한 ESG형 신규 펀드가 대거 등장하면서, 그린 워싱을 발견하고 피하는 방법에 대한 관심이 커지며 더욱 팽배해졌다. 자산가뿐 아니라 개인 투자자들 또한 특정 논란에 연루되거나 논란이 많은 활동을 하는 회사의 특정 주식이, ESG 펀드의 상위 보유 주식의 일부인 이유에 대해 의문을 제기하고 있으며, 이는 때때로 책임 있는 투자에 대한 노력의 신뢰도에 영향을 미쳤다.

ESG 재정 통합에 기반한 투자 렌즈 또는 윤리에 기반한 투자 렌즈를 구분할 수 있는 업계 표준이 부족한 것이 투자자들의 불만 중 하나이다. 펀드는 두 렌즈를 모두 포함할 수 있지만, 일부 펀드는 둘 중 하나 만을 통합한다. 이렇듯 책임 있는 투자로의 다양한 접근법에 대한 투자자들의 기대를 적절히 관리하기 위해서는 효과적인 공시와 교육이 필요하다. 유럽연합은 최근 펀드와 지수의 녹색 및 ESG 자격 증명에 대한 주장을 표준화하기 위한 다양한 계획을 세우기 시작했으며, 이는 그린 워싱에 대한 단속으로 기여할 것이다. 투자자 자체의 자발적 조치와 계획뿐 아니라, 다른 관할권 정부로부터의 추가적인 발전은 책임 있는 투자의 이행과 신뢰성을 유지하고 강화하는 데 기여할 것이다.

II. 코로나19 후의 마케팅 전략

1. 그린워싱 극복: Marketing Society Publication Empower[8]의 6호으로부터 정리·요약한 것이다.

코로나 19가 수백만 명의 활동을 제재하고 있는 상황에서, 마케팅 커뮤니티는 계속해서 변화하는 상황에 어떻게 적응할 수 있을까? 어떤 브랜드가 팬데믹을 견딜 수 있을지는 아직 분명하지 않다. 수년 동안 코로나19 이전 수준으로 되돌아가지 못하는 항공 산업과 같이, 전체 산업 체계가 전환될 가능성이 높다. 그렇다면 마케팅은 어떻게 전 세계의 기후 변화와 자원 손실로 인한 현재 및 미래의 충격에 적응할 수 있을까? 새로운 국면에서 마케팅은 어떤 역할을 해야 하는가? 코로나 19로 인한 폐쇄가 완화되면, 한 가지 사용할 수 있는 방법은 '더 강하고, 단단하고, 빠르게 회복하는 것'이며, 마케팅의 모든 기술을 사용하여 사람들이 더 많은 비행을 하고, 더 많이 구매하고, 소비하도록 하는 것이다. 기본적으로 지난 몇 달 동안의 손실을 메우기 위한 것이다.

이 전략은 마케팅을 순전히 상업적인 기능으로 보는 사람들이 분명 선호한다. 그러나, 앞으로 몇 년 동안 가치를 가질 수 있고, 외부 충격을 견딜 수 있도록 돕는 또 다른 전략이 있다. 몇몇 진보적인 기업들이 이미 선호하는 이 전략은 브랜드들이 생계와 경제 모두에 해로운 영향을 미치는 코로나 19, 기후변화, 자원 손실과 같은 충격을 견딜 수 있도록 도울 것이다.

브랜드 가치를 담당하는 전략적 기능으로서의 마케팅을 더 강하고 단단하게 구축하는 대신, 비즈니스가 이상적인 '표준'으로 돌아가지 않도록 'build back better(바이든의 경제정책)'를 촉진할 수 있다. 더 나은 버전의 B.A.U.(business-as-usual)를 위해, 궁극적으로 다양한 외부

---

8) https://www.marketingsociety.com/empower-publication

충격에 대한 비즈니스 탄력성을 창출하고, 시간이 지남에 따라 고객 충성도를 구축하며, 지속 가능한 성장의 성배를 달성할 것이다. 이것이 중요한 이유는 다음과 같다.

코로나 19 위기는 당분간 우리와 함께할 것으로 예상되기에, 마케팅 커뮤니티는 스스로에게 어려운 질문을 할 필요가 있다. 사회적 거리 두기 로고와 TV 광고는 곧 매력을 잃을 것이다. 마케팅을 통해 비즈니스가 장기적인 복원력을 형성하고, 지구 위험 한계선(인류의 지속 가능한 발전을 위해 반드시 보존해야 하는 영역들을 지구시스템과학적으로 제시한 개념)에 맞게 B.A.U.를 원래대로 재구성할 수 있는가? 더 지속 가능한 형태의 성장을 지원하기 위해 그들의 전문성을 사용할 수 있는가? 고객이 요구하는 새로운 제품을 만드는 데 도움이 될 수 있는가? 성공을 측정하는 데 사용할 수 있는 다른 지표가 있는가? 나는 이 모든 것에 대한 답이 '그렇다'라고 믿는다.

AB InBev[9], Dell[10] 및 M&S[11]와 같은 기업은 지속가능성에 대한 내부 작업을 수행하고 있으며, 이 과정에서 그들의 목표를 달성하고 비즈니스를 더욱 효율적으로 만들고 있다. 수년 동안 그들은 우리의 생태계와 공동체를 지원하는 실천 과정에 투자했지만, 그들은 아직 이러한 선행을 외부에 알리지 않고 있다. 하지만 그들이 비로소 이를 행한다면, 이런 브랜드들은 그린 워싱에 대한 두려움을 견딜 수 있을 것이다. 우리의 지구촌을 위해 옳은 일을 한 그들의 오랜 실적이 빛을 발할 것이기 때문이다.

2. 비전적 사고와 위대한 리더십

지난 50년 동안 인구는 2배, 세계 경제는 거의 4배, 세계 무역은 10

---

9) https://www.ab-inbev.com/sustainability/2025-sustainability-goals/
10) https://www.dell.com/en-uk/dt/corporate/social-impact/reporting/2030-goals.htm
11) https://www.marksandspencer.com/

배 성장하여 에너지와 재료에 대한 수요를 증가시켰다. 지구 위험 한계선을 위협하고 있다. 이것이 유한한 지구의 자원과 어떻게 조화되는지는 2019 IPBES 보고서[12]에서 다루어지고 있으며, 읽는 이로 하여금 정신이 들게 한다. 현재 우리의 자원에 대한 수요는 너무 커서, 과학자들이 소위 말하는 지구촌과 경제에 파괴적인 영향을 미칠 '자가 증폭' 변화를 촉발하기 전까지 생산과 소비의 영향을 줄일 수 있는 시간이 10년밖에 남지 않았다. 이 모든 것은 근본적으로 마케팅 부서에 중요한 일이다. 엄청난 양의 재고품을 고객들이 기하급수적으로 더 많이 구매하도록 유도하는 것은, 우리 지구의 안정성의 기반이 되는 천연 자본을 잠식하는 것이다.

2.1. 따라서 마케팅이 다음 단계에 무엇을 수행하는지가 중요하다.

착각하지 않아야 하는 것이, 확실히 현재의 건강 위기(전염병)는 환경에 특효약이 아니다. 그렇다, 삶이 느린 시기에 있고 자연이 적어도 휴식을 취하고 있다는 징후를 목격할 수 있다. 하지만 앞으로의 미래는 전적으로 우리가 다음에 무엇을 하기로 결정하느냐에 달려있다. 기후행동 추적(Climate Action Tracker[13])의 분석가들은 현재 시행되고 있는 전 세계적인 봉쇄에 근거한 수치와 함께, 코로나19로 인한 세계적인 침체로 인해 2020년에 화석 연료와 산업으로부터의 배출량이 4-11% 감소할 것이라고 예측한다.

국제에너지기구(IEA)[14]는 올해 배출량이 거의 8% 감소해 10년 만에 최저치를 기록할 것으로 전망하면서, 이번 위기가 2차 세계대전 이후 가장 큰 충격이라고 선언했다.

---

12) https://ipbes.net/global-assessment
13) https://climateactiontracker.org/documents/706/CAT_2020-04-27_Briefing_COVID19_Apr2020.pdf
14) https://www.iea.org/news/global-energy-demand-to-plunge-this-year-as-a-result-of-the-biggest-shock-since-the-second-world-war

그러나 카본 브리프(Carbon Brief)의 최근 분석에 따르면, 만약 5년 전 모든 국가와 재계가 파리 협정에서 지지했던 지구 평균기온 상승 1.5도 이하의 길로 세계를 전진시키려면, 배출량이 실제로 10년 동안 매년 7.6%씩 감소해야 할 것이라고 한다. 단지 다음 6개월 동안만이 아닌, 앞으로 10년 동안 매년이다. 2008년 위기에서 얻은 교훈은 배출량도 처음에는 감소했지만, 그 후 다시 증가하여 경제가 다시 회복됨에 따라 빠르게 위기 이전의 배출량 수준으로 되돌아갔다는 것을 보여준다.

따라서, 우리가 경제를 활성화시키고 'B.A.U.'의 파괴적인 습관을 반복하지 않으며, 사람들을 다시 일터로 복귀시키는 방법은 진지한 비전적 사고와 위대한 리더십을 필요로 할 것이다. 만약 우리가 그렇게 하지 않는다면, 과학자들은 끔찍한 결과가 올 것이라 경고하고 있다. 한 예로 국제환경단체 기후 행동 추적(Climate Action Tracker)은 지구 기온이 금세기 말까지 3도에 이를 것이라 예상하고, 다른 이들은 기온이 훨씬 더 높아질 것이라고 주장한다. 폴 폴먼(Paul Polman)과 마이크 베리(Mike Barry)와 같은 비즈니스 선구자들은 모든 부서의 비즈니스 리더들에게 봉쇄로 인한 우리의 느린 삶으로부터 배울 것을 촉구하고, 앞으로 닥칠 과학적 도전에 대응할 수 있도록 새로운 비즈니스 체제를 다시 한번 상상하게 한다. 그들이 행동을 취하게 하는 것은 이 시간을 사용하여 지속가능성을 두 배로 늘리고, 이를 핵심 비즈니스 기능에 통합하여 과학이 우리에게 직면하고 있는 과제를 해결할 수 있도록 하는 것이다.

2.2. 뉴노멀로의 적응 및 새로운 브랜드 전략

흥미롭게도, 최근의 YouGov poll[15]의 여론 조사는 영국 인구의 9%만이 봉쇄가 끝난 후에 '정상'으로 돌아가기를 원한다는 것을 보여주었

---

15) https://www.thersa.org/press/releases/2019/brits-see-cleaner-air-stronger-social-bonds-and-changing-food-habits-amid-lockdown

다. 대신, 85%는 그들이 경험한 개인적이고 사회적인 변화가 계속되기를 원한다. 첫째, 40%가 지역사회에 대한 강한 의식을 느끼고, 39%가 친구 및 가족과 더 많은 연락을 취하는 것으로 나타났다. 둘째, 42%는 이제 음식을 더 소중히 여긴다고 말한다. 셋째, 38%는 처음부터 요리하는 양이 많다고 하고, 33%는 음식을 덜 버리고 있다고 답했다. 넷째, 51%는 봉쇄가 시작된 이후 공기가 더 깨끗해지고 야생동물이 27%나 증가했다고 말했다.

이 여론조사는 음식, 가족과의 관계에 있어 중요한 변화를 보여준다. 이미 많은 고객들이 시간을 투자하고 있는 브랜드에 대해 더 많은 질문을 하면서 이 위기를 벗어날 조짐을 보이고 있다. 진정으로 '함께 하는 것'이 아닌, 거대 브랜드(그리고 억만장자)에 대한 많은 대중적 비판이 있어 왔다. 그리고 마케팅 분야에서는 어떤 브랜드가 이것을 제대로 하고 있는지, 어떤 브랜드가 그렇지 않은지에 대한 끝없는 이야기와 평가가 있어왔다. 코카콜라와 같은 브랜드들은 올바른 공감적 톤을 얻고, 행복을 퍼뜨리기 위해 소셜 미디어를 이용하는 모습을 통해 칭찬받아왔다. 다음으로, 사회적으로 거리감이 있는 로고의 장단점이 있다. 그러나, 이러한 마케팅적 논쟁은 현 시점에서 마케팅이 비즈니스를 진정으로 혁신하기 위해 관여할 수 있는 기본적 요소에는 영향을 미치지 않는다.

마케팅은 비즈니스의 전략적 (재)포지셔닝과, 이러한 전환을 뒷받침할 진정성과 커뮤니티에 대한 고객들의 증가하는 욕구에 대한 데이터 수집에서 핵심적인 역할을 수행해야 한다. 브랜드가 사회적 가치관을 기반으로 구축되면, 브랜드의 생존과 마케팅 작업을 더욱 수월하게 만드는 데 도움이 된다. 또한, 이는 지구에도 긍정적인 영향을 미칠 수 있다. LinkedIn에 따르면, 2019년에는 녹색 일자리에 대한 수요가[16] 3배 증가했다. 이는 직원들이 자신이 일하는 회사가 자신의 가치관과 부합

---

[16] https://www.businessgreen.com/news/4014231/linkedin-demand-green-jobs-tripled-uk-2019

하기를 원하는 수요의 증가를 보여준다. 따라서, 기업이 고객과 직원 모두가 공감할 수 있는 목표를 가지고 기반을 구축하고 보다 진정한 의미를 찾는 것은 직원 유지에도 도움이 될 것이다. 또한, 마케팅은 기술을 통해 지속 가능한 성장, 신뢰성 및 오랜 생명력을 창출하는데 도움이 될 수 있다.

Ⅲ. 지속 가능한 소통이란 무엇인가?

지속 가능한 소통은 환경적이고 사회적으로 책임 있는 제품, 관행 및 브랜드 가치를 홍보하는 것이다. 만약 당신이 지역 생산 제품이자 100% 재활용 가능한 상품을 구입하기 위해 조금이라도 더 많은 돈을 쓴 적이 있다면, 지속 가능한 소통을 경험한 것이다.

1. 지속가능한 소통의 주요 측면
1.1. 당신의 계획은 장기성을 가져야 한다.

사회적, 환경적 문제는 매우 크기 때문에 계절적 프로모션보다 더 긴 시기동안 다루어질 필요가 있다. 대중들은 단기간의 변화는 거의 불가능하다는 것을 알고 있기 때문에, 여러분은 장기간에 걸친 대규모 변화를 목적으로 하는 목표가 필요하다. 앞에서 언급한 레고의 예를 들어, 환경 관련 임무는 2030년까지 레고 블록의 생산을 지속 가능하게 하는 것이다. 이는 2018년 말에 발표[17]되었고, 12년짜리 계획이라는 것을 의미한다.

당신의 회사는 지속가능성 프로그램을 지속적으로 유지할 수 있는 수단을 가지고 있어야 한다. 브랜드들이 포장을 100% 재활용 가능한 것

---

17) https://www.businessinsider.com/lego-go-eco-friendly-with-blocks-made-from-sugarcane-2018-8?r=US&IR=T

으로 바꿀 때, 지속 가능성과 관련된 메시지가 매출과 브랜드 인지도를 높일 것이라는 희망으로 인해 종종 생산 비용에 타격을 입는다. 새로운 관행을 완전히 채택하고, 장기적인 이익을 위해 단기적인 손실을 감수해야 할 수도 있다.

1.2. 지속가능한 소싱으로 변경한 음료와 라벨

지속 가능한 아이디어만 필요한 것이 아니라, 이를 구체화해야 한다. 당신의 고객들에게 당신 브랜드의 한 측면이 친환경적이라고 말하는 것은 쉽지만, 다른 요소들은 어떠한가? 예를 들어, 여러분의 브랜드가 음료를 판매하고 여러분이 지속 가능한 소싱이 가능한 새로운 재료로 바꾼다고 상상해 보라. 여러분의 브랜드가 얼마나 책임감이 있는지 외치고 싶을지도 모르지만, 여러분이 파는 그 음료수 병들은 재활용이 가능한가? 병에 사용된 라벨은 어떻게 되는가?

이런 문제는 맥도날드가 플라스틱 빨대를 종이 빨대로 대체하면서 드러났다. 새 빨대의 두께 때문에, 회사의 폐기물 솔루션 사업자가 아직 쉽게 가공·재활용하지 못했기 때문에 일반폐기물에 넣어야 한다고 회사 측은 밝혔다.

2. 지속가능한 행동으로 소비자의 마음을 돌리는 5가지 방법

대부분의 사람들은 지속가능하기를 원하지만, 필요한 조치를 취하는 데 어려움을 겪는다. 데이터 분석 회사인 Nielsen에 따르면, 지속가능성은 최신 소비자 트렌드이다. 그들의 연구는 지속가능성이 적용된 초콜릿, 커피, 목욕 제품이 기존의 제품들보다 훨씬 더 빨리 성장했다는 것[18]을 보여준다. 우리는 어떻게 소비자들의 지속가능성에 대한 관심을 실제 행동으로 바꿀 수 있을까? 이를 알아내기 위해 우리 그룹은 상

---

18) https://nielseniq.com/global/en/

위 소비자 행동 저널에 있는 320개의 학술 기사를 검토하고 '사회적 영향, 습관, 개인의 자아, 느낌과 인식'과 같은 용어들을 통해 소비자를 지속 가능한 선택으로 전환하는 5가지 경로를 식별했다.[19] 이것들이 합쳐지면 SHIFT라는 약자가 된다.

2.1. 사회적 영향(S)

인간은 사회적 동물이고, 특히 윤리적인 문제에 있어서 다른 사람들의 행동을 따를 것이다. 사람들이 이웃보다 더 많은 에너지를 사용하고 있다는 것[20]을 알게 되면, 그들은 에너지 사용을 줄인다[21].

그러나 지속 가능한 행동이 아직 확립되지 않았다면 어떻게 되었을까? 예를 들어, 만약 이웃 중 아무도 태양 전지판을 설치하지 않았다면, 어떻게 사람들에게 태양 전지판을 설치하도록 설득할 것인가? 따라서 이런 역할을 하는 "브랜드 앰버서더"는 매우 귀중하다. 자신의 집에 태양 전지판을 설치했던 지지자들은 태양 전지판을 구입하고 설치하기 위해 63% 더 많은 거주자들을 모집할 수 있었다.[22]

윤리적인 행동에 있어서, 다른 사람들의 행동을 배우는 것은 동기부여가 될 수 있다. 한 가지 예로, 대학 캠퍼스에 있는 경영학과 학생들은 컴퓨터 공학 학생들이 퇴비화 및 재활용에 더 뛰어나다는 것을 들었을 때, 그들은 이에 자극받아 지속 가능성과 관련된 노력을 두 배 이상 늘렸다.[23]

2.2. 새로운 습관(H)

새로운 지속 가능한 습관을 기르기 위해서, 먼저 나쁜 습관을 고쳐야

---

19) https://journals.sagepub.com/doi/full/10.1177/0022242919825649?journalCode=jmxa
20) https://www.sciencedirect.com/science/article/abs/pii/S0272494414000991?via%3Dihub
21) https://www.sciencedirect.com/science/article/abs/pii/S027249440500054X?via%3Dihub
22) https://www.nature.com/articles/s41586-018-0647-4
23) https://journals.sagepub.com/doi/10.1509/jmr.12.0335

한다. 이것은 누군가가 이사, 결혼 또는 새로운 직업을 시작하는 것과 같은 큰 삶의 변화를 경험하고 있을 때 가장 쉽다. 한 연구에서, 최근에 이사한 사람들은 자동차 사용을 거의 절반으로 줄였다.[24]

또 다른 전략은 좋은 행동에 보상하기 보다는 나쁜 행동에 대한 벌칙을 적용하는 것이다[25]. 하지만, 만약 벌칙이 없어지고 새로운 습관이 형성되지 않는다면, 사람들은 예전 방식으로 돌아갈 가능성이 있다.

새로운 습관을 기르기 위해서는 지속 가능한 행동을 쉽게 하고, 적시에 프롬프트를 제공하고, 새로운 행동을 시작하는 데 도움이 되는 인센티브를 제공하거나, 장기간에 걸쳐 행동에 대한 실시간 피드백을 제공하는 것이 도움이 될 수 있다. 피드백 기법을 검토한 결과, 실시간 에너지 사용이 주택 소유자와 직접 공유될 경우 전기 소비량이 5~15% 감소한 것으로 나타났다[26].

2.3. 개인의 자아(I)

지속가능성은 건강이나 제품의 품질과 같은 개인적인 이익이 강조될 때 더 매력적으로 보일 수 있다. 자기에게 효능이 있다는 것을 강조하는 것도 효과가 있다. 사람들은 자신의 행동이 중요하다는 것을 알 때, 더 친환경적인 선택을 한다.

자기 완전성(Self-consistency) 또한 중요하다. 사람들은 그들의 말과 행동이 일치하기를 좋아한다. 하나의 환경 공약은 시간이 지남에 따라, 종종 다른 행동과 변화들을 눈덩이처럼 불어나게 할 수 있다. 예를 들어, 에너지 효율을 향상시키기 위해 집을 단열하는 누군가는 휴가를 떠날 때 전기 장치의 플러그를 뽑을 가능성이 더 높을 수 있다.

마찬가지로 소비자들은 기업들이 일관성을 유지하기를 기대한다. 한

---

24) https://www.sciencedirect.com/science/article/abs/pii/S0272494407000898?via%3Dihub
25) https://onlinelibrary.wiley.com/doi/10.1002/9781119241072.ch27
26) https://www.eci.ox.ac.uk/research/energy/downloads/smart-metering-report.pdf

연구에서, 호텔이 분해성 세면도구를 제공하는 것과 같은 환경과 관련된 가시적인 노력을 기울이고 손님들에게 에너지를 절약하라고 요청했을 때, 손님들은 그들의 에너지 사용을 12% 줄였다[27]. 눈에 보이는 노력이 없는 상황에서의 호소는 위선적으로 보였고, 에너지 사용량도 증가했다.

또한, 고려해야 할 자아 개념도 있다. 사람들은 자신이 누구인지 또는 자신이 되고 싶은 사람에 대한 인식과 일치하는 선택을 한다. 한 연구는 환경주의는 때때로 여성적인 것으로 인식되어, 전통적인 성 역할에 동의하는 일부 남성들을 외면할 수 있다는 것을 발견했다.[28] 환경주의를 황야 환경(wilderness environments)을 보호하고 보존하는 방법으로 제시한 것은 남성과 여성 모두에게 매력적이었고, 지속가능성에서 흔히 볼 수 있는 성 격차도 막았다.

2.4. 느낌과 인식(F와 T)

때때로 우리는 그 당시의 기분에 따라 그 순간에 결정을 내린다. 그리고 때때로 우리는 심사숙고 끝에 결정을 내린다. 지속가능성에 대해 소통할 때, 심장과 머리를 모두 고려하는 것이 중요하다.

소비자들은 행복, 자부심, 선행을 함으로써 생기는 따뜻한 햇살과 같은 긍정적인 감정을 추구한다. 지속 가능한 옵션이 재미있다면, 사람들은 자연스럽게 그것을 하고 싶어할 것이다. 반대로 두려움이나 죄책감 같은 부정적인 감정[29]은 미묘하게 사용할 때[30] 효과적일 수 있다. 그러나 지나치게 감정적이고 죄책감을 주는 메시지는 꺼림칙한 감정을 불러일으키며, 적극적으로 무시되거나 심지어는 반대의 행동(심리적 반

---

27) https://journals.sagepub.com/doi/10.1509/jmr.14.0441
28) https://academic.oup.com/jcr/article-abstract/43/4/567/2630509?redirectedFrom=fulltext
29) https://link.springer.com/article/10.1007/s10551-013-1841-9
30) https://journals.sagepub.com/doi/10.1509/jm.11.0454

응)을 유도할 것이다.

4. 지속 가능성은 사업의 탄력성에 좋다

Patagonia와 Unilever와 같은 브랜드는 지속 가능성이 비즈니스 전체를 장기적으로 지속 가능(그리고 탄력성)하게 만든다는 대담한 주장을 하고 있다. Patagonia의 충실한 커뮤니티와 혁신적인 아이디어는 지난 40년 동안 그들의 사업이 많은 폭풍을 극복해낼 수 있도록 도와주었다. 그리고 Unilever의 지속가능성 생활계획 - 10년 후[31]'의 최근 결과는 지속 가능성이 수익성 또한 촉진할 수 있다는 것을 증명했다. Sustainable Living(지속 가능한 생활) 그룹의 브랜드는 2018년에 다른 비즈니스 그룹보다 69% 더 빠르게 성장했다.

Ⅳ. 어떠한 기업 사례가 있나?

1. 광고 협회의 스티븐 우드포드(Stephen Woodford)의 광고 인터뷰
1.1. 광고의 진화

Woodford는 또한 광고 부문의 탈탄소화를 위한 노력이 진행 중이지만, 현재 광고되고 있는 것은 이미 저탄소 미래와 일치하고 있다고 지적한다. 수억 명의 시청자들에게 광고의 황금 시간 대에 그들의 제품을 보여주기 위해 회사들이 고군분투하는 슈퍼볼을 예로 들어보자. 2020년, 자동차 부문은 행사 기간 동안 8개의 광고를 게재했는데, 그 중 4개는 전기 자동차(EV)에 집중되었다. MediaToolkit이 지적한 바[32]와 같이, 지난 10년 동안 EV에 대한 광고는 3개뿐이었다.

현재 비슷한 경향은 식품 산업에서도 발견되고 있는데, 채식주의의

---
[31] https://www.unilever.com/planet-and-society/
[32] https://www.mediatoolkit.com/blog/automotive-marketing-the-dawn-of-ev-advertising/

급격한 발전[33]은 (부분적으로는 지구 친화적 이점을 위해) 많은 소매업체와 패스트푸드 식당들로 하여금 식물성 대안들을 우선시하고 홍보하게 만들었다. 일부는 심지어 즉시 알아볼 수 있도록 슬로건을 변경하고 있다. 올해 세인즈베리는 COP26의 주요 파트너로 계약[34]한 것을 인정받아 10년 만에 "적은 비용으로 잘 살아라"라는 슬로건에서 "모든 사람이 더 잘 먹을 수 있도록 돕기"로 바꾸었다.

Woodford는 광고가 소비주의 전반에 걸쳐 "대체 효과"를 목격하고 있다고 언급한다. 또한, 기업은 기존 제품과 서비스를 친환경 버전으로 교체하고, 이제는 광고로 눈을 돌리고 있다. 이와 같이, 광고는 더 지속 가능하게 될 뿐만 아니라 더 지속 가능한 생활 방식을 홍보하고 있다. 그는 다음과 같이 말한다. "우리가 보게 될 가장 큰 변화는 행동과 제품 측면에서 업계의 결과일 것입니다"라고 말한다. "2030년까지 우리는 모든 광고가 친환경 광고가 되기를 원합니다. 메시지뿐 아니라 광고하는 것이 지속 가능한 제품과 라이프 스타일 선택을 지원하는 방식으로 만들어지고 배포되도록 한다는 것입니다".

1.2. 광고 분야가 어떻게 넷제로(net-zero)에 도달할 것인가?

2021년 5월 5일, eide 뉴스룸[35] 에서의 내용을 정리·요약한 것이다.

Edie는 업무주간(Engagement Week)을 기념하여 이 이정표를 달성하기 위해 광고 분야가 어떻게 협력하고 있는지 탐구함과 동시에, 지속 가능한 제품에 대해 대중에게 알리는 보다 광범위한 문화 변화를 촉진한다. '애드 넷 제로(Ad Net Zero)'라고 불리는 이 계획은 협회, IBSA, 광고 실무자 협회(IPA) 간의 파트너십의 일부로 제공되고 있다.

---

33) https://www.edie.net/search/?startDate=04-05-2020&keywords=vegan
34) https://www.edie.net/sainsburys-confirmed-as-principal-partner-for-cop26/
35) https://www.edie.net/content/news/

유니레버[36], 가디언[37], 스카이[38]와 같은 그룹의 대표들은 모두 넷 제로 목표를 가지고 있다. 평균적으로 광고 대행사가 출장 및 에너지 사용 때 얻는 주요 배출원으로, 해당 부문은 자체 운영의 탈탄소화에 관해 다른 사람들로부터 배울 수 있다. 그러나, 광고 협회의 최고 경영자인 스티븐 우드포드(Stephen Woodford)가 Eddie에게 말했듯이, 이 부문은 빠르게 성장하는 지속 가능성 운동을 수용하기 위해 사회적 및 기업의 행동 변화를 촉발하는 강한 힘으로 작용할 수 있다.

그는 다음과 같이 말했다. "조직의 규모와 상관없이 생태계의 어느 위치에 있든 각자의 역할이 있습니다. 업계의 모든 주요 업체들이 [애드 넷 제로]에 참여하게 되어 정말 기쁩니다. 우리가 하고 있는 행동과 약속은 매우 중요합니다. 이는 업체의 운영 방식과 산업이 작동하는 방식을 변화시키고 있으며, 우리 산업이 중요한 역할을 하고 있다는 것을 깨닫고 있습니다. 또한, 업계 관계자들은 해결책의 일부가 되기를 원하고 있으며, 광고가 경제의 모든 부분에 영향을 미치고 있으며 영국의 경제 건전성과 활력 및 경쟁력에 중요한 역할을 하고 있다는 사실을 깨닫고 있습니다. 경쟁과 혁신은 광고 없이는 존재하지 않으며, 그것이 바로 광고 분야가 커지고 있는 이유입니다. 민간 분야는 지속 가능성에 경쟁하고 혁신함으로써 많은 에너지와 야망을 소비하고 있습니다."

따라서 애드 넷 제로 운동은 다층적이다. 이는 단순히 업계 내에서 작업하는 사람들로 하여금 운영 및 출장으로 인한 배출량을 줄이자는 것만이 아니라, 범위, 영향력 및 외부 범위를 활용하여 영국 전역에 걸친 고객에게 지속 가능한 비즈니스, 제품 및 서비스의 고유한 이점을 설명하는 데에도 사용된다.

---

36) https://www.edie.net/advertising-sector-launches-new-initiative-to-eliminate-negative-environmental-impacts/
37) https://www.edie.net/hold-the-front-page-the-guardian-targets-net-zero-by-2030/
38) https://www.edie.net/dissecting-the-challenge-how-sky-is-approaching-its-net-zero-target/

1.3. 운영의 초점

운영 측면에서 애드 넷 제로는 이벤트 및 시상식에 대해 지속 가능성 기준을 개발하기 위한 조치를 개략적으로 설명하고, 배출량을 측정하고 관리하는 방법을 교육한다. 이 부문은 광고 산업 내 조직이 그들 프로젝트의 탄소 영향을 측정하고, 가장 높은 탄소 생산 활동을 무료로 확인할 수 있는 AdGreen 탄소 계산기를 출시했다.

업계는 광고주들이 AdGreen 운영비를 충당하기 위해 제작비 중 소액을 기부하는 새로운 자발적 부담금 제도를 도입하고 있다. 이미 Adam&eveDDB, Havas UK, Havas Studios, Mullen Lowe Group(IPG 대표)과 같은 인지도가 매우 높은 광고 대행사들이 이 부담금 제도에 동의했고, Unilever와 Nestlé 같은 기업들도 광고와 관련하여 부담금을 지불하기로 합의했다.

이 단체들은 또한 지속 가능성에 더욱 관심이 많은 회원들을 지원하기 위해 AdGreen 자문 위원회에 가입했다. 이미 750명 이상의 회원이 업계의 흐름을 통해 기후 관련 위험에 대해 교육하는 것을 목표로 하는 무료 온라인 교육 과정을 수료했다.

Woodford는 "애드 넷 제로가 회원들에게 기후 위기, 그린 워싱의 위험성, 그리고 넷 제로 규제에 대한 지식을 갖추고, 이에 따라 행동할 수 있도록 기본적인 이해 수준을 만들어 주기를 바란다" 그리고 "현재로서는 관련 지식이 필요한 만큼 널리 퍼져 있지 않습니다."라고 말했다.

2. Smarter Planet Vision[39]

IBM은 수상 경력에 빛나는 마케팅 캠페인에서 새로운 세대의 지능형 시스템 및 기술(전례 없이 강력하고 접근하기 쉬운)이 어떻게 심오한 영향(profound impact)과 더 깊은 사고를 촉진하기 위해 사용될 수 있

---

39) https://www.ibm.com/ibm/history/ibm100/us/en/icons/smarterplanet/

는지를 설명하고자 Smarter Planet Vision을 소개했다. 여기에는 더 스마트한 전력망, 더 스마트한 식품 시스템, 더 스마트한 물, 더 스마트한 의료, 더 스마트한 교통 시스템, 그리고 모든 것을 이해할 수 있는 정교한 분석과 알고리즘이 있다.

전 세계의 미래지향적인 지도자들과 시민들은 여행자 중심의 교통, 소비자 중심의 전력, 건강 관리, 물, 치안 및 음식을 관리하기 위한 지능형 시스템과 같은 혁신적인 아이디어를 고려하기 시작했다. Smart Planet Initiative가 시작된 지 1년 만에, 수백 명의 IBM 클라이언트가 보다 지능적인 시스템을 구축할 수 있는 새로운 기능을 점유하여 회사와 커뮤니티에 상당한 혜택을 제공하기 시작했다.

세계의 어떤 정부도 단독으로 기후 협정을 이행할 수 없다. 기후 변화에 관한 한, 모든 60억의 시민들, 모든 가족, 모든 중소기업, 그리고 모든 지역사회는 이에 대응하여 행동해야 한다. 그리고 꼭 모든 사람들이 변화를 받아들이기로 선택하지 않을 수도 있다. 존 스튜어트 밀(John Stuart Mill)이 한때 썼듯이, "정치에서 여론이 현재 세계를 지배하고 있다고 말하는 것은 자명한 일이다." 기후 조치에 대한 여론의 공개적인 거부권의 행사는 가능하다. 이는 우연히 일어나는 것이 아니다. 우리가 보게 될 것처럼, 기후 변화를 막기 위한 강력한 조치에 반대하는 사람들은 이러한 사안을 공공의 영역으로 끌고 올 필요성을 못 느낀다. 그들은 여론을 조장하는 것으로 시작해서, 여기서부터 출발해 계속해서 올라간다. 그러나, 변화에 대한 메시지는 충분한 사람들을 감동시키지 못하고 있다. 우리가 다수를 바꾸고 싶다면, 우리의 메시지를 바꿔야 한다. 전세계의 활동가들과 냉소주의자들 사이에 전선이 그어져 있으며, 둘 다 홈퍼스트(Home Firsts)의 마음을 위해 싸우고 있다.

지속 가능한 마케팅은 회사가 제대로 이를 이해하는 한, 친환경적인 측면을 홍보하는 좋은 방법이다. 기업이 자사를 홍보하고 시장에서 두

각을 나타내기 위해 그들의 모든 유전적 구성(genetic makeup)을 사용하는 것은 자연스러운 일이다. 예를 들어, 중소기업은 스타트업 전략(grassroots beginnings)이나 지역 포커스를 자주 사용하여 독특한 목소리를 내는 반면, 대기업은 업계와 관련된 상을 수상하는 것에 자부심을 갖고 있다.

기업들이 채택할 수 있는 또 다른 전술은 지속 가능한 마케팅이며, 이는 제품 및 브랜드 마케팅 전략으로 모두 작용한다. '책임감'은 일반적인 브랜드의 가치가 되고 있으며, 몇몇 회사들은 고객에게 책임을 다시 떠넘기는 환경 및 사회적 이니셔티브를 발표하면서, 더 저렴한 옵션(도덕적으로)과 더 나은 옵션 중 하나를 선택하도록 도전 의지를 부여한다. 그러나, 지속 가능한 마케팅은 신중하게 계획하고 실행해야 한다. 그렇지 않으면, 당신의 브랜드는 철저한 모니터링을 받을 수 있다.

3. 레고

기업은 지속 가능한 마케팅을 특정 제품, 시간 민감성(time-sensitive) 원인 또는 심지어 기업의 고유한 강점으로도 사용할 수 있다. 레고는 지속 가능한 마케팅을 성공시킨 기업 중 하나이다. 지속가능성 프로그램을 위해 사이트의 일부[40]를 할애하는 이 브랜드는, 기업 고유의 목소리로 환경 노력에 대한 명확한 목표를 가지고 있는 브랜드이다.

2030년까지 모든 LEGO®의 블록을 지속 가능하게 만드는 이유는 지속 가능한 것이 지구에 좋기 때문이다. 다시 자랄 수 있거나 재활용될 수 있는 소재로 블록을 만들길 원한다. 지속 가능한 레고 블록이 여러분이 익숙하게 사용했던 것과 같은 높은 품질을 갖기 쉽지 않지만, 한 단계씩 더 친환경적인 행성을 만들도록 도와줄 것이다.

이 장난감 세트와 함께 자란 부모들이 그들의 아이들과 손주들에게

---

40) https://www.lego.com/en-us/sustainability/environment

그것들을 물려주기 때문에, 여러 세대의 고객들은 여전히 레고에 익숙하다. 이것은 레고가 전세계 많은 사람들에게 지속가능성의 중요성에 대한 긍정적인 메시지를 전달할 수 있는 잠재력을 가지고 있다는 것을 의미한다.

기업이 더욱 지속 가능할 수 있는 방법에 대한 프로그램, 목표, 전략, 계획 및 용어의 방식을 촉진하는 많은 예가 있다. 하지만, 브랜드들이 프라이드 마케팅에 참여했을 때[41] 목격했듯이, 지속성과 관련된 마케팅은 제품을 이슈화 시킨 다음 평소처럼 사업을 운영하는 것만큼 간단하지 않다. 현재 다루고 있는 문제의 맥락, 고객의 마음에 당사의 브랜드가 어떻게 그리고 왜 해결책으로 적합한지, 그리고 (모든 좋은 계획처럼) 목표를 정하여 진행 상황을 측정하고, 이를 달성했을 경우 축하할 수 있도록 해야 한다.

4. 트리오도스(Triodos) 은행: 은행은 지속 가능할 수 있는가?

지난 금융 위기 이후 은행(그리고 은행가)의 명성은 급락했다. 마케팅은 이 분야를 정상적인 상태로 재정립하는 데 핵심적인 역할을 해왔다. 오늘날 은행에 대한 신뢰는 조금 높아졌지만, 신뢰 목록(list of trust)에서는 여전히 낮다. 서비스 덕분에 올해 첫 3개월 만에 영국 25만 명이 은행을 전환했다는 사실을 아는 것은 놀라운 일이 아니다. 현 계좌 이동 서비스(Current Account Switching Service[42])의 수치에 따르면, Bank of Ireland와 같은 몇몇 은행들은 30대 1의 비율로 고객을 잃고 있는 반면, Triodos 은행과 같은 상대적으로 덜 알려진 은행들은 13대 1의 비율로 고객을 얻고 있다.

---

41) https://www.smartinsights.com/marketing-planning/marketing-strategy/pride-marketing-problems/
42) https://www.mirror.co.uk/money/incredible-250000-brits-quit-bank-21950771?fbclid=IwAR2-wsKxCTsGn-CWCPWvovwZYbTQWasQlVlDVNbulMKGFCNA9IT96PsulUY

하지만 Triodos 은행은 이 리그 테이블의 다른 멤버들처럼 신참이 아니다. 꾸준히 성장해 왔으며, 올해 영국에서 25주년을 맞이하고 있다. 이 회사는 고객 충성도와 커뮤니티 투자, 지속 가능한 성장에 대한 확고한 평판을 구축함과 동시에, 이러한 가치를 공유하는 고객의 수가 증가하고 있으며, 전체 고객 수는 지난 한 해 동안 14% 증가했다. 게다가, 현재와 미래의 모든 사람들에게 더 나은 삶의 질을 보장하는 제품, 서비스, 그리고 관리를 제공하는 단체에 수여하는 지속 가능한 개발을 지속한 회사에게 수여하는 여왕상[43](Queen's Award)을 수상했다.

이와 같은 상은 비즈니스와 브랜드 목적 모두 사회에 봉사하기 위해 만들어졌다는 것을 보여주며, 이는 마케팅을 자동적으로 더 신뢰할 수 있게 만든다. 그래서 다른 은행들이 서로 그다지 친밀하지 않은 직원들과 함께 값비싼 새 TV 광고를 만들거나 "내가 돌봐줄게"라고 중얼거리는 광고의 배치를 늘리고 있는 반면, Triodos는 이 분야를 변화시키는 것을 돕기 위한 인식 캠페인을 벌이고 있다. 그들의 캠페인 주제는 '당신의 은행을 바꾸고, 세상을 바꾸세요.'이다. 이는 고객들이 환경을 책임지는 제품에 반응하는 수요 트렌드로 바꾸고, 파리 협정이 체결된 이후 영국 은행들이 1억 5천만 파운드의 화석 연료를 투자하고 있는 현 은행 시스템의 결함[44]에 관심을 가지게 한다. 대조적으로, Triodos는 그들이 돈을 빌려주는 대상을 100% 투명하게 공개한다. 대상은 보통 사회적, 문화적, 환경적으로 긍정적인 변화를 가져오는 기업이다. 또한 이것은 위기의 순간에, 그들은 감정이나 공감을 불러일으킬 필요가 없이, 단지 그들의 도달 범위(reach)를 불러올 뿐이다. 20년 전, 많은 대형 브랜드들이 그들의 '닷컴(인터넷 상에서 비즈니스를 수행하는 것)'을 진지하게 받아들이지 않았던 때를 기억하는가? 내가 만약 아주 번지르르한 '너를 위해 곁에 있을게' 마케팅 브로셔를 가지고 있는 큰 은행이라면,

---

43) https://www.triodos.co.uk/articles/2020/triodos-bank-uk-receives-queens-award
44) https://www.triodos.co.uk/change-your-bank

지금 쯤은 Triodos가 매우 걱정(견제)됐을 것이다.

5. Interface carpets: B.A.U.의 변화는 지속 가능할 수 있나?

'B.A.U.'의 변화에 공을 들이고 있는 또 다른 브랜드는 Interface carpets이다. Interface는 장기적인 가치를 바탕으로 비즈니스의 기반을 구축하고, 핵심 비즈니스 전략에 지속가능성을 내장한 상업용 바닥재 제조 회사이다. 매우 일찍부터, 그들은 지속가능성이 고객들의 관심사였기 때문에, 이것이 사업적으로도 최적이라는 것을 알게 되었다. 그들의 회사 미션[45] #climatetakeback (기후 회복)은 지구에 긍정적인 영향을 미치는 것이며, 그들은 지구를 비즈니스의 중요한 이해 관계자로 간주한다. 그들의 마케팅 부서는 이 임무를 완벽하게 지원하므로 고객을 얻기 위해(또는 고객을 유지하기 위해) 열을 낼 필요가 없다. 그들의 미션은 미국 공장에 자부심을 갖고 세대를 넘어서는 노동력을 가진 직원의 정착에도 도움이 된다. 그러나 그보다, 그들의 제품에서 해로운 화학물질을 제거하는 방법, 천연가스의 대체 연료원을 만드는 방법, 또는 탄소를 저장하고 기후 변화에 대처하는 제품을 개발하는 방법 등, 그들이 사업 내에서 다루고 있는 해결책과 문제들은 그들의 경쟁자들이 배울 만한 것들이다.

이들이 R&D를 통해 얻고 있는 지식은 경쟁 업체들이 비즈니스 내에서도 변화를 가속화할 수 있도록 오픈 소스로 개발되었다. 그들의 25주년 보고서 "미래를 위한 교훈(Lessons for the Future)[46]"은 흥미롭다. 다른 브랜드가 변화를 가속화하고, 그 과정에서 비즈니스(및 지구) 회복력을 구축하는데 도움이 되도록 설계되었다.

---

45) https://www.interface.com/EU/en-GB/about/press-room/interface-mission-zero-success-en_GB

46) http://interfaceinc.scene7.com/is/content/InterfaceInc/Interface/Americas/WebsiteContentAssets/Documents/Sustainability%2025yr%20Report/25yr%20Report%20Booklet%20Interface_MissionZeroCel.pdf

6. 브랜드를 구축하는 새로운 방법

2015-2020 IRI 구매 데이터 연구에 따르면, 지속가능성이 성장을 주도하고 팬데믹에서 살아남게 해준다고 한다.

Randi Kronthal-Sacco, Tensie Whelan 작성, 업데이트: 2020년 7월 16일

다음 글은 이 내용을 정리·요약한 것이다.

6.1 지속 가능한 시장 점유율 지수™ : 핵심 요약

우리는 전체 CPG 시장의 약 40%[47]($)를 구성하는 36개의 CPG 카테고리에서 지속가능성 마케팅 제품에 대한 소비자 구매를 검토했다. 우리의 연구 결과는 다음과 같다. • 지속 가능성 마케팅 제품은 2019년 카테고리($) 점유율의 16.1%에 불과했지만 CPG 시장 성장(2015-2019)의 54.7%를 달성했으며, 이는 2015년에 비해 +2.4ppt 증가한 것이다(페이지 5,6). 지속가능성 마케팅 제품은 그렇지 않은 제품보다 7.1배 더 빠르게 성장했다(페이지 7). • 지속가능성 마케팅 제품은 COVID-19 팬데믹에도 불구하고 계속 성장하고 있다(페이지 10-13). • 지속 가능성 마케팅 제품의 시장 점유율은 인식된 범주 기능 또는 효능을 기반으로 연속체를 따라 정렬된다(페이지 15). 점유율이 낮은 카테고리에서도 지속가능성 마케팅 제품의 점유율이 증가했다. • 지속 가능성 마케팅 브랜드 제품은 기존의 브랜드 제품에 비해 39.5%[48]라는 상당한 가격 프리미엄을 누리고 있으며, 2014년 대비 +5.3%의 프리미엄을 받고 있다(페이지 17-20). • 1인당 지속가능성 시장 제품 구매 상위 5개 주는 뉴햄프셔, 메인, 매사추세츠, 버몬트, 코네티컷 (NH, ME, MA, VT, CT) 이다(페이지 22). • 고소득층, 밀레니얼 세대, 대학 교육을 받은 도시 소비자들은 지속가능성 마케팅 제품을 구입할 가능성이 더 높

---
47) 술과 담배는 제외한다.
48) 검토된 카테고리의 지속 가능한 매출에 의해 가중치 부여

다. 또한, 중산층, 베이비 붐 세대 및 X세대가 지속 가능한 판매의 상당 부분을 차지한다(페이지 24-27).

6.2 지속 가능한 시장 점유율 지수™: 연구 질문

소비재(CPG) 기업들은 보다 지속 가능한 제품 제공 등 변화하는 세대 기대치에 대응하고 있지만, 지속 가능한 구매 동향에 대한 이해는 제한적이다. NYU Stern Center for Sustainable Business(스턴 지속가능경영센터)는 데이터를 무료로 제공한 IRI와 협력하여 다음을 평가했다. 1) 지속가능한 제품의 구매가 시간이 지남에 따라 증가하였는가? 2) 지속가능한 구매가 COVID-19의 영향을 받았는가? 3) 보다 지속 가능한 제품 옵션의 구매가 덜 지속 가능한 대안보다 성능이 좋거나 낮은 특정 제품 카테고리가 있는가? 4) 가격이 지속가능한 제품 구매에 미치는 영향은 무엇인가? 5) 지속 가능한 구매에 지리적 차이가 있는가? 6) 지속가능한 제품 구매자의 인구통계학적 프로필은 무엇인가? 참고: 이 연구는 2019년 3월에 처음 발표된 소비자 구매보다 업데이트되고 크게 확장된 검토를 나타낸다.

6.3 지속 가능한 시장 점유율 지수™: 연구 질문 1

연구 질문 1: 지속 가능한 제품의 구매가 시간이 지남에 따라 증가했는가?

연구 결과: 지속가능성 마케팅 제품은 성장하고 있을 뿐만 아니라, CPG 카테고리 성장의 불균형한 몫에 기여하고 있다.

6.4 지속 가능한 시장 점유율 지수™: 지속 가능한 시장 점유율

* CSB 및 IRI 재분류로 인해 업데이트된 공유. 36개 카테고리를 기준으로 조사되었다.

1) 지속 가능한 시장 점유율 지수™: 성장에 대한 기여

지속가능성 마케팅 제품이 시장의 16.1%*라는 사실에도 불구하고, CPG 시장 성장률의 54.7%를 달성했다(2015-2019년).

* CSB 및 IRI 재분류로 인해 업데이트된 주식. 36개 카테고리를 기준으로 조사됨

2) 지속 가능한 시장 점유율 지수™: 성장률

지속 가능성 마케팅 제품은 기존 제품보다 7.1배, CP보다 3.8배 빠르게 성장했다.

3) 지속 가능한 시장 점유율 지수™: 카테고리 성과

개별 제품 범주의 ~90%에서 지속 가능성 마케팅 제품의 성장이 각 카테고리의 성장을 앞질렀다.

4) 지속 가능한 시장 점유율 지수™: 연구 질문 2

지속 가능한 구매가 COVID-19의 영향을 받았는가?

연구 결과는 팬데믹에도 불구하고, 지속 가능성 마케팅 제품의 구매가 계속 증가하고 있다.

5) 지속 가능한 시장 점유율 지수™: 2020년 달러 매출

지속 가능성 마케팅 및 전체 카테고리 판매 모두 3월 15일로 끝나는 주에 유사하게 크게 증가했다.

6) 지속 가능한 시장 점유율 지수™: 지속 가능한 주식: COVID-19

지속가능성 마케팅 제품의 주가는 3월 15일 주에 크게 증가했으며 6월 중순까지 점유율을 계속 유지하고 있다.

7) 지속 가능한 시장 점유율 지수™: 3월 15일 실적

종이 제품, 스킨케어 및 식품 품목이 주 단위 점유율 상승을 주도했다 (3월 15일 종료 주 및 이전 주 대비).

8) 지속 가능한 시장 점유율 지수™: YTD 지속 가능한 시장 점유율

지속 가능성 마케팅 제품은 현재 YTD의 16.8%, 2019년 대비 +.6%

를 차지하고 있다.

* CSB 및 IRI 재분류 13으로 인해 업데이트 된 주식 ** 2020년 1월 ~ 6월 15일

9) 지속 가능한 시장 점유율 지수™: 연구 질문 3

보다 지속 가능한 제품 옵션의 구매가 덜 지속 가능한 대안보다 성능이 좋거나 낮은 특정 제품 카테고리가 있는가? 연구 결과는 그렇다. 높은 기능성(예: 세제)을 요구하는 카테고리는 지속 가능한 구매 비율이 높지 않지만, 그럼에도 불구하고 점유율 성장을 경험했다. 반대로 기능성 수요가 낮은 범주(예: 유제품)는 범주 소비량이 더 높다.

10) 지속 가능한 시장 점유율 지수™: 지속 가능한 제품의 점유율

지속 가능한 시장 점유율 지수™: 연구 질문 4 가격이 지속 가능한 제품 구매에 미치는 영향은 무엇인가?* 연구 결과는 상당한 가격 프리미엄에도 불구하고, 지속가능성 마케팅 제품은 기존 브랜드 업체보다 훨씬 빠르게 성장했으며, 조사 대상 카테고리의 2/3에서 가격 민감도가 더 낮았다.

11) 지속 가능한 시장 점유율 지수™: 가격 프리미엄

지속 가능성 마케팅 제품은 기존 판매 제품보다 39%* 높은 가격 프리미엄을 누렸고 2014년 이후 +5.3포인트 상승했다.

12) 지속가능 시장점유율 지수™: 카테고리별 가격 프리미엄

가격 프리미엄 범위는 3%에서 150%까지 다양했다. 일부 카테고리만 기존 시판 제품에 비해 가격 할인이 있었다.

13) 지속 가능한 시장 점유율 지수™: 지속 가능한 브랜드 업체들의 성장

브랜드 업체 중 지속가능성 마케팅 제품은 기존 시장 제품보다 7배 이상 빠르게 성장해, 소비자들이 더 높은 가격을 지불할 의사가 있음을 보여줬다.

14) 지속 가능한 시장 점유율 지수™: 가격 민감도

지속가능성 마케팅 제품은 연구 대상인 지속 가능성 마케팅 제품 범주와 기존 제품 범주 간의 탄력성 차이에서 대부분 가격 민감도가 낮았다. 식품 카테고리가 가격 레버리지가 가장 컸다.

15) 지속 가능한 시장 점유율 지수™

연구 질문 5 지속 가능한 구매에 지리적 차이가 있는가? 연구 결과는 그렇다. 지속 가능성 마케팅 제품의 1인당 기준 지출액 상위 5개 주는 뉴햄프셔, 메인, 매사추세츠, 버몬트, 코네티컷이다. 하위 5개 주는 미시시피, 유타, 텍사스, 앨라배마 및 켄터키이다. • 주 전체 구매로 측정한 경우 캘리포니아, 플로리다, 텍사스, 뉴욕 및 펜실베니아가 지출 규모로 인해 지출된 총 지속 가능한 달러 측면에서 1위를 차지했다. *STI: PopStats; 조사된 36개 카테고리를 기반으로

16) 지속 가능한 시장 점유율 지수™:

연구 질문 6. 지속 가능한 구매자의 인구통계학적 프로필*은 무엇인가? 연구 결과는 밀레니얼 세대, 고소득층, 대학 교육을 받은 도시 집단일수록 지속가능성 마케팅 제품을 구입할 가능성이 높다. 중산층, 베이비 붐 세대 및 X세대가 지속 가능한 판매의 상당 부분을 차지한다.

6.5. IRI HH 패널 데이터를 사용하여 수행된 분석(조사된 35개 카테고리를 기반으로)

NYU 스턴 Center for Sustainable Business(지속가능경영 센터)는 지속가능경영은 좋은 사업이라는 원칙에 따라 설립되었으며, 지구와 사람들을 보호하면서 더 나은 재정적 결과를 제공한다. 당사는 현재 및 미래의 비즈니스 리더가 지속 가능성의 주도적이고 혁신적인 주류화를 수용하여 회사의 경쟁 우위와 탄력성 및 사회에 대한 긍정적인 영향을 가져오도록 돕는 것을 목표로 한다. 란디 크론탈-사코(Randi Kronthal-Sacco)는 NYU Stern Center for Sustainable Business

의 선임 학자, 마케팅 및 기업 홍보 담당자이다. Ms. Kronthal-Sacco 는 Johnson & Johnson의 고위 간부였으며 Stern 졸업생이다. 텐시 휠런(Tensie Whelan)은 NYU Stern의 임상 교수이자 NYU Stern 지속 가능한 비즈니스 센터의 창립 이사이다. 의견이나 질문이 있는 경우 sustainablebusiness@stern.nyu.edu 또는 rkrontha@stern.nyu.edu로 연락하십시오.

제3장
어떻게 순환경제를 강화할 것인가?

Ⅰ. 순환경제
Ⅱ. 순환경제 산업
Ⅲ. 순환경제와 ESG
Ⅳ. 어떠한 기업 사례가 있나?
Ⅴ. 순환경제의 적용 연습

03 어떻게 순환경제를 강화할 것인가?

Ⅰ. 순환경제

1. 순환경제란 무엇인가?

순환 경제는 기업, 사회, 환경에 이익을 주기 위해 고안된 경제 발전에 대한 체계적인 접근법으로서, '가져오고, 만들고, 폐기하는(take-make-waste)'것으로 구성된 선형 모델과 달리, 설계상 재생 가능하며 유한 자원 소비에서 성장을 점진적으로 분리하는 것을 목표로 한다. 다음과 같은 질문과 답을 통해서 개념을 이해한다.

1.1. 폐기물과 오염의 설계: 만약 쓰레기와 오염이 애초에 결코 만들어지지 않았다면?

순환 경제는 인간의 건강과 자연 시스템에 피해를 주는 경제 활동의 부정적인 영향을 드러내고 설계한다. 여기에는 온실가스 및 유해물질 배출, 대기·토지·물 오염, 교통혼잡 및 구조적 폐기물(structural waste) 등이 포함된다.

1.2. 제품 및 자재 사용 유지: 만약 우리가 제품들을 소모하지 않고 이용하는 경제를 구축할 수 있다면 어떨까?

순환 경제는 에너지, 노동, 물질의 형태로 가치를 보존하는 활동을 선호한다. 이는 제품, 부품, 재료가 경제에서 순환할 수 있도록 내구성, 재사용, 재제조 및 재활용을 위한 설계를 의미한다. 순환 시스템은 경제와 자연 시스템 사이를 순환할 때 바이오 기반 재료를 다양한 용도로 효과적으로 사용한다.

1.3. 자연계의 재생: 우리가 환경을 보호할 수 있을 뿐만 아니라 적극적으로 개선할 수 있다면 어떨까?

순환 경제는 재생 불가능한 자원의 사용을 피하고, 재생을 지원하기 위해 귀중한 영양소를 토양으로 되돌려 보내거나 화석 연료에 의존하는 대신 재생 가능한 에너지를 사용함으로써 재생 가능한 자원을 보존하거나 향상시킨다.

1.4. 순환 경제 시스템 다이어그램은 무엇인가?

엘렌 맥아더(Ellen MacArthur) 재단에서는 '나비 다이어그램'이라는 별명이 붙은 다이어그램(그림 1.4)에서 순환 경제의 본질을 포착하려고 노력했다.

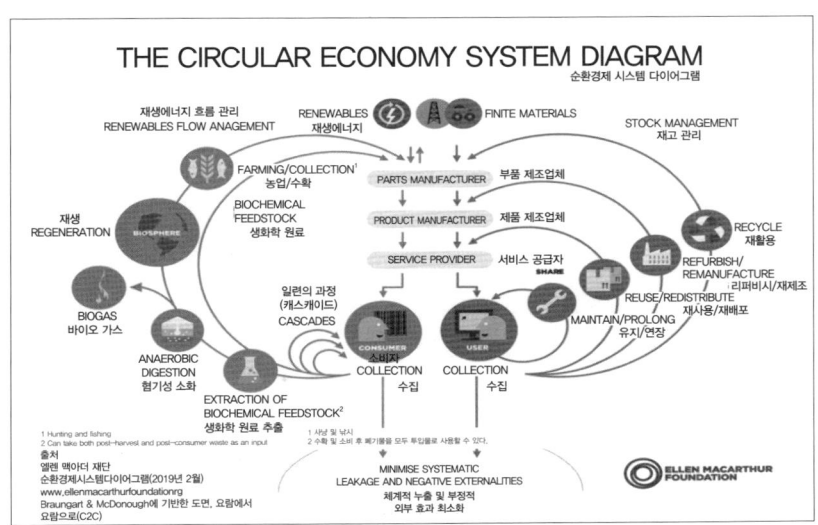

〈그림2.1〉 순환경제시스템 다이아그램

이 다이어그램은 재료, 영양소, 구성 요소 및 제품의 흐름을 포착하는 동시에 재정적 가치의 요소를 추가하려고 한다. 이는 여러 학파를 기반으로 하지만, 아마도 요람에서 요람으로의 두 가지 물질적 순환에 의해 가장 잘 알려진 영향을 받았을 것이다.

엘렌 맥아더 재단은 순환 경제로의 전환을 가속화할 목적으로 2010년에 출범했다. 설립 이후 이 자선단체는 순환경제를 전 세계 의사 결정 권자들의 의제로 내세우며 세계적, 선구자적인 사상가로 부상했다. 이 자선단체는 7가지 주요 분야에 초점을 맞추고 있다. 통찰력과 분석, 사업, 기관, 정부, 도시, 체계적인 계획, 순환 설계, 학습, 그리고 커뮤니케이션이 그것이다.[1]

1.5. 생물학적 및 기술적 자재의 흐름: 자재가 자연계에 안전하게 재진입할 수 있는가?

대부분의 사람들이 이 도표에 대해 가장 먼저 알아차리는 것은 두 개의 별개의 절반, 즉 순환으로 분리되는 것인데, 이것은 근본적으로 두 가지 다른 물질 흐름, 즉 생물학적 그리고 기술적 흐름을 나타낸다. 도표 왼쪽의 표시된 생체 시료는 한 번 이상의 사용 주기를 거친 후 자연계에 안전하게 다시 들어갈 수 있는 물질로, 시간이 지나면서 생분해되어 포함된 영양소를 반환한다. 오른쪽에 표시된 기술 자료는 환경에 다시 진입할 수 없다. 금속, 플라스틱 및 합성 화학 물질과 같은 이러한 물질들은 그 가치를 포착하고 되찾을 수 있도록 시스템을 지속적으로 순환해야 한다.

1.6. 경제적 이익: 새로운 경제 모델로의 전환이 거시 경제학에 미치는 영향은 무엇인가?

---

1) 추가 정보: emf.org/plastics| @premareconomy

순환 경제는 기업과 정부 지도자들 모두에게 관심을 받고 있다. 그들의 상상력은 순수 자원 투입과 경제 성장을 점진적으로 분리하고, 혁신을 장려하고, 성장을 증가시키고, 보다 강력한 고용을 창출할 수 있는 기회에 사로잡혀 있다. 순환형 경제로 전환하면 그 영향이 사회 전반에 영향을 미칠 것이다. 아래 슬라이더는 순환 경제로의 전환에 따른 잠재적인 거시경제적 이점 중 일부를 보여준다.

1.7. 환경 및 시스템 전반의 이점: 순환 경제로의 전환은 환경에 어떤 영향을 미치는가?

순환 경제로의 전환의 잠재적 이득은 경제를 넘어 자연 환경까지 확장된다. 순환경제는 폐기물과 오염을 설계하고 제품과 자재를 계속 사용하며, 자연계를 훼손하지 않고 재생함으로써 지구 기후 목표 달성에 강력한 기여를 한다.

1.8. 개인에게 미치는 기회: 순환경제는 개인에게 무엇을 의미하는가?

순환경제는 기업, 환경, 경제 전반뿐만 아니라 개인에게도 이익이 될 것이다. 가처분 소득 증가에서 생활 조건 개선 및 관련 건강 영향까지, 순환성의 원칙에 기초한 시스템이 개인에게 주는 이득은 상당하다.

1.9. 왜 지금인가?

순환성의 개념은 깊은 역사적, 철학적 기원을 가지고 있다. 실제 시스템의 순환에 대한 피드백이라는 아이디어는 오래되었으며, 다양한 철학 학파에서 반향을 일으키고 있다. 비선형 시스템에 대한 컴퓨터 기반 연구의 출현으로 우리가 살고 있는 세계의 복잡하고 상호 연관되어 예측할 수 없는 본성이 현재의 디지털 기술인 가상화, 탈물질화, 투명성 및 피드백 중심 지능(feedback-driven intelligence)을 획기적으로 향상시켜 순환 경제로의 전환을 지원할 수 있는 힘을 갖게 되었다.

우리 경제는 현재 생산과 소비의 선형 모델을 선호하는 시스템에 갇혀 있다. 그러나 이러한 종속성은 몇 가지 강력한 파괴적 추세의 압력으로 인해 약화되고 있다. 우리는 순환 경제로의 전환을 가속화하기 위해 경제, 기술 및 사회적 요인의 유리한 조정을 이용해야 한다. 순환성은 선형 경제로 침투하고 있으며 개념 증명 단계를 넘어섰다. 우리가 지금 직면하고 있는 과제는 순환 경제를 주류화하고 확장시키는 것이다.

2. 순환경제 시스템

순환경제는 낭비를 피하고 자원(원자재, 에너지, 물)의 가치를 최대한 오래 보존하는 것을 목표로 하는 경제 모델이다. 이는 사용-폐기 경제에 대한 대안적 접근 방식이므로, 기업이 운영 및 자원 관리를 평가하고 관리하는 효과적인 모델이다(그림 2.2 참조). 순환경제는 세 가지 원칙에 기초한다. 첫째, 폐기물과 오염의 설계, 둘째, 제품과 재료의 지속적인 사용, 셋째, 자연계를 재생한다. 네덜란드 정부는 "제품과 재료를 더 효율적으로 만들고 재사용함으로써 낭비를 방지하는 것"을 목표로 하는 순환 경제 프로그램을 개발했다. "새로운 원료가 필요하다면 자연환경과 인간환경이 훼손되지 않도록 지속 가능하게 확보해야 한다."고 강조했다.

엘랜 맥아더 재단의 최근 보고서는 기후 목표 달성을 위한 근본적인 단계로서 순환 경제의 중요성을 강조한다. 이 잠재력을 설명하기 위해 이 보고서는 5가지 핵심 영역(시멘트, 알루미늄, 강철, 플라스틱 및 식품)에 순환 경제 전략을 적용하면 2050년에 제품 생산에서 남은 배출량의 거의 절반인 93억 톤의 CO_2e[2]를 제거할 수 있는 방법을 보여준다. 모든 수송 과정에서 발생하는 현재 배출량을 0으로 줄이는 것과 같다.

---

[2] CO_2e는 온실가스배출량에 해당 온실가스의 지구온난화지수(GWP)를 곱한 값이다.

〈그림2.2〉 선형경제에서 순환경제로 전환

런던정경대학 그랜팀 연구소의 2016년 보고서에 따르면, 글로벌 금융 자산의 기후가치위험(VaR)은 BAU 시나리오에서 2조5000억 달러, 확률분포 99번째 백분위수에서는 24조 2000억 달러에 달했다.

환경 문제를 해결할 수 있는 잠재적 기회를 이해하고 인식하는 데 필요한 핵심 개념은 순환 경제이다. "순환 경제는 폐기물과 오염을 제거하도록 설계하고, 제품과 재료를 지속적으로 사용하고, 생태계를 재생하는 원칙에 기초한다." 이는 천연 자원을 제품 제조를 위한 투입 재료로 추출한 다음 사용하고 결국 버리는 선형 경제의 현재의 접근 방식에 반대한다. '가져오고, 만들고, 폐기하는'(선형) 접근법은 지구의 유한한 천연 자원에 대한 지속 가능한 접근법이 아니다. 따라서 순환경제는 순환경제를 만들기 위한 특정 솔루션을 제공하는 기업에 투자하고자 하는 주제별 투자 전략의 초점이 될 수 있다. 특히 천연 자원 사용 및 폐기물 발생을 줄이기 위해 운영 효율성을 개선해야 하는 대기업에 적합하다. 비즈니스 모델에서 순환성을 고려하는 기업은 천연 자원을 보호하는 데 중요한 역할을 할 수 있으며, 현재 천연 자원을 사용하는 방식을 전환하고 저탄소 경제로의 전환을 지원할 수 있다.

순환 경제에서 제품과 자재는 버려지는 것이 아니라 수리, 재사용 및 재활용되며, 한 산업 공정에서 나오는 폐기물이 다른 산업 공정에 대한 가치 있는 투입물이 되도록 보장한다. 순환 경제 개념은 이제 탄소 중립 유럽을 달성하기 위한 EU의 2050년 장기 전략과 중국의 5개년 계획의 핵심 요소이다.

민간 및 공공 시장 모두 투자 가능한 기회의 시장이 확대됨에 따라 일부 기업은 기존 비즈니스 모델을 보다 지속 가능한 접근 방식으로 전환하거나, 순환성을 가진 기업이 되어야 했다.

2.1. 선형적 사고가 아닌 원형적 사고

가치사슬은 일반적으로 선형으로 표현되며, 여기서 제품은 대부분 가치사슬의 끝에서 폐기되거나 재사용된다. 그러나, 대조적으로, 순환 경제는 의도와 설계에 의해 재생되고 회복되는 산업 시스템이다. 이는 폐기물의 개념을 재활용 및 복원으로 대체하고 있다(그림 2.2 참조). 이는 재생 에너지 사용을 강조하고 독성 화학 물질 사용을 제거하며 우수한 재료, 제품, 시스템 및 궁극적으로 이러한 활동을 뒷받침하는 비즈니스 모델의 설계를 통해 낭비를 막는다(Ellen McArthur Foundation, 2015[3]).

Ellen McArthur 재단은 순환 경제가 다양한 형태(자연, 제조, 금융, 인적 또는 사회적)로 자본을 재건하려는 방법을 보여주는 복잡한 모델을 개발했다. 그들의 "가치 순환" 도표[4]는 가치 사슬 전반에 걸쳐 기술 및 생물학적 재료의 지속적인 흐름을 보여준다. 주류 제조업체들은 2030년까지 모든 제품에 이 접근 방식을 적용하기로 약속한 IKEA와

---

3) Ellen Macarthur Foundation. https://www.ellenmacarthurfoundation. org/circular-economy/what-is-the-circular-economy
4) https://ellenmacarthurfoundation.org/topics/circular-economy-introduction/overview

같은 순환 경제 원칙을 점점 더 많이 수용하고 있다(IKEA, 2019[5]).

2.2. 순환형 모델로의 전환

순환성은 지구를 해치지 않고 가장 트렌디한 청바지 실루엣, 최신 장치, 일회용 플라스틱 등 모든 것을 가질 수 있는 흥미진진한 기술 발전의 세계를 약속한다. 세계에서 가장 큰 일회용품 회사들 중 일부는 소비자와 환경을 위한 윈-윈 전략으로 순환성에 대한 그들의 약속을 광고하고 있다. Levi's SecondHand 태그라인에는 "만약 모든 사람들이 올해 새 물건을 사는 대신 중고품 하나를 산다면, 4억 4,900만 파운드의 폐기물을 줄일 수 있습니다."라고 쓰여 있다. 그리고 H&M은 "만약 우리가 새로운 셔츠를 만들기 위해 재활용된 면 셔츠를 사용한다면, 더 많은 면화를 기를 필요가 없습니다."라고 말한다. 우리가 모든 것을 재사용하고 재활용하는 한, 우리는 자연의 고리를 닫고 생태학적 피해를 피할 수 있다는 것이다. 물론 현실은 훨씬 더 복잡하다.

지난 10년 동안, 우리의 환경 문제를 해결하기 위해 경제를 선형 모델에서 순환형 모델로 전환하려는 아이디어는 전 세계의 기업 이사회와 관공서에 자리를 잡았다. 2021년 6월 세계경제포럼(World Economic Forum), 유럽의회(European Parliament), 포춘(Fortune) 및 환경단체 지도자들은 COVID19 팬데믹에 대응하여 환경을 회복하고 성장을 촉진하는 방법으로 순환경제를 지지했다. 구글, 아마존, 코카콜라, 이케아, 유니레버, 그리고 H&M은 모두 순환성을 위한 야심찬 계획을 내놓았다. 유엔은 순환을 SDGs의 핵심 축으로 인식한다.

보다 지속 가능하게 되기 위한 세계적인 계획이 진전된 것처럼 들리지만, 순환 경제는 거대하고 애매한 개념이며, 그것이 실제로 어떻게 실행되는지 정확히 파악하기 어려울 수 있다. 2017년 이 주제에 대한 연

---

[5] IKEA. (2019) Our view on inspiring a circular mindset

구 논문은 용어를 최소 114개 정의했으며, 대부분은 재사용과 재활용을 설명하는 것에 지나지 않는다. 이는 환경 운동가들이 수십 년 동안 재사용과 재활용을 옹호해 왔지만 우리의 자원 착취는 더 심해졌기 때문에 우려되는 일이다.

2.3. 새로운 패러다임

이전의 다른 유토피아적 환경 이론과 마찬가지로, 순환 경제는 경제 성장을 우리의 끝없는 물건 소비와 분리시킬 것을 약속한다. 그러나 그 지지자들은 정말로 지구를 구하는 패러다임 변화를 제공하는 것일까, 아니면 우리가 수십 년 동안 시도했지만 실패한 것의 다른 버전을 제공하는 것일까?

자연의 순환 체계를 중심으로 구축된 현대 사회의 개념은 경제학자인 케네스 볼딩(Kenneth Boulding)의 1966년 에세이 "우주선 지구의 생존을 위한 경제학(The Economics of the Coming Spaceship Earth)"에서 처음 나타났다. 이 책에서 Boulding은 부주의한 자원 추출, 생산, 소비의 "개방 경제"에서 "닫힌 지구"로의 전환이 시급한 필요성을 설명하였다.

1970년대에 스위스의 건축가 왈터 스타헬(Walter Stahel)은 유럽연합 집행위원회(European Commission)의 영향력 있는 보고서에서 순환 경제의 개념을 더욱 발전시켰다. 이 보고서에서 그는 내구성 소비재의 대규모 재사용 및 재생산을 중심으로 창출된 일자리를 상상했다. 회사는 타이어에서 조명, 차량에 이르기까지 모든 것을 임대하고 수리 및 재활용을 위해 복구할 것이다. 현재 환경 과학에서 널리 실행되는 분야인 산업 생태학은 1990년대에 지속 가능성 전략가인 하딘 티브스(Hardin Tibbs)에 의해 촉진되었다. 그는 한 산업 시스템의 산출물이 다른 산업 시스템의 투입물로 사용되는 "지속적인 순환적 물질 흐름"을 중심으로 경제가 구축되어야 한다고 제안했다.

윌리엄 맥도너[6](Willam McDonough)와 독일 화학자 마이클 브라운가르트(Michael Braungart)는 이 개념을 학문적 실천에서 주류 담론으로 밀어 넣었다. 나를 포함한 많은 환경론자들은 그들의 선견지명이 있는 2002년 책 '요람에서 요람으로: 우리가 물건을 만드는 방식을 다시 생각하는 방법(Cradle to Cradle: Remaking Way We Make Things)'을 통해 순환성에 대한 신기한 아이디어를 습득했다. 소비자의 제품에 대한 이 책은 신발에서 세단에 이르기까지 생태계를 해치기보다는 재생산할 수 있는 소비자 제품의 그림을 그린다.

"만약 인간이 진정으로 번영하고 싶다면, 자연의 매우 효과적인 '요람에서 요람으로' 영양소 흐름과 신진대사 시스템을 모방하는 법을 배워야 할 것이다.", "이 시스템에는 폐기물이라는 개념 자체가 존재하지 않는다."라고 두 사람은 말했다.

McDonough와 Braungart는 환경 컨설팅 회사인 MBDC와 공증된 요람에서 요람으로(Cradle to Cradle) 프로그램을 통해 아이디어를 실현하고자 했다. 내가 가장 좋아하는 프로젝트 중 하나는 Model U라고 불리는 Ford의 초기 콘셉트 카였다. 이 콘셉트 카는 부품을 쉽게 분해하고 용도를 변경할 수 있도록 설계되었다. 자동차 상단은 퇴비화할 수 있고 내부는 재활용 가능한 폴리에스터로 만들어졌으며 엔진은 마지막까지 사용 가능한 수소 연료 전지였다. 허먼 밀러(Herman Miller)의 재활용 가능한 의자와 세계 최대 바닥재 회사의 카펫 타일을 포함한 McDonough와 Braungart의 다른 혁신 중 일부는 현재 생산 중에 있다.

순환경제의 다양한 지지자들은 폐기물을 생태계의 새로운 동물의 사료로 변환하여 폐기물을 제거하는 자연의 능력에 영감을 받는다(요람에서 요람으로는 벚나무가 떨어뜨리는 꽃이 토양을 먹여 살리는 예를

---

6) 순환 경제의 아버지라고도 함

사용한다). 버지니아 공대의 조교수이자 대표적인 순환경제학자인 제니퍼 러셀(Jennifer Russell)은 "이 모든 연구 및 공헌 분야에서 말하는 것은 자원이 유한하다는 것입니다.", "우리는 그것들을 어디서 얻었는지, 어떻게 사용하는지, 그리고 그것들을 다 처리했을 때 그것들로 무엇을 하고 있는지에 대해 주의를 기울여야 합니다."라고 말했다. 간단한 아이디어이지만, 그것의 실용적인 적용이 우리의 자원 소비를 줄일 수 있는지 여부는 아직 완전히 테스트되지 않았다.

Russel은 다음과 같이 말했다. "나는 최근에 다시 CRADLE TO CRADLE을 읽고 자연과 조화를 이루는 환상적인 산업의 세계로 빠져들었다. 거의 100페이지가 넘는 분량에서 McDonough와 Braungart의 비전은 최근 몇 년 동안 등장한 순환 경제 패러다임과 그다지 공통점이 없다는 생각이 들었다."

요람에서 요람까지 시스템의 가장 영향력 있는 측면은 안전한 화학 물질 및 재료와 함께 가능한 한 많은 재생 에너지를 사용하여 제품과 산업을 처음부터 무독성 및 재생 가능하도록 재설계하는 것이다. 오래된 제품을 새 제품으로 다시 만들고 매립하지 않도록 하는 것은 완전히 변형된 산업 공정의 마지막 단계일 뿐이다. McDonough의 청바지에 대한 진정한 순환성은, 그것이 해를 최소화하는 방법으로 생산되었고, 뒷마당에서 안전하게 퇴비화 될 수 있다는 사실이다. 가장 인상적이지 않은 점은 재활용이 가능하다는 것이다. 이는 본질적으로 낭비되는 산업 시스템의 공급원료로 사용된다.

McDonough는 순환 경제는 순환되는 물질의 유형(예: 마이크로파이버를 흘리고, 화석 연료 또는 유해 화학 물질이 포함된 직물에서 나오는 플라스틱)에 충분한 주의를 기울이지 않고 점점 더 높은 재활용률을 추구하는 것으로 요약된다고 말했다. "이것은 모두 양에 관한 것입니다."라고 그는 말하고, "요람에서 요람으로 프로젝트는 질에 관한 것입니다."라고 말한다. 재사용과 재활용을 중심으로 전체 사업 부문을 재편하는 것에 대해 어떻게 생각하는지에 관한 물음에, "만약 그것이 만병통치약으로 보인다면 문제가 될 수 있다고 생각합니다."라고 그는 말한다.

그럼에도 불구하고, 요람에서 요람으로(Cradle to Cradle)는 무섭게 성장을 촉진한다. McDonough와 Braungart는 모든 사업과 산업의 성장은 자연스럽고, 경제는 유기체와 마찬가지로 성장 없이는 죽는다고 주장했다. 벚나무의 꽃처럼 땅에 떨어져 자연으로 돌아가는 것이라면 많은 것을 생산해도 괜찮다. 책 출간 이후 1회용 소비량이 폭발적으로 증가한 점을 감안하면 지금은 순진해 보인다. 패스트 패션은 20년 전에 거의 존재하지 않았다.

모든 것을 재사용하기만 하면 원하는 만큼 계속 만들 수 있다는 생각은 순환 경제의 꿈을 실현하려면 버려야 할 신화이다. Russell은 "우리는 이미 행성의 수용력을 넘어섰습니다."라고 경고한다. 새 코트를 구입하고 수리해서 사용하지 않는다면, 중고 코트를 구입하고 새 코트도 구입하지 않는다면, 우리는 여전히 동일한 시스템을 지속시켜 갑니다. 우리는 단지 두 개의 서로 다른 시장을 가질 뿐이고, 양쪽 모두에서 구매할 것입니다."

3. 재사용 및 재활용
3.1. 시장 성장 기회

우선, 비즈니스 커뮤니티가 추가 수익원으로 기업가에 대한 재판매, 임대 및 훨씬 더 내구성 있는 설계를 포함하는 순환 경제 프로젝트를 촉진하고 있다는 점에 주목하는 것이 중요하다. 2016년 McKinsey & Company의 순환성에 대한 보고서는 기존 매출을 감소시키지 않고 새로운 고객 그룹으로 시장을 확장할 수 있는 기회로 보고 있다. 이 보고서는 유럽 경제가 전자제품 개조와 섬유간 재활용과 같은 새로운 순환

경제 사업과, 공유 및 중고 제품의 유통을 통해 "저렴한 가격으로 인한 지출 증가"효과로 약 2조 달러를 창출할 수 있을 것으로 추산하고 있다.

마찬가지로, 비즈니스 컨설팅 회사인 Accenture는 첨단 재활용 기술, 혁신적이고 재활용 가능한 새로운 재료, 공유 플랫폼(승차 또는 홈 셰어링) 또는 구독 모델(패션 임대 웹 사이트와 같은)에 초점을 맞춘 새로운 순환 경제 사업에 투자함으로써 4조 5천억 달러의 엄청난 이득을 약속한다. Russell은 순환성을 탐구하는 대부분의 대기업들이 주요 수익원을 희생하면서까지 이 사업을 하고 있지는 않다는 것을 인정한다. 그녀는 "이 회사들은 신제품 전략을 포기하지 않고 있다."고 말했다.

그것이 의미하는 것은 패션과 다른 곳에서 순환경제가 선형경제를 대체하는 것이 아니라, 단지 평행하게 달리고 있다는 것이다. 순환성은 반드시 원재료 사용을 줄이는 방식이 아니라 새로운 성장을 주도하는 방식으로 자리 잡고 있다는 이야기다. 순환성을 수용하는 대형 브랜드가 실제 전체적으로 더 적은 자원을 사용하고 있다는 증거는 없다. 패션업계가 대표적이다. 이들은 여전히 매년 약 1,000억 장의 의류를 생산하는데, 이것은 지구상의 모든 사람들이 매달 새로운 옷을 구매할 수 있을 만큼 충분한 양이다. 폴리에스테르, 면, 레이온 등 천연 섬유의 총 생산량은 2019년에 사상 최고치를 기록했다.

3.2. 순수자원 소비의 증가

게다가 생산량을 줄이는 대신 재사용과 재활용을 강조함으로써 순환경제는 적폐가 될 위험을 무릅쓰고 있으며, 이를 통해 기업은 환경에 미치는 영향을 증가시키면서 대중에게 더 친환경적으로 보일 수 있다. 순환 경제는 본질적으로 재사용과 재활용이 지구에 항상 좋다는 것을 확신하게 만든 수십 년간의 공공 환경에 의존하고 있지만, 사실은 그렇지 않다. 캘리포니아 대학교 샌타바버라의 산업생태학 및 오염방지학과 교수이자 순환경제의 비평가인 롤랑 게이어(Roland Geyer)는 "우리는 재사용과 재활용을 계속 시도했지만 효과가 없었습니다."라고 말한다.

전자제품, 자동차, 가구와 같은 복잡한 소비재 재활용의 경제성과 어려움은 대부분의 제품을 대규모로 개조하고 재활용하기가 여전히 어렵다는 것을 의미한다. 그러나 산업계가 이러한 장벽을 극복하고 마침내 재활용 규모를 확대한다고 해도, 순수 자원 소비는 여전히 줄어들지 않을 것이다. 이것은 부분적으로 재활용 자체가 물, 에너지, 그리고 화학물질을 필요로 하기 때문이다. 그것은 제로 임팩트 과정과는 거리가 멀다. 섬유를 재활용하는 경우 오래된 섬유를 새로운 재료로 돌리기 위해 에너지가 필요하고, 그 물질을 염색하고 의복으로 마무리하기 위해 화학 물질이 필요하며, 소매점에 배송하기 위해서는 더 많은 에너지가 필요하다. 패션 산업에 대한 2018년 Quantis 보고서는 34%의 재활용 재료로 만들어진 의류로 사업 규모를 확장하면, 줄일 수 있는 업계 전반의 탄소 배출량은 단 5%에 불과하다고 한다.

실제로 제품을 재활용 및 재사용할 수 있도록 설계하면 전체 천연 자원 소비가 증가할 수 있다. 2017년 논문에서 Geyer와 환경 과학 및 관리 전문가인 트레버 징크(Trevor Zink)는 순환 경제가 어떻게 반등 효과를 일으킬 수 있는지 설명한다. 새로운 제품을 대체하지 않는 값싼 중고 제품을 위한 새롭고 분리된 시장을 만드는 것 외에도, 이는 재활용 재료의 공급을 크게 늘릴 수 있다. 이것은 천연 자원과 경쟁을 붙일 것이며, 두 분야 다 가격을 낮추고 둘 다 소비는 높일 수 있다.

예를 들어, 철강은 가장 널리 재활용되는 재료이지만, 1차 강철의 소비는 지난 20년 동안 두 배로 증가했다. 자원의 총소비가 매년 약 3퍼센트씩 증가하고 있기 때문에, 오래된 것으로 모든 새로운 것을 만드는 것은 어렵다. 이것은 재활용된 재료가 항상 새로운 재료와 경쟁할 것이라는 것을 의미한다. "재사용과 재활용의 요점, 유일한 요점은 우리가 새로운 것을 덜 만들도록 하는 것입니다.", "그런 일이 일어나지 않을 뿐입니다."라고 Geyer는 말한다.

순환경제에 대한 수십 년간의 열정에도 불구하고, 오늘날 세계는 Cradle to Cradle이 쓰였을 때보다 지속가능성에서 훨씬 멀리 떨어져 있다. 영국에서 매립되는 카펫의 양은 거의 두 배로 늘었고, 매년 900만 톤 이상의 가구가 미국의 쓰레기통에 버려진다. 전자제품은 이제 세계에서 가장 빠르게 증가하는 폐기물 흐름이다.

3.3. Russel and Geyer: 순환 경제학자

Russel은 순환경제의 모든 잠재적인 부정적인 면을 알고 있다. 그녀는 재활용이 "우리가 집중하고 싶은 마지막 것"이며, 모든 노력이 그린워싱의 희생양이 될 수 있다는 데 동의한다. 그럼에도 불구하고 Russell은 우리가 반등 효과를 길들이고 1차 소비를 억제하는 방법을 알아낼 수 있는 한, 사회 전반에 걸쳐 확대된 재사용과 개조(refurbishment)가 환경적 이득을 가져올 수 있다고 주장한다. "이론적으로는 일리가 있지만, 문제는 우리가 지금 있는 곳에서 원하는 곳으로 가는 방법을 알아내는 것입니다."라고 그녀는 말한다.

Russell은 또한 현재의 경제 패러다임에서 성장이 불가피하다고 믿는다. "불행하게도, 기업들은 여전히 주주들을 만족시켜야 합니다."라고 그녀는 말한다. 우리가 그것을 바꾸기 전까지는, 매년 새로운 사업들이 시작될 것이며 순환 경제는 새로운 성장이 보수, 재판매 및 재활용과 같은 환경에 영향이 덜한 활동에서 비롯되도록 보장하기 때문에 더 나은 대안입니다.", "사람들은 여전히 고용되어야 합니다."라고 그녀는 말한다.

따라서 순환 경제는 세상을 구할 수 없다. 하지만 Russell에 따르면, 그것은 여전히 변화를 추진하는 데 유용한 프레임워크이다. 그녀는 이것을 소비 중독 사회가 선형 방식에서 벗어나기 시작할 수 있도록 돕는 훈련 바퀴로 보고 있다. 이는 시간이 지남에 따라 기업들, 쇼핑객들, 심지어는 정부의 책임 있는 자원 사용에까지 영향을 미칠 수 있는 일련의 원칙이다. "앞으로 몇 십 년을 헤쳐 나가는 데 도움이 될 것입니다. 좀 더 빨리 행동을 바꾸고, 우리에게 문제가 있다는 것을 깨닫게 하고, 문제를 해결할 수 있는 능력도 갖추게 되기를 바랍니다."라고 말한다.

Russell처럼, Geyer는 재사용과 재활용에 기반을 둔 순환 경제가 우리의 궁극적 목표인 "지구의 경계 안에서 사는 것"에 더 가까이 갈 수 있도록 도울 수 있다고 믿는다. "그러나 그것은 마술처럼 일어나지 않을 것입니다. 국가와 기업은 천연 자원의 사용을 제한하는 데 전념해야 할 것입니다. 우리가 환경적 지속 가능성에 대해 진지하게 생각한다면, 솔직히 말해서 천연 자원 생산이 전혀 증가할 여유가 없습니다. 아주 솔직히."라고 Geyer는 말한다.

규제 기관들이 이것을 인식하기 시작했다는 몇몇 징후들이 있다. 유럽연합(EU)은 소비자 제품이 수리·업그레이드·내구성을 갖출 수 있도록 요건을 정했고, 순환성의 선두주자로 꼽히는 네덜란드는 10년 안에 원자재 소비량을 절반으로 줄이겠다는 목표를 세웠다. 그러나 아직까지 자원 소비와 성장을 분리한 국가는 없으며, 소비재 기업도 없었다. 지금까지 순환 경제의 환경적 이익은 대부분 서류상으로 존재한다.

3.4. 코로나19 이후의 경기 회복에 대한 요구

코로나19 유행에 대한 유례없는 대응으로, 전 세계적으로 수조 달러의 경기 부양책이 제공되었으며 다른 세계적인 도전과 맞물려 있는 회복에 대한 요구는 그 어느 때보다 커졌다. 많은 사람들은 팬데믹 이후를 탄력적이고 저탄소 경제 회복을 구축할 수 있는 흔치 않은 기회로 내다본다. 이 목표를 달성하기 위해서는 각국 정부가 위기 동안 국가 경제를 보호하는 데 초점을 맞출 뿐만 아니라, 미래의 글로벌 위험에 더 탄력적으로 대처할 수 있는 광범위한 경제 변혁으로 가는 길을 여는 중요한 조치를 취해야 한다.

　자원 사용과 환경 영향에서 경제 성장을 분리하는 수단으로서 순환경제는 탄력적인 회복을 위한 길을 열어준다. 그것은 선형 경제의 부정적인 영향을 다룰 뿐만 아니라, 더 중요한 것은 장기적인 복원력을 구축하고 비즈니스 및 경제적 기회를 창출하며, 환경 및 사회적 이익을 제공하는 체계적인 변화를 나타낸다. Ellen MacArthur 재단은 지난 10년간의 순환 경제에 대한 연구를 바탕으로 정책 입안자들이 탄력 있는 경기 회복을 위한 길을 닦는 데 어떻게 도움이 될 수 있는지를 이 논문에서 강조한다.

　그 일환으로 건축 환경, 이동성, 플라스틱 포장, 패션, 식품 등 5대 핵심 분야에 걸쳐 10개의 매력적인 순환투자 기회가 확인됐다. 이들은 함께 자산, 자재 및 영양소의 사용과 유통을 최적화하면서 공공 및 민간 부문의 장단기적 목표를 해결하는 데 도움이 되는 경제적, 환경적, 사회적 이익을 제공한다. 이러한 기회를 수용함으로써, 정책 입안자들은 우리가 필요로 하는 미래 경제, 즉 21세기의 다중 공공 정책 목표를 달성하는 동시에 미래의 위기의 위험을 완화하는 보다 번영하고 포용적인 경제로의 전환을 가능하게 할 수 있다.

II. 순환경제 산업

1. 디자인의 역할 조사[7]

　RSA의 Action and Research Center에서 2012년 9월에 시작한 Great Recovery 프로젝트는 자원 효율성 원칙을 기반으로 경제 개발

---
[7] 이 요약은 애슐리 마이어스(Ashley Meyers)에 의해 제공되었다. 자연에게 묻다

을 지원할 수 있는 학제 간 설계 커뮤니티를 구축하는 것을 목표로 한다. WRAP(Waste & Resources Action Program, 폐기물 및 자원 행동 프로그램)는 매년 약 5억 4천만 톤의 제품과 자재가 영국 경제에 유입되고 있지만 이 중 1억 1천 7백만 톤만이 재활용될 것으로 추산하고 있다. 순환 경제 원칙에 따라 제조 프로세스를 재설계하면 재사용과 재활용이 증가하고, 새로운 비즈니스 기회가 창출되며, 물질적 보안 문제를 해결하고, 지속 가능한 경제 성장에 기여할 수 있다. 우리는 경제에서 제품 수명 주기의 모든 부분에 관여하는 전문가 네트워크를 만들고 순환적 관점에서 이러한 제품의 디자인을 재고하는 데 참여했다.

Great Recovery는 워크숍, 네트워킹 및 중개 이벤트(brokering events), 프레젠테이션, 토론 및 원탁회의 프로그램을 운영했다. 이는 폐쇄 루프 설계의 원칙과 완전한 순환성을 달성하는 데 방해가 되는 장벽에 대한 이해를 구축하는 데 도움이 되었다. 이러한 이벤트는 기술 전략 위원회(TSB)의 "순환 경제를 위한 새로운 설계" 대회를 지원했다. 이 대회는 다양한 제품 및 프로세스에 걸쳐 타당성 조사를 수행하기 위해 35개 분야별 팀에 125만 파운드를 투자했다. 우리는 순환 경제를 위한 디자인에 중점을 둔 온라인 리소스를 개발했다. 여기에는 보고서, 이미지 및 정보, 기사, 블로그, Twitter 피드 및 워크샵 영화를 호스팅하는 전용 YouTube 채널의 데이터베이스가 증가하고 있다. 순환 네트워크, 워크숍, 분해 관측(teardown observations)을 통해 사회가 자원을 관리하는 방식을 변화시키는데 필요한 행동과 연구가 무엇인지 더 잘 이해하게 됐다. 우리는 위대한 회복 프로그램의 첫 단계의 발견을 바탕으로 일련의 주요 권고안을 만들었다.

2. 주요 권장 사항

2.1. 설계산업의 역량 강화를 위해 미래세대의 디자이너를 양성한다.

설계 교육 시스템에 순환성을 포함한다. 지속 가능한 설계는 마지막 순간에 남겨지거나 추가되어서는 안 된다. 모든 설계 및 엔지니어링 단계에서 지속가능성을 입학 기준으로 삼아야 한다. 우리가 만든 제품과 서비스의 수명 주기에 대한 이해를 바탕으로 다학제적 학습을 장려한다.

2.2. 새로운 비즈니스 접근 방식 개요(brief)를 재설계한다.
기업은 검증, 영향 및 수명을 고려한 새로운 비즈니스 모델에 대한 설계 개요를 개발하기 시작해야 한다. 그들은 순환적 접근을 고려해야 한다.

2.3. 네가지 모델설계를 추진한다.
연결 및 협업 순환 원칙과 네 가지 설계 모델을 중심으로 기업 및 공급망을 위한 협업 R&D를 테스트, 시험 및 설계할 수 있는 새로운 공간에 대한 액세스를 만든다. 네 가지 설계모델에는 수명을 위한 설계, 임대/서비스를 위한 설계, 제조에서 재사용을 위한 설계, 자재 회수를 위한 설계가 있다.

2.4. 멀티레이어드(multi-layerd) 정책을 추진해야 한다.
재활용의 비용과 복잡성을 증가시키거나 방지할 수 있는 멀티레이어드(multi-layered) 정책을 추진해야 한다. 동시에 완전히 복구 가능한 단일 재료 포장(mono-material packing)의 혁신에 대한 투자를 지원하여 자원 회복률을 높여야 한다.

2.5. 작업(조치)
순환 경제 및 시스템 사고를 위한 설계를 광범위한 설계 커리큘럼으로 통합하기 위해 더 높은 수준의 교육 모듈을 개발한다. 교차 커리큘럼 학습을 장려하고 디자이너를 엔지니어, 재료 과학자, 인류학자, 마케터 및 비즈니스 학생과 연결하는 교육 프로그램을 개발한다. 기업이 자원 효율성과 폐쇄 루프 원칙을 통합하는 개요를 발전시킬 수 있도록 지원한다. 순환 경제 원칙을 통합한 효과적인 설계의 실행(commissioning)을 지원한다. 설계자, 공급업체 및 폐기물 업계 간의 새로운 대화를 중개하여 초기에는 포장에 중점을 두고, 수명이 다한 시점에 혁신을 위한 새로운 협업을 유도한다. 전문 컨설턴트 네트워크의 지원을 받아 업계 이해 관계자가 모여 제품, 시스템 및 서비스 설계를 테스트할 수 있는 물리적 공간을 만든다. 폐쇄 루프 설계를 지원하는 설계 표준 및 도구를 개발하고 폐쇄 루프 설계 및 순환 경제에 대한 오픈 소스 정보의 온라인 라이브러리를 지속적으로 구축한다. 완전한 복구 가능성을 위한 포장 설계를 장려하기 위해 새로운 법안에 대해 정부와 대화를 시작한다. 기업들이 모든 전자 제품에 대한 전체 작동 및 수리 매뉴얼을 제공하도록 권장한다. 순환형 경제로의 전환과 관련된 법적 장벽을 조사하는 순환형 네트워크 및 정부와 논의를 가능하게 한다.

3. 설계 산업 육성
3.1. 미래 세대의 설계자를 양성한다.
1) 설계산업의 역량 강화를 위해 미래세대의 디자이너를 양성한다. 설계 교육 시스템에 순환성을 포함한다. 지속 가능한 설계는 마지막 순간에 남겨지거나 추가되어서는 안 된다. 모든 설계 및 엔지니어링 단계에서 지속가능성을 입학 기준으로 삼아야 한다. 우리가 만든 제품과 서비스의 수명 주기에 대한 이해를 바탕으로 다학제적 학습을 장려한다.

3.2. 창의적인 접근을 장려한다.
순환성을 위한 설계 과제를 중심으로 신규 및 기존의 도구를 재정렬

해야 한다. 분해 프로세스(teardown process)와 같이 확립된 도구는 매우 효과적이지만, 설계 사고에서는 일반적이지 않다.

3.3. 설계자는 더 대담하고 광범위해야 한다.

새로운 세대의 시스템 사상가들이 필요하다. 디자이너는 제품 내 재료 및 프로세스의 전체 순환 수명을 포함하고 폐기물을 디자인(design out waste)하기 위해 아름다움에 대한 정의를 재설정해야 한다.

3.4. 소멸 위기에 처한 스킬을 다시 불붙이기

죽어가는 공예품 및 제조 기술 거래에 대한 투자를 장려하고 신기술에 대한 적응을 조사한다. 순환 경제 및 시스템 사고를 위한 설계를 광범위한 설계 커리큘럼으로 통합하기 위해 더 높은 수준의 교육 모듈을 개발한다. 교차 커리큘럼 학습을 장려하고, 설계자를 엔지니어, 재료 과학자, 인류학자, 마케터 및 비즈니스 학생과 연결하는 교육 프로그램을 개발한다.

4. 새로운 비즈니스 접근 방식

4.1. 개요를 재설계한다.

기업은 검증, 영향 및 수명을 고려한 새로운 비즈니스 모델에 대한 설계 개요를 개발하기 시작해야 한다. 그들은 순환적 접근을 고려해야 한다.

4.2. 설계, 공급업체 및 폐기물 업계 간의 새로운 기술 파트너십을 촉진한다.

FMCG와 같은 짧은 수명 주기를 가진 제품은 전체 자재 회수의 우선순위를 정하도록 재설계되어야 한다. 포장 설계 개요는 복구 시설의 역량과 일치해야 하며, 혁신이 발생하는 경우 양쪽 모두에서 이루어져야 한다.

4.3. 비즈니스에서 새로운 산업 공생 관계를 개발하고 설계하기 위한 인센티브를 구축한다.

이러한 시스템은 잠재적으로 새로운 시장에 큰 기회를 제공하고 지역 파트너십과 일자리를 창출할 수 있다. 이러한 링크가 발전할 수 있도록 네트워크와 정보 흐름을 조사해야 한다.

4.4. 설계가 '추가 기능'이라는 인식을 바꾸어라.

전체 시스템의 재설계를 통해 문제를 해결하기 위해 설계 및 비즈니스 기술을 제휴한 기술 전략 위원회의 경쟁 요구 사항을 홍보한다.

4.5. 소비자의 행동과 태도를 조사한다. 임대 및 회수 관련 새로운 인센티브를 창출한다.

협업 공유 시스템에서 작동하는 증가하는 소비 모델을 조사하고, 많은 제품과 서비스에 이전할 수 있는 새로운 보증 및 사회적 신뢰 시스템을 개발한다.

4.6. 작업(조치)은 기업이 자원 효율성과 폐쇄 루프 원칙을 통합하는 개요를 개발할 수 있도록 지원한다.

순환 경제 원칙을 통합한 효과적인 설계의 시운전을 지원한다. 설계자, 공급업체 및 폐기물 업계 간의 새로운 대화를 중개하여 초기에는 포장에 중점을 두고, 수명이 다한 시점에 혁신을 위한 새로운 협업을 유도한다.

5. 네트워크: 연결 및 협업

5.1. 기업과 공급망 간의 협업 R&D가 순환 원칙과 4가지 설계 모델(수명 설계, 임대/서비스 설계, 제조 시 재사용 설계, 자재 회수 설계)을 중

심으로 테스트, 시험 및 설계를 수행할 수 있는 새로운 공간에 대한 액세스를 창출한다.

5.2. 순환성에서 협업을 가로막는 공통적인 장벽을 조사한다.
　네트워크를 통해 솔직한 비즈니스 학습을 장려할 수 있는 방법을 탐색해야 한다. 폐쇄 루프 협업과 관련된 법적 장벽과 기회를 살펴볼 것을 권장한다.

5.3. 소비자에서 사용자까지: 소유권에 대한 논쟁을 만들고 우리가 설계 접근법에 어떻게 영향을 미치는지, 그리고 우리가 소비하는 물건과의 연관성을 재정의하는 움직임을 만든다.

5.4. 조사를 위해 공급망을 개방한다.
　나쁜 관행을 폭로하고 캠페인을 벌이는 공급망을 지원하고, 투명한 공급망을 옹호함으로써 값싼 글로벌 생산에 의문을 제기한다.

5.5. 수명 설계를 중심으로 개발된 비즈니스 모델로의 전환에 대한 조사를 통해, 제품에 내장된 노후화에서 벗어나 설계를 진행한다.

5.6. 조치: 업계 이해 관계자가 모여 전문 컨설턴트 네트워크의 지원을 받아 제품, 시스템 및 서비스 설계를 테스트할 수 있는 물리적 공간을 만든다.
　폐쇄 루프 설계를 지원하는 설계 표준 및 도구를 개발하고, 폐쇄 루프 설계 및 순환 경제에 대한 오픈 소스 정보의 온라인 라이브러리를 지속적으로 구축한다.

6. 정책 추진

6.1. 재활용의 비용과 복잡성을 증가시키는 것을 방지할 수 있는 멀티레이어드(multi-layerd) 정책을 추진해야 한다.

동시에 완전히 복구 가능한 단일 재료 포장(mono-material packing)의 혁신에 대한 투자를 지원하여 자원 회복률을 높여야 한다.

6.2. 정보의 투명성을 장려한다. 너무 많은 지식이 숨겨져 있으며, 추측에 의지하고 있다.

오픈 소스 서비스 매뉴얼은 제품의 투명성을 높이고 설계자가 고정성, 업그레이드성 및 수명을 구축할 수 있도록 한다.

6.3. 시스템을 재설계한다.

프로세스 및 공급망의 투명성은 시스템 재설계를 지원하고, 소비자 신뢰를 구축하며, 자원 효율성을 높일 수 있는 기회를 열어줄 것이다.

6.4. 법률 및 인증은 순환성에 적합해야 한다.

중고 부품을 사용한 재제조를 방해하거나 수리를 비용이 많이 드는 옵션으로 만드는 법을 색출한다.

6.5. 재활용 자재에 대한 인증 시스템을 조사한다.

재활용된 자원 재료가 새로운 재료와 동등한 등급의 품질 수준을 달성할 수 있도록 종합적인 테스트를 시작한다. 이는 설계자들이 회수 및 재처리를 위한 새로운 시장을 지정하고 개방할 수 있는 자신감을 심어줄 것이다.

6.6. 작업은 완전한 복구 가능성을 위한 포장 설계를 장려하기 위해 새로운 법안에 대해 정부와 대화를 시도한다.

기업들이 모든 전자 제품에 대한 전체 작동 및 수리 매뉴얼을 제공하도록 장려한다. 순환형 경제로의 전환과 관련된 입법 장벽을 조사하는 순환형 네트워크 및 정부와 논의를 가능하게 한다.

III. 순환경제와 ESG

순환 경제는 금융 부문에 기후 약속 및 기타 ESG 목표를 이행하는 동시에 새롭고 더 나은 성장과 장기적인 가치 창출의 원천을 활용할 수 있는 주요 기회를 제공한다. 기후 변화를 일으키는 배출량의 거의 절반은 우리가 제품과 음식을 만들고 사용하는 방식에서 나온다. 순환 경제는 우리에게 기후 변화와 생물 다양성 손실을 함께 해결할 수 있는 도구를 제공한다. 이는 산업 전반에 걸쳐 빠르게 확장하여 가치와 일자리를 창출하는 동시에 공급망의 탄력성을 높이고, 유럽에서만 연간 1조 8천억 유로로 추산되는 대규모 경제 성장 잠재력을 제공할 수 있다.

1. 순환 경제 전략은 투자 위험을 낮추고 우수한 위험 조정 수익을 창출할 수 있다.

1) 보코니대학교[8]가 14개 업종에 걸쳐 200개 이상의 유럽 상장기업을 대상으로 분석한 결과, 회사가 순환성을 채택할수록 채무불이행 위험이 낮아지고 위험조정주식의 수익률도 높은 것으로 나타났다.

순환적 관행을 채택하면 비즈니스 모델 다변화를 통해 위험을 줄이고 탄력성을 높일 수 있으며, 경제성장을 자원 사용 및 환경 영향과 분리하

---

8) https://emf.thirdlight.com/link/29wifcw68gx1-yw31dj/@/preview/1?o

며, 더 엄격한 규제 및 변화하는 고객 선호도에 따라 더 나은 예측을 통해 위험을 줄이고 탄력성을 높일 수 있다.

문제는 더 이상 기후 변화 및 기타 ESG 문제가 금융 서비스 부문에 중요한지 여부가 아니라 어떻게 해결할 지에 대한 것이다. 순환 경제는 이 질문에 대한 답의 중요한 부분이다.

2. 자산군 및 섹터 전반에 걸쳐 금융 및 투자 활동이 빠르게 증가했다.

순환 경제 투자 기회는 거의 모든 부문에서 찾을 수 있을 것이다. 이 가파른 성장은 주식형 펀드, 채권, 개인 시장 펀드, 은행업을 포함한 다양한 금융 상품과 서비스를 포함한다. 예로, 공모펀드를 통해 운용되는 자산은 2019년 말 3억 달러에서 2021년 11월 말 95억 달러로 28배 증가했고, 2019년 12월부터 2021년 12월 사이에 순환경제에 중점을 둔 회사채와 국채의 연간 발행은 5배 증가했으며, 지난 3년 동안 40개 이상의 채권이 발행되었다.

3. 세계 최대 투자자는 순환 경제를 수용한다.

BlackRock은 연기금, 국부펀드, 패밀리 오피스, 개인 등 고객을 대신해 상장사 주식, 기업·국채 등 자산과 인프라·주택 등 실물 자산에 투자하는 세계 최대 자산운용사다. Larry Fink[9], Black Rock의 CEO 겸 회장은 "순환경제의 개념은 매우 중요하다."며 "앞으로도 말했듯이 이는 근본적인 청사진"이라며 "더 많은 자금주들이 이것이 단지 환경적인 이유뿐만 아니라, 투자상의 이유, 성과적인 이유 등의 사회적 이유 때문에 투자를 할 수 있는 좋은 방법이라는 데 동의하도록 할 수 있다."고 말했다.

순환 경제는 설계에 의해 추진되는 세 가지 원칙에 기초한다. 첫째, 폐기물 및 오염 제거이다. 둘째, 제품 및 자재 순환(최고 가치)이다. 셋

---

9) https://www.youtube.com/watch?v=yL7Cykc39VU&list=PLXT_ozykGValEc8xD5lmh88cZO3Mtx5FE&index=11

째, 자연의 재생이다.[10]

이는 재생 가능한 에너지와 자재로의 전환에 의해 뒷받침된다. 순환 경제는 경제 활동을 유한한 자원의 소비로부터 분리한다. 그것은 사업, 사람, 환경에 좋은 탄력적인 시스템이다. 순환 경제는 기후 변화, 생물 다양성 손실, 폐기물, 오염과 같은 세계적인 문제들을 해결하는 시스템 솔루션 프레임워크이다. 우리는 자원 관리 방법, 제품을 만들고 사용하는 방법, 그리고 그 후에 재료를 사용하는 방법 등 폐기물 수집 시스템의 모든 요소를 변화시켜야 한다. 그래야만 우리는 지구의 경계 안에 있는 모든 사람들에게 혜택을 줄 수 있는, 번영하는 순환 경제를 만들 수 있다.

4. 시스템을 혁신할 수 있는 방법

우리의 일회성 경제에서 폐기물이 제거되고, 자원이 순환되고, 자연이 재생되는 경제로 바꾸려면 무엇이 필요할까? 순환 경제는 기후 변화와 생물 다양성 손실을 함께 해결하는 동시에 중요한 사회적 요구를 해결할 수 있는 도구를 제공한다. 그것은 우리에게 온실 가스 배출, 폐기물 및 오염을 줄이는 동시에 번영, 일자리 및 회복력을 키울 수 있는 힘을 준다.

Ⅳ. 어떠한 기업 사례가 있나?

1. 킴벌리클라크

이 글은 Corporate Sustainability with Tensie Whelan(New York University)에서 자원순환의 사례로 짐 배스(Jim Bath)와의 인터

---

10) https://ellenmacarthurfoundation.org/eliminate-waste-and-pollution

뷰를 정리·요약한 것이다

짐배스(Jimbath)는 킴벌리클라크 회사의 글로벌 환경 서비스 책임자이다. 그의 팀은 폐기물 매립, 수질 보안 및 지구 환경 규정 준수 관리에 초점을 맞춘 전사적 지속 가능성 프로젝트를 주도하는 글로벌한 책임을 지고 있다. Jim은 운영, 연구, 엔지니어링, 마케팅 및 지속가능성을 포함한 다양한 분야에서 킴벌리클라크에서 30년 동안 근무했다. 또한, 그는 지속 가능한 의사 결정을 추진하는 운영 위원회의 멤버이기도 하다.

그래서 킴벌리클라크는 지속가능성과 관련된 정말 흥미로운 일들을 많이 하고 있다. 여러분의 지속가능성 전략과, 그것이 여러분의 사업전략에 어떻게 포함되어 있는지 함께 공유해줄 수 있는지 궁금하다. 킴벌리클라크의 비전은 더 나은 삶을 위한 필수품을 제공하는 것이며, 크리넥스 또는 코텍스의 일부 브랜드와 크리넥스나 코텍스, 코튼넬 목욕 티슈와 같은 제품에서 이를 볼 수 있다. 킴벌리 클라크는 지속가능성 전략을 통해 이를 실현하도록 돕는다.

1.1. 다섯 개의 전략

이 전략은 다섯 개의 기둥을 가지고 있다. 첫 번째 기둥은 사회적 영향이다. 실제로 2,500만 명의 복지를 개선하기 위해 노력하고 있다. 위생에 대한 접근성을 향상하거나, 아이들의 성장 지원, 여성과 소녀들의 역량 강화를 돕는 것이 우리의 사회 프로그램 및 이니셔티브이다. 두 번째 기둥은 임업과 섬유 분야이다. 우리는 자연림에서 오는 섬유에 대한 의존도를 줄이려고 한다. 또한, 환경친화적인 섬유(FSC 인증 섬유, 재활용 섬유, 또는 지속 가능한 대체 섬유) 사용의 촉진을 계속 증가시킬 것이다. 세 번째 요소는 폐기물에 초점을 맞추고 제로 웨이스트 사고방식을 확장하는 것이다. 알다시피, 우리는 제조 현장에서 매립지로 보내는 폐기물의 양을 줄이기 위해 수년간 노력해 왔다. 이것도 중요하지만,

더 중요한 것은 우리 제품을 사용함으로써 발생하는 폐기물을 처리하는 데 도움이 되는 것이다. 따라서 소비자가 만든 폐기물에 대한 문제를 해결하는 데 중점을 둘 것이다. 대단하지 않은가? 네 번째 기둥은 우리의 기후에 관한 것이다. 우리는 GHG 배출량을 20% 줄이기로 약속하고 있으며, 이는 비즈니스를 성장시키는 동안에도 절대적인 감소 수치이다. 우리는 에너지 절약과 대체 에너지 및 재생 가능한 에너지 프로젝트를 통해 이를 수행할 것이다. 꽤 흥미로운 일이다. 그리고 마지막 기둥은 우리의 가치를 증폭시키고 우리의 공급망을 통해 그 가치를 확산시키는 데 도움을 주기 위한 것이다. 우리는 많은 공급업체를 보유하고 있으며, 공급업체들이 유사한 프로그램을 개발함에 따라 우리의 영향력을 확대할 수 있는 기회를 갖게 되었다. 따라서 우리는 환경과 사회 규정 준수에 집중하고, 물 부족과 같은 공급망 내 물질적 위험을 해결하는 데 초점을 맞출 것이다. 이것이 다섯 가지 전략적 기둥이다.

정말 중요한 또 다른 것은, 전략이 훌륭하다는 것이라고 생각한다. 그 비즈니스에 생명을 불어넣기만 하면 된다. 그렇다. 그래서 킴벌리클라크는 사업부와 목표를 공유하고 있고 공유 목표는 전략에 기반을 두고 있기 때문에, 결국 성적표에 반영되어 급여에 영향을 미치고, 사업부 제품 공급 담당 VP에 영향을 미치게 된다. 성과와 급여에 영향을 미치기 때문에, 이것이 우리의 조직에 전략을 포함시키는 중요한 부분이다.

1.2. 물질적, 환경적, 사회적, 거버넌스 이슈

전략을 개발하기 위해 킴벌리클라크의 물질적, 환경적, 사회적, 거버넌스 이슈를 살펴보았다. 이러한 이슈가 무엇인지, 그리고 문제를 해결하는 데 있어 가장 큰 어려움이 무엇인지 궁금하다. 우리 전략에는 세 가지 영역이 있는데, 이 영역은 기업에 미치는 비즈니스 영향의 관점에서 중요하게 생각하는 것에 초점을 맞추고 있다. 하나는 우리가 현재 정리하고 넘어 가고 있다고 생각한다. 하나는 오늘날 우리에게 있고, 하나는 점차 생겨나고 있다.

알다시피 임업과 섬유 분야에서 킴벌리클라크가 삼림을 사용하는 방식이 우리의 비즈니스에 대한 위험과 브랜드 평판에 대한 위험을 상당히 축적하고 있다고 느꼈다. 그리고 우리는 임업 및 섬유 정책을 변경하여 지속 가능한 섬유 사용에 대한 주도적인 위치를 차지할 수 있었다. 우리는 세계 최대의 섬유 구매자 중 한 명이고, 특히 캐나다 임업 환경에서 의미 있는 변화를 만들 수 있었다. 그래서 이것이 성과를 유지할 필요가 있어 우리가 넘어서야 할 중요한 문제라고 생각한다.

오늘날 가장 중요한 문제는 특히 개발도상국과 신흥 시장에서 발생하는 소비 후 폐기물과 관련이 있다. 킴벌리클라크는 소비재 제품을 만들고, 많은 편리함을 제공하고 개발도상국 사람들에게 다른 생활 방식을 가능하게 만들어 주지만, 처리할 기반 시설이 없는 상태에서 폐기물을 남긴다. 개발도상국의 성장을 계획하고도 결실을 맺지 못할 수도 있기 때문에, 주목해야 할 가치가 있다고 생각한다.

그리고 내가 생각하기에, 이것이 우리 기업에 영향을 미칠 수준은 아니지만, 실제로 물부족이나 물안보에 관한 이슈와 연관되어 있다. 킴벌리클라크는 물 보안 문제에 직면해 있는 세계 여러 곳에서 시설을 운영하고 있으며, 우리가 소비자에게 제품을 제공할 수 있도록 이를 해결해야 한다. 그래야 우리 소비자들이 우리 제품을 사는 것을 지원할 수 있고, 사업을 운영하는 지역사회에 대한 책임을 질 수도 있다.

당신의 두 번째 질문은 "가장 큰 도전과제는 무엇인가"일 것이다. 우리가 직면하고 있는 이러한 물질적 문제에 대해 생각해보면, 그 문제는 스케일이 매우 크다. 한 회사만으로는 해결할 수 없다. 따라서 이 급진적인 협력의 개념을 생각해 본다면, 우리는 이에 참여할 필요가 있다. 어려움은 그러한 협력을 하나로 묶는 촉매를 찾는 것이다. 사람들이 더 광범위한 문제를 해결하기 위해 함께 일하게 하는 첫 번째 자극제이다. 이것이 시민사회가 어떻게 기업들과 협력하는지, 경쟁사들이 어떻게 이 문제들을 해결하기 위해 서로 협력하고 있는지 지켜볼 수 있기 때문에 매우 흥미로운 영역이라고 생각한다. 하나의 주체가 해결하기에는 스케일이 매우 크고, 안타깝게도 정부가 이를 혼자 해결할 수 없기 때문이다.

1.3 RightCycle 프로젝트

이 모든 과정에서 정부도 중요한 파트너이다. 물론이다. 그래서 학생들을 위해 가지고 있는 과정의 이 모듈의 주제는 순환 경제와 순환에 관한 것이다. 킴벌리클라크가 느끼기에 이것이 어떤 의미인지, 어떻게 받아들여야 하는지, '순환성'이 의미하는 것이 무엇인지 말해 줄 수 있는지 궁금하다. 여러분이 개발한 매우 흥미로운 RightCycle 프로젝트에 대한 이야기도 궁금하다. 나는 RightCycle에 대한 것을 좋아한다. 하지만 알다시피, 우리가 이 상품들을 사는 것이 가장 중요한 것이다. 우리는 그것들을 다른 사람이 살 수 있는 제품으로 바꾸기 위해 시간과 노력, 사람들의 관심을 쏟고 있다. 그리고 한 번 사용한 제품을 버리는 것은 정말 안타까운 일이다. 맞다, 그것은 다른 누구도 접근할 수 없는 많은 자료와 가치가 있는 일이다.

그래서 개인적으로 그것은 소비재 회사인 우리에게 큰 도전이라고 생각한다. RightCycle 스토리는 정말 흥미롭고 신나는 이야기이다. 우리는 킴벌리클라크 전문 부서를 통해 제품을 판매하고 있으며 그 중 일부 제품은 과학 산업에서 사용되는 가운과 장갑 및 안면 마스크로, 컴퓨터 칩 제조업체 또는 제약 제조 회사 정도로 생각하면 되겠다. 우리 고객인 이들은 우리와 유사한 쓰레기 매립지 전환 목표를 가지고 있다. 그들이 제거하는 방법을 모르는 폐기물 흐름을 생성하는 제품을 제공하고 있었다.

그래서 우리는 해당 자재를 수집하여 킴벌리클라크에 반환하고 재활용하여 다른 제품으로 만드는 이 파일럿 프로그램을 개발했다. 거의 순환적인 해결책이다. 우리는 그 자재들이 모두 우리에게 되돌아오기를 원했지만, 이는 기술적으로 가능하지 않았다. 이것이 순환 경제 솔루션을 제공하기 위한 우리의 첫 번째 시도였음을 의미하지만 실제로는 우리가 제품을 공급하는 방법, 사용 방법 및 반품 방법에 대해 매우 광범위하게 살펴봐야 했다는 것이다. 그래서 더 넓은 시스템 사고가 필요한 것이다. 그 제품들 중 하나는 지금 만들어졌는가? 화분, 공원 벤치, 작업함, 보관함 등 조금씩 달라지고 있는 것이 보인다.

우리가 제공하는 폴리머는 이러한 재료에 적합하다. 정말 멋진 일이다. 지속 가능성에 대한 ROI를 살펴보는 그룹이자, 지속 가능한 의사결정을 주도하는 공동 의장으로서 당신의 회사가 실제로 RightCycle 프로젝트에 대한 ROI를 살펴보았음을 알고 있다. 나는 여러분이 알고 있는 것이 재정적으로 어떤 도움이 되었는지, 무엇을 한 것이 옳은 일인지에 대해 우리에게 조금 말해줄 수 있는지 궁금하다.

우리는 이 파일럿 프로젝트를 시행할 때 정말로 신났고, 이를 다른 영역으로 확장하는 데 투자할 것이고 잠재적으로 세계의 다른 부분으로 확장하는 데 참여할 것이라는 것을 인지했다. 이것에 대한 우리의 수익이 얼마가 될지 알아내는 것이 좋겠다는 생각이 들었다. 그래서 우리가 수익화 노력을 통해 개발한 도구들 중 일부를 사용함으로써, 이익 분야를 파악하며 이를 정량화하고, 가치를 창출하고, 계산할 수 있었다. 우리가 그 프로그램에 기꺼이 해외 투자를 할 수 있고, 할 수 있는 수준까지 말이다.

따라서, 이러한 혜택 영역을 식별하는 데 여러분이 정말 도움이 되었다고 생각한다. 우리는 고객의 문제를 해결하는 데 도움이 되었기 때문에, 프로그램을 통해 추가 순매출을 얻고 있음을 알게 되었다. 이 분야에서는 많은 고객들이 전환(turnover)하지만, 우리는 이미 돈을 들여 확보한 고객을 유지할 수 있음을 발견했다. 또한 우리는 킴벌리클라크의 프로그램에 대한 긍정적인 이야기를 담은 미디어 반응도 얻었다.

여러분은 이것이 무료 광고라는 것을 알고 있기 때문에, 우리는 그 영향을 수치화했지만 우리가 깨달은 또 다른 사실은 영업 팀, 현장 사람들의 피드백이었다. 고객과의 영업 상담이 훨씬 더 쉬워졌다는 것이다. 세 번 또는 네 번 뒤로 돌아갈 필요가 없었다. 우리는 이를 수치화하고 싶었고 필요성도 느꼈지만, 영업 팀이 영업 프로세스가 꽤 느슨하고 판매 프로세스 데이터가 많지 않다는 것을 깨달았다. 따라서, 우리가 이 수익화를 수행했다는 사실만으로도 그들이 판매 프로세스 성과를 더 잘 측정할 수 있는 기회가 있다는 것을 깨닫는 데 도움이 되었다. 지속 가능성 수명 주기는 순환 경제를 분석하므로, 이 모든 과정을 수행하기 위해 사람들이 시스템 사고를 사용해야 한다. 여러분이 시스템적 관점에서 생각할 수 있게 돕기 때문이다.

하지만 여러분과 여러분의 직업군에서 어떻게 시스템 사고를 사용하고 있는지, 그리고 그것이 어떻게 킴벌리클라크의 문화에 도입되어 RightCycle과 같은 프로젝트들을 더 많이 추진하도록 도울 수 있었는지 말해줄 수 있는가? 어떤 면에서 시스템 사고는 과거에 우리가 생각했던 방식과 매우 다르고 어떤 면에서는 비슷하다. 맞다. 우리는 이것을 '엔드 투 엔드 공급망 사고' 또는 '요람에서 요람으로 사고'라고 불렀다. 하지만 시스템 사고는 " supply chain을 포착해라, 원자재는 무엇인가? 설계에 어떻게 사용하고 있는가? 그것들을 어떻게 변환하고 있는가? 그리고 그 후에 그들은 어디로 갈 것인가?"라는 질문에서 정말로 시작할 필요가 있다. 그리고 "그 후 그들은 어디로 갈 것인가?"라는 질문이 아마도 독특한 부분일 것이다.

그래서 나는 킴벌리클라크가 생각하는 시스템에서 조금 더 나아가서 생각해본다. 우리가 가야 할 길이 정해져 있는 것 같다. 우리의 가장 큰 도전은 제품의 초기 혁신 단계에서 시스템 사고를 통합하는 것이라고 생각한다. 그 때 큰 차이를 만드는 작은 변화를 만들 수 있으며, 비용이 거의 들지 않거나 전혀 없다. 그래서 우리는 실패한 사례도 있고 우리의 입장을 개선하기 위해 몇 가지 사례를 연구하고 있는 곳도 있다. 이것은 매우 전략적인 예시이지만, 우리의 RightCycle 프로그램에는 지퍼가 달린 가운이 있다. 그 지퍼는 가운과 다른 재질로 만들어져 있다. 누군가가 그 옷을 수동으로 열어야 하기 때문에, 순환 경제 솔루션에 상당한 비용이 든다.

만약 그 의복의 디자인 과정 초반에 우리가 그것을 인식하고 재료/폴리머를 동일하게 만들었다면, 나중에 우리는 많은 비용을 절약할 수 있을 것이다. 작은 예시지만, 여러분이 이를 통해 체계적인 사고를 할 수 있게 되었음을 보여준다. 이 문제를 해결하기 위해 무엇을 했는가? 우리는 아직 작업 중에 있다. 동일한 폴리머로 두 가지 재료를 만드는 데 있어 몇 가지 성능 문제가 있지만, 우리가 있다. 흥미로운 일이다.

1.4. 혁신적 접근법의 일부

킴벌리클라크의 혁신적 접근법의 일부라고 볼 수 있는 디자인, 시스템, 순환적 접근법, 또는 미래에 여러분이 연구하고 있는 것들을 공유하고 싶은 다른 예시가 있는가? 당신은 매우 많은 정보가 있다. 이 순환적 사고를 가장 최근에 사용한 곳은 브라질이다. 그리고 우리는 사회적 맥락의 관점에서 더 살펴보았다. 브라질의 많은 폐기물은 폐기물 수거업체에서 관리하고 있으며 우리가 하려는 것은 작업 수준과 생활 수준을 보다 지속 가능한 수준으로 높이는 것이다. 그리고 이를 생각해보는 동안 우리의 제품이 어떻게 디자인되고 이 폐기물 수거업체들이 그것과 어떻게 상호작용하며, 자재를 어떻게 변화시키고 더 많은 가치를 얻을 수 있게 하는지에 대한 많은 논의가 있었다.

그것이 우리의 노력의 일부였다. 그리고 우리는 수익화 도구를 활용하였다. 왜냐하면, 폐기물의 수거부터 재활용까지, 폐기물 수거업체들에게 그것은 단지 공급망일 뿐이기 때문이다. 그리고 만약 우리가 그들의 일의 수준을 높인다면, 공급망에 참여하는 사람들에게 어떤 혜택이 주어질까? 만약 그들이 재료를 분리하는 일을 더 잘 한다면, 재활용업체는 더 높은 품질의 재료와 더 많은 재료를 판매하여 더 많은 돈을 벌수 있다. 그들에게도 이익이 있는 것이다. 공급망의 끝까지, 누군가가 그 재료를 다시 사용했을 때 말이다. 그래서 체계적인 사고나 시스템 사고는 우리가 사회적 문제를 해결하는데 도움을 준다. 아마도 우리가 시작한 가장 독특한 일중 하나일 것이고, 우리는 그것을 확장할 다른 곳을 찾고 있다. 멋진 예시인 것 같다. 펄프 종이, 임산물, 종이 제품 회사 등을 알고 있다면 얼마나 많은 사람들이 잘 생각하고 있는지 말이다. 그들은 래그 피커(rag picker)에 대해 그리고 그나 그녀가 무엇을 하고 있는지에 대해 어떻게 생각할 것인가? 그리고? 정말 흥미로운 질문이 하나 있다.

생태계의 관점에서 이를 다시 보자면, 당신이 물에 많은 관심을 가지고 있다는 것을 안다. 그리고 당신이 얻은 교훈 중 일부는 당신이 자신의 공장에만 집중할 수 없다는 것이다. 그것에 대해 우리에게 조금 말해줄 수 있는지 궁금하다. 그래서 물 보안은 꽤 흥미롭다. 홍수나 수질과 같은 물의 공급 또는 과잉 공급 여부에 관계없이, 세계의 곳곳에는 우리의 운영 시설과 물이 부족한 지역이 있다. 그리고 여러분은 우리가 그 지역의 물 공급과 수요와, 그것이 현재와 미래의 산업 성장이나 인구 증가에 의해 어떻게 영향을 받는지 알아보기 위해 작업을 진행할 수 있다. 우리는 우리 시설이 미래에 그 환경에서 작동할 수 있도록 스스로 노력할 수 있다. 그러나 우리가 분수령에서 행동하는 유일한 주체라면, 실제로 본질적인 문제를 해결하지 못한 것과 다름없다. 우리는 그 문제에 더 탄력적으로 대처할 수 있게 해 주었지만, 분수령 안에 있는 그 누구도 그 문제로부터 이익을 얻지 못하게 된다. 만약 우리가 우리의 시설을 운영하는 유일한 주체이고 심각한 가뭄 상태를 유지한다면, 그것은 여전히 우리에게 사회적 압력을 가할 것이다. 따라서 우리는 이 문제를 진정으로 해결하기 위해 분수령에서 협력할 필요가 있다. 이를 위해 협력할 구성원을 찾는 것이 우리의 도전 과제이다.

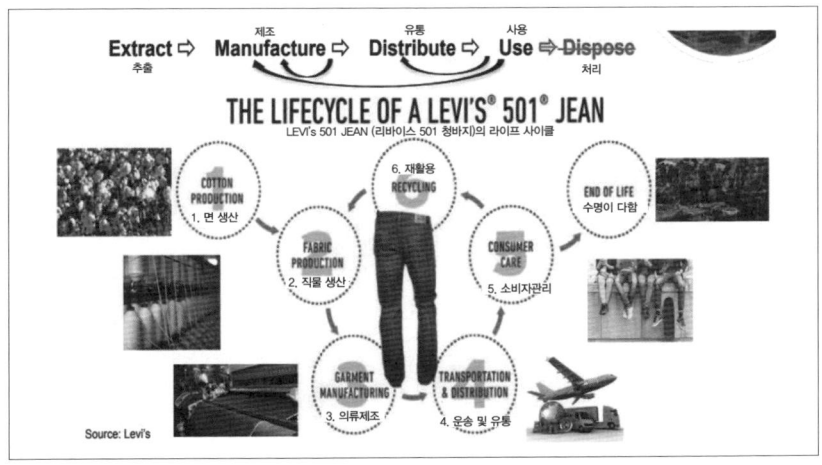

〈그림2.3〉 의류산업의 순환경제

2.1 자연과 조화를 이루는 산업의 비전이 자본가들의 마음을 사로잡다

2020년 12월 23일 엘리자베스 L. 클라인(Elizabeth L. Cline[11]) 작성한 글을 정리·요약한 것이다.

의류 산업은 자원 집약적인 공정을 통해 매년 약 50억 켤레의 청바지를 생산한다. 한 벌의 청바지를 만들려면 적어도 800갤런의 물이 필요하고, 20kg의 CO_2 등가물을 배출한다(휴대폰을 약 2,550번 충전할 수

---

[11] https://www.sierraclub.org/sierra/authors/elizabeth-l-cline

있는 양). 여기에 소비자들이 기대하는 색상을 얻기 위해 약 3분의 1컵의 화학물질을 첨가한다.

패션 산업은 살충제와 합성 염료에서 석탄과 석유에 이르기까지, 매년 약 1억 800만 톤의 재생 불가능한 자원을 소비하는 것으로 악명이 높다. 모든 직물의 약 1%만이 새 옷으로 재활용된다. 섬유의 3분의 2 이상이 소각되거나 매립지로 버려진다.

수십 년 동안 활동가와 소비자의 압력에 대응하여 패션 산업은 순환 경제 원칙을 적용하여 가장 큰 진전을 이룩했다. 이러한 문제들은 패션 산업에만 국한된 것이 아니다. 우리의 전체 경제는 비효율적이고 위험한 자원 추출 시스템에 기초하고 있다. 2017년, 세계는 자갈과 시멘트에서 화석 연료, 금속 광석, 목재에 이르기까지 2년 전보다 8% 증가한 1,100억 톤의 자원 소비라는 암울한 새로운 연간 기록을 세웠다. 컨설팅 회사인 Circle Economy에 따르면, 8.6%의 재료만이 재사용된다고 한다.

이러한 혁신은 의류 산업의 전체 생산량의 일부에 불과하지만, 분야 전반에 걸쳐 순환형 설계가 어떤 모습일 수 있는지에 대한 독특한 (tantalizing) 비전을 제공한다. Russell은 다음과 같이 말했다. "활성 재사용 시스템, 활성 수리 시스템, 그리고 현재 진행 중인 개선 (refurbishment) 시스템도 있습니다." "패션계는 실제로 이 공간을 소유하려고 노력하고 있습니다."

2.2. 맥도너(McDonough)

2019년 여름, 윌리엄 맥도너(William McDonough)는 그가 세계 최초의 순환형 청바지라고 부르는 것을 입고, 미니애폴리스의 메리어트 호텔에 있는 무대로 걸어갔다. 그는 "순환 경제 개념을 수익성 있는 기회로 바꾸기"에 전념하는 북미의 최초의 주요 회의인 Circularity 19에서 연설했다. 청중들은 포춘지 선정 500대 CEO, 투자자, 도시 관리자, 그리고 전 세계의 정부 관계자들이었다.

일반 청바지와는 달리 맥도너의 옷은 최대한 지속가능하게 제작되었다. 보통 폴리에스테르로 만들어진 실, 라벨, 주머니, 그리고 안감들은 100% 유기농 면이었고, 모든 염료, 안정제, 그리고 마감제는 독성이 최소화된 화학 물질로 만들어졌다. 그러나 진정한 돌파구는 청바지의 스트레치 천이었다. 그것은 데님과 독점적인 엘라스테인(elastane)이 혼합되어 유해한 독소를 방출하지 않고 토양에서 분해되고 쉽게 재활용될 수 있는 소재였다. McDonough는 그의 다리에서 청바지를 잡아당긴 뒤 제자리로 돌아오게 했다. "20년입니다."라고 날씬한 은발의 설계자가 활짝 웃으며 청중들에게 말했다. "생체에 적합한 엘라스테인을 얻는 데 걸린 시간입니다." 맥도너의 순환 경제 재단인 Fashion for Good과 유럽의 패스트 패션 체인 C&A가 협업한 결과, 이 바지는 이미 35달러의 합리적인 가격에 소비자들이 구입할 수 있었다.

McDonough와 순환 경제 지지자들은 이 모든 것을 바꾸는 것을 목표로 한다. 그들은 자재가 지속적으로 사용되고 재사용되기 때문에 환경에 덜 해롭다는 산업 제조의 비전을 선포했다. 그들의 관점에 따르면, 인류의 오염되고 추출된 유산은 지구의 자연적인 순환 시스템을 모방하여 설계될 수 있는 설계상의 결함일 뿐이다.

2.3. H&M

2020년 가을, 대량의 일회용 의류를 생산하는 것으로 가장 악명 높은 패션 브랜드인 H&M은 스톡홀름의 플래그십 매장에서 세계 최초의 의류 재활용 기계를 선보였다. 쇼핑객은 8대의 기계가 오래된 티셔츠를 소독하고 잘게 자른 다음 회전시켜 새 스웨터, 아기 담요 또는 스카프로 만드는 과정을 예약을 통해 볼 수 있었다. 이 과정은 약 5시간이 걸리지만,

비용은 최대 16달러로 새 H&M 스웨터와 거의 같은 최저가 수준이다.

2.4. 수명연장: 중고제품

H&M이 의류 재활용 기계를 공개한 비슷한 시기에, 영국의 패스트 패션업체 ASOS는 중고시장에서 여러 소유 사람들 사이에 전달할 수 있을 만큼 내구성이 뛰어난 리버시블(reversible) 티셔츠와 남녀공용 정장, 재활용이 용이하도록 면 100%로 만든 청바지, 제로 웨이스트 등을 선보이는 소작농용 블라우스(설계 과정에서 원단 부스러기가 매립되지 않음) 순환형 컬렉션(Circular Collection)을 출시했다. 미국 신발 회사인 Timberland는 분해하기 쉬운 상징적인 옐로우 부츠 라인을 선보였다. 이는 재료의 80%가 재활용될 수 있다.

많은 의류 회사가 의류의 수명 연장을 중심으로 하는 비즈니스 모델을 개발하고 있다. 기술적으로 덜 매력적이긴 하지만 더욱 중요한 사안임이 틀림없다. 세계에서 가장 큰 온라인 중고품 매장인 스레드업(ThredUp)의 보고서에 따르면, 중고 의류 부문이 패스트 패션보다 25배 빠르게 성장하고 있다고 한다. 파타고니아와 에일린 피셔와 같은 친환경적인 브랜드들은 이제 중고 의류를 개조하고 재판매 한다. 그리고 소비자들은 그 추세에 반응하고 있다. 디자이너 의류 온라인 위탁 매장인 리얼리얼(RealReal)은 2019년 최초의 유니콘(10억 달러 가치) 순환 비즈니스사가 되었다.

그러나, 순환형 패션의 진정한 최첨단 기술은, 섬유 및 신발 부품을 품질 저하 없이 계속해서 재사용할 수 있도록 하는 재료 혁신으로, 재료를 매립지에 보관하지 않고 잠재적으로 새로운 섬유를 불필요하게 한다(현재 재활용 기술은 일반적으로 새로운 재료와 혼합되는 저품질 재료를 생산한다). 이것은 대부분의 사람들이 인식하는 것보다 공상 과학처럼 들리는 시나리오에 더 가깝다. 예를 들어, 시애틀에 본사를 둔 스타트업인 Evrnu의 NuCycl 섬유는 이미 사용한 목화를 펄프로 만들고, 그것을 종이와 같은 시트로 말려서 용해시키고 새로운 섬유로 만들 수 있다. Evrnu의 설립자 스테이시 플린(Stacy Flynn)에 따르면, NuCycl 섬유는 품질 저하 없이 여러 번 재활용할 수 있다고 한다. NuCycl 섬유로 만든 의류는 2021년 Stella McCartney, Levi's 및 Target 매장에서 선보였다. 마찬가지로, H&M은 거의 동일한 기술인 Renewcell에서 일부 제품을 만들고 있다.

3. 리루프(Reloop)
3.1. 리루프는 누구인가?

리루프는 국제 비영리 단체로, 산업, 정부 및 NGO가 협력하여 지속 가능한 자원 활용과 폐기물관리를 통해 낭비와 오염을 줄이는, 글로벌 순환 경제를 추구하는 비전을 공유한다. 리루프의 광범위한 네트워크는 모든 수준의 자원과 폐기물 정책의 긍정적인 변화를 이끌내기 위해 노력하고 있다.

이 보고서는 93개국(일부는 1999년으로 거슬러 올라가)의 데이터를 바탕으로 음료 용기의 판매, 수집 및 폐기 추세를 조사한다. 여기서 폐기물은 매립, 소각 또는 환경으로 가는 용기로 정의된다. 이들 국가들은 2019년 기준 세계 인구의 81%를 차지한다. 특히, 폐기물의 비율과 음료 산업이 리필 가능한 병에서 일회용 음료 포장으로 전환하는 관계와, 보증금 반환 시스템의 구현이 미칠 수 있는 영향을 고려한다. 93개국의 판매 데이터는 GlobalData의 라이선스 하에 Reloop에서 구입했다. 이들 국가 중 66개국의 모든 즉석 음료의 판매를 보여주는 전체 데이터 세트를 이용할 수 있었다. 27개국(대부분 서아시아/중동 지역)의 경우 맥주와 사이다를 제외한 모든 음료 범주에 대한 데이터가 제공되었다. 해당 라이선스 조건에 따라 원료 판매 데이터를 다시 게시할 수 없지만,

다른 데이터 세트와 함께 비교하여 사용할 수 있다.

여기에는 24개 EU 회원국, 북미, 인도네시아, 말레이시아, 필리핀, 남아프리카, 태국 및 베트남을 포함한 소규모 국가의 재활용률 데이터 일부 또는 전체가 포함된다. 이러한 데이터 세트를 통해 재료 및 음료 부문별 시장 점유율을 탐색하고, 리필제품 시장 점유율의 변화 이력과 보증금 반환 활용의 변화 이력을 조사하며, 리필제품 시장 점유율이 증가하거나 보증금 반환율을 채택할 수 있는 경우 특정 국가에서 영향을 추정할 수 있다.

3.2. 리루프의 데이터

1999년부터 2019년까지 전 세계 음료 판매에 대한 이 데이터 세트가 적용되는 기간 동안 해당 국가에서 판매된 즉석 음료의 양이 크게 증가했다. 이 세트의 첫 번째 데이터가 나타났을 때, 1999년에 6,850억 개의 음료가 금속 캔, 플라스틱 또는 유리 병, 또는 판지/상자에 판매되었음을 보여준다. 2019년까지 이 수치는 거의 두 배가 되어 1조 3천억 개가 되었다. 이 데이터 세트는 약 100개국을 대상으로 하지 않지만, 다른 방법론에서는 같은 해 음료 판매에서 전 세계 수치가 2조라고 추정한다.

당사의 판매 데이터 세트에서 다루는 주요 포장 재료는 일회용 및 리필 가능한 유리병, PET 병(폴리에틸렌 테레프탈레이트, 일반적으로 물 및 탄산 음료에 사용되는 플라스틱으로 대부분 일회용으로 판매되지만 항상 그런 것은 아님) 및 철제 또는 알루미늄 캔(재활용할 수는 있지만 리필될 수는 없는)이 포함되어 있다. 판매 데이터는 HDPE 병(고밀도 폴리에틸렌)과 판자(테트라 팩과 같은 상자 포함)도 포함하지만, 이 두 가지 재료는 재활용 데이터 세트에는 포함되지 않는다. 여기에 사용된 기본 데이터 세트는 GlobalData의 1999년부터 2019년까지의 음료 판매율과, 위에 나열된 재료의 재활용 비율을 다루는 국가 데이터 세트가 포함된다. 다른 데이터 소스로는 Reloop의 글로벌 예금 장부, 세계 은행 등이 있다.

재활용률의 경우 "수집된 자재"와 "재활용된 자재" 사이에는 명확성이 결여되어 있는 경우가 많다. 특히 도로변에서 재활용을 위해 건식 혼합 포장(dry mixed packaging)을 회수하는 시스템에서 일반적인 접근 방식은 오염물을 포함하여 수집된 포장의 무게를 재활용률로 보고하는 것이며, 이는 부정확하다. 따라서 일반적으로 이러한 데이터 세트는, 특히 비매장 지역(non-deposit territories)에서 실제로 재활용된 자재의 비율을 과대평가할 가능성이 높다. 이 보고서에서는 톤수가 아닌 판매, 재활용 및 낭비된 단위를 살펴본다. 그러나 우리는 최근 발행된 재활용 톤수에 대한 유럽 보고의 임박한 변화에 대한 Ball Packaging 보고서를 통해 이 과대 평가량를 추정할 수 있다. 이렇게 하면 측정 지점이 수집 지점에서 자재 회수 시설을 떠나는 지점까지 이동되는 것을 볼 수 있다. 58%의 PET 회수율은 42%의 재활용률과 동일할 것으로 예상되는 반면, 유리는 76%에서 66%로 떨어질 것으로 예상된다. 이는 재활용을 위해 수집된 PET 포대 무게의 4분의 1 이상이 실제로 오염됐다는 것을 의미하며, 유리는 8분의 1이상임을 의미한다. 알루미늄은 74.5%에서 69%로 가장 적게 변화한다(혼합 재활용에서 가장 쉽게 회수할 수 있고 톤 기준으로 가장 가치 있는 재료라는 점을 감안하면 당연한 결과다).

3.3. 보증금 반환시스템

보증금 반환 시스템은 생산자와 수입업자들이 시장에 출시되는 모든 포장용기에 대해 설명해야 하기 때문에, 이러한 시스템을 가진 국가들은 더 높고 정확한 판매 수치를 보여주는 경향이 있다. 전반적으로 재활용 수치는 과대평가되고 판매 수치는 과소평가되는 경향이 있기 때문에, 실제 낭비 수치는 사용 가능한 데이터 세트에서 계산할 수 있는 것보다 더 높은 경향이 있다. 2019년 우리의 데이터 세트의 전체 음료 시장은 포장 용기 재료별로 PET 42%(단일 사용 41.5%, 리필 0.6%), 금속 25.5%, 유리 25.5% (단일 사용 17.2%), 판자 또는 상자 6.4% 및 HDPE 1.3%로 세분화되었다. 1999년 이전에 리필제품 시장이 해체된 지역에서는 비알코올 탄산음료를 위한 리필 가능한 병이 주로 1회용 페트병으로 대체되었고, 맥주는 리필 가능한 병에서 1회용 알루미늄 캔으로 대체되었다.

1999년과 2019년 사이에 1회용 PET의 전체 시장 점유율은 17%에서 41%로 증가했다. 같은 기간 태국에서는 이 재료의 시장 점유율이 7%에서 45%로 증가했고, 인도에서는 8%에서 48%로 증가했다. 음료 생산과 소비의 증가로 인해 폐기된 포장재의 양이 크게 증가했다. 이는 쓰레기 매립지, 소각로, 도시와 시골 지역에 버려지거나, 우리의 해양 환경을 파괴하고 오염시키는 데 사용되는 재료들이었다. 이 보고서는 이 폐기물을 가장 효과적으로 처리할 수 있는 방법을 고려하기 전에 그 폐기물이 증가하는 정도에서 폐기물을 최소화하도록 설계된 기존 시스템의 유효성에 대해 살펴본다. 시각적 영향 및 쓰레기와 관련된 다른 명백한 문제 외에도, 사용한 용기를 바로 처리하는 방안은 사용 후 용기를 별도로 수거하는 대안보다 훨씬 더 탄소 집약적인 공정과 천연 자원의 사용을 나타낸다.

예를 들어 재생 알루미늄으로 캔을 만드는 것은 새로운 재료를 사용하는 에너지의 5%를 소비하는 반면, 리필 가능한 병을 사용하면 배출량을 50% 이상 줄일 수 있다. 버려진 음료수 용기 또한 지자체의 상당한 청소 비용으로 이어진다. 예를 들어, Changing Markets and Eunomia의 최근 보고서에 따르면 스페인 지방 정부가 이 특정 폐기물

부분을 청소하는 데 드는 비용은 연간 최대 5억 2900만 유로에 달한다고 한다. 이 모든 것은 본질적으로 음료 산업에 의해 더 넓은 사회로 외부화되는 비용이다. 제조업체가 규정에 의해 허용된 경우, 포장에 대한 모든 책임을 지는 것보다 일회용 포장용기로 고품질 재활용 모델을 운영하는 것이 더 저렴하다. 리필용이든, 고품질 재활용 용도이든 빈 용기를 재료별로 모아 분리하는 시스템을 구축하는 것은 무료가 아니다. 높은 비율로 일회용 포장을 계속해야 한다는 압력은 품질의 재생원자재의 세계적인 부족과 낮은 석유 가격과 보증금 반환이 가능한 지역이 상대적으로 낮다는 점, 그리고 이러한 시스템이 없이 수집된 낮은 품질의 자재들도 상대적으로 낮다.

이러한 문제 중 일부에 대한 대중의 인식은 NGO 및 기타 행위자의 캠페인 활동과 함께 지난 10년 동안 현저하게 증가했다. 재료 범주로서의 플라스틱은 특히 해양 환경에 흩어져 있는 플라스틱에 초점을 맞추면서 가장 많은 관심을 끌었다. 이로 인해 쓰레기를 줄이고 재활용을 개선하며, 자원을 위한 더 많은 순환 경제를 구축하기 위해 어떤 정책을 채택해야 하는지에 대한 국가 및 지역 수준의 논의가 증가했다. 일부 포장 또는 제품 부문에서는 쓰레기에 대한 해결책이 복잡하고 확립하기 어렵다. 음료 용기의 경우 답은 더 분명하고 이미 입증되었다. 이 보고서에서는 작은 재정적 인센티브가 어떻게 재활용을 위해 많은 양의 일회용 용기를 수집해서 다시 리필 가능한 시스템의 사용을 촉진하는 정교한 보증금 반환 시스템을 뒷받침할 수 있는지 고려할 것이다.

보증금 반환은 이 보고서의 맥락에서 재활용을 위한 일회용 음료 용기 수거를 추진하기 위해 소비자가 지불하고 상환하는 소액 환불 보증금의 사용을 의미하는 것으로 이해해야 한다. 모든 중요한 리필 가능 시스템은 수익률을 높이기 위해 환불 가능 보증금을 적게 사용한다. 용기의 관점에서, 여기서의 차이는 그것들이 반환된 후에 일어나는 일이다.

재사용인가 아니면 재활용인가? 생산자가 리필하려는 용기는 많은 지역에서 매우 친숙한 시스템이며 맥주, 우유 또는 탄산음료용 리필 가능한 병은 종종 긍정적으로 기억된다.

역사적으로 리필 가능한 제품은 모두 유리였지만, PET 플라스틱 병은 현재 전세계 리필제품 시장의 3.3%를 차지하고 있다. 이 플라스틱 병은 일회용 PET 병보다 더 튼튼하고 두껍게 만들어져 있으며, 일반적으로 최대 25번까지 재사용할 수 있다. 또한, 유리로 만들어진 리필 가능한 병은 일반적으로 1회용 병보다 두껍고 내구성이 뛰어나며, 경우에 따라서는 최대 50번까지 재사용이 가능하다. 데이터 세트에서 알 수 있듯이 리필 가능 품목의 시장 점유율은 거의 모든 지역에서 감소했으며(일부 지역에서는 절대량이 증가하더라도), 다른 지역에서는 완전히 감소했다. 그러나 현대의 보증금 반환 시스템은 증가하고 있다.

보증금은 200년 이상 동안 소비자가 빈 병을 다시 채우도록 장려하는 데 사용되었지만, 1970년대 초에는 재활용을 위한 반환을 장려하고 쓰레기를 줄이기 위해 일회용 음료 용기에 부과되기 시작했다. 이러한 시스템들 중 많은 것들이 1970년 제1회 지구의 날(Earth Day)로 상징되는 환경주의의 첫 물결의 일부인 북아메리카에서 소위 "보틀 빌(bottle bills)"을 통해 생겨났다. 같은 해 브리티시컬럼비아주는 재활용을 장려하기 위해 보증금 제도를 채택한 첫 번째 지역이 되었다. 이러한 새로운 보증금 시스템의 초창기에는 적은 양의 보증금을 적용하고 제한된 자재만을 취급하는 경향이 있었으며, 특정 반환점이 음료 용기를 구입한 소매점에서 떨어진 곳에 건설된 "창고로의 반환" 모델에 의존하는 경향이 있었다. 이 개념이 유럽, 특히 스칸디나비아로 확산됨에 따라 1980년대부터 시스템은 음료 포장 재료의 보다 포괄적인 목록, 더 높은 보증금 수준 및 소매 모델로 발전했다. 즉, 음료 용기를 구입한 곳과 동일한 곳에서 반품할 수 있었다.

이러한 시스템은 일반적으로 85% 이상의 수익률을 확보하며, 독일은 98%의 수익률로 최고의 결과를 보여주었다. 그리고 이는 빠르게 퍼지고 있다. 2018년 말까지 2억 9천 1백만 명의 사람들이 보증금 반환 시스템을 갖춘 국가나 지역에 살고 있고, 2025년 말에는 이 수치가 거의 5억 명에 이를 것으로 보인다. 하지만 약속은 되어있지만 아직 운영되지 않은 시스템을 기반으로 한다. 일회용과 리필용 용기를 모두 사용하는 곳도 있다. 그러나 이러한 지역 내 소비자의 관점에서는 보증금을 위해 반환하는 품목이 재활용되든 리필되든 상관없다.

조치들은 상충되지 않는다. 사실, 이면에서나 소비자 관점에서나 그들이 공유하는 특징들은 강력한 리필제품 시장을 보증금 반환을 위한 건전한 토대가 되게 하고, 그 반대의 경우도 마찬가지이다. 주요 연구결과는, 평균적으로 1인당 폐기물이 가장 적은 국가에서 일회용 및 리필 가능한 용기 모두 보증금 반환 시스템을 통해 음료 용기를 수거한다는 것이다. 고무적인 것은, 단독으로 채택된 경우에도 리필 가능 시스템과 보증금 반환 모두 여전히 폐기물에 현저한 영향을 미친다는 것이다. 지난 6년간 데이터와 Reloop의 관련 연구에 기초한 보다 광범위한 정책 권고안은, 주요 발견에 대한 보다 상세한 분석에 따를 것이다.

4. Norfolk의 British 설탕 공장(British Sugar's Factory)

순환 경제로의 전환을 가속화할 수 있는 새로운 기술을 가진 핫 스타트업이 많다. 가장 좋은 예 중 일부는 신기술에 의존하지 않는 대신 프로세스의 점진적인 진화와 에너지 및 자원 흐름에 대한 정확한 이해에 의존한다. 지속적인 개선, 협업 및 시스템 사고가 이 게임의 핵심이다. 다양성 증대, 탄력성 구축의 좋은 예는 Norfolk의 British 설탕 공장(British Sugar's Factory)에서 매우 많이 적용되고 있다.

4.1. 사탕무 설탕 공장

Wissington은 1925년에 설립된 사탕무 설탕 공장이다. 이 공장은 매년 42만 톤의 설탕을 다양한 형태로 공급하며, 영국 동부에서 재배된 사탕무에서 추출한다. 매년 350만 톤의 원료가 Wissington에 유입되고 100톤이 매립지로 남는다. 주로 식당 폐기물이다.

Wissington의 팀은 이전에 낭비된 에너지와 자재의 흐름을 가치 있게 평가하기 위해 그들의 운영 방식을 지속적으로 평가해 왔다. 그 결과 설탕만 생산하는 것이 아니라 귀중한 화학 물질부터 동물과 인간을 위한 식품에 이르기까지 12가지 판매 가능한 제품을 생산하는 공장이 탄생했다. 일부 부산품은 다른 제품보다 더 분명하며, 접근 방식은 새로운 아이디어에 대한 열린 마음을 보여준다. 이 관행은 대부분의 British Sugar 공장에서 시행되고 있지만, Wissington에서 가장 발달되어 있다. 여기서 규모의 경제가 가장 두드러지며, 이러한 유형의 확장이 비즈니스 복원력을 향상시킬 수 있는 방법에 대한 가장 좋은 예를 제공한다. 또한, 이전 공장장인 폴 히치콕(Paul Hitchcock)은 열린 마음의 사고가 경쟁력을 유지하기 위해 필요하다고 설명한다.

4.2. 프로세스의 단계별 조사

이러한 방식으로 프로세스의 모든 단계를 면밀히 조사했다. 매년 3백만 톤의 사탕무들이 배달되면, 그것은 좋은 청소(a good clean)가 필요한 위싱턴 공장으로 들어온다. 이 과정에서 제거된 흙과 돌은 폐기물 문제로 보이지 않지만, 사실 연간 15만 톤의 양으로 판매되고 이 중 3분의 1은 British Sugar의 일부인 브랜드 탑소일(Topsoil brand)로 판매되고 있다. 또한, 이 과정에서 나온 5,000톤의 돌은 골재로 판매된다. 톤당 약 70-80파운드의 매립 비용을 감안할 때, 이는 비즈니스 측면에서 당연한 일이다.

사탕무는 세척, 슬라이스, 확산 후 정제 과정을 거치며, 석회와 CO_2를 이용해 비당류(불순물)를 제거한다. 다시 말하지만, 이것이 설정되는 방식은 Wissington이 선형 처리량 모델이 아닌 자원 흐름의 네트워크로 어떻게 이해 및 관리되는지를 보여준다. 설탕을 정제하는 데 사용되는 석회는 토양 산성화를 교정하기 위해 재배자들이 일반적으로 사용하는 또 다른 판매 가능한 제품인 LimeX로 변한다. 이 제품은 유기 농업에 대한 토양 협회 요구 사항을 충족하여 토양에 영양분을 복원한다. 이러한 노력으로 British Sugar은 석회석과 백악을 대체하여 영국 농업에 석회석 제품을 공급하는 선두 업체로 자리매김했다.

Wissington은 또한 영국 최초의 바이오 에탄올 연료 공장이 있는 곳이다. 영국 설탕은 핵심 제품의 수요와 공급에 반응하여 추출된 비트 설탕 시럽을 사용하여 매년 약 55,000톤의 재생 가능한 연료를 생산하고 있다. 재생 가능 에너지와 연료 품질에 관한 EU 법률은 회원국이 일정량의 재생 가능 연료를 휘발유와 경유에 혼합하도록 의무화했다. 바이오 에탄올은 '식품 대 연료' 논쟁이라는 과거에 일부 좋지 않은 평판을 가지고 있었다.

4.3. 자원 흐름의 이해

단순히 한 추출 과정을 다른 추출 과정으로 대체하는 것이 아니라, 더 넓은 맥락에서 자원 흐름을 이해하고 과시하는 것이 재생 경제를 실현 가능하게 한다. 스마트 화학은 생화학적 공급원료의 추출을 통해 Wissington의 다른 곳에서도 사용되었다. 우리는 혐기성 소화의 잠재력에 대해 많이 듣지만, 소화 과정 전에 유기 물질로부터 어떤 가치 있는 화학 물질을 얻을 수 있는지 탐구하는 기업은 거의 없다. 예를 들어, British Sugar의 베타인(사탕무에서 추출하고 생선 식품에 사용되는 화학물질)은 또 다른 수익성 있는 수익원이다.

표토, 골재, 석회, 바이오에탄올, 베타인은 모두 사탕무 설탕 공정의 독특하고 유용한 부산물이다. 그러나 Wissington이 전 세계 대부분의 제조 공정과 공유하는 한 가지 산출물은 CO_2이다. 혁신적인 접근법과 예상 밖의(unlikely) 파트너십을 통해, British Sugar는 공장의 잉여 이산화탄소를 생산적인 용도로 사용할 수 있게 했다.

공장을 견학하는 동안, 폴 히치콕(Paul Hitchcock)은 장치들 중 하나 위에 뻗어 있는 운영을 중단한 굴뚝을 가리킨다. "에탄올 공장이 건설되었을 때 우리는 분명히 EA 허가를 받아 CO_2(에탄올 생성으로 이어지는 자연 발효 과정의 결과)를 대기로 방출할 수 있었습니다. 바이오에탄올 공장이 완전히 가동되자, 우리는 공장도를 자세히 살펴보았고, 이 화살표가 공장을 떠나 실제 가치를 지닌 이산화탄소를 생산한다는 것을 알게 되었습니다. 만약 무언가가 '생산'되고 있다면, 그것이 제품일 수 있을까요? 그래서 우리는 그 가스 흐름의 가치에 대해 의문을 가졌고, 이 식품 등급의 CO_2에 대한 구매자가 있을 수 있다는 것을 깨달았습니다." 그 구매자는 산업용 냉동과 같은 다양한 용도로 가스를 사용하는 Air Liquide였다. 이러한 파트너십은 Wissington의 성장에 필수적이었다. Paul은 본인들이 이 제품들 중 일부의 전문가가 아니기 때문에, 이를 충족시킬 파트너를 찾는다고 한다. Air Liquide는 현재 영국에 CO_2를 공급하고 있으며, 우리가 폐기물이라고 부르던 것으로 무언가를 다시 만드는 것을 돕는다.

이러한 배출물에 대한 다른 용도가 발견되었다. 에너지를 많이 소비하기 때문에, 샐러드 재배를 위한 새로운 독립형 온실은 요즘 거의 지어지지 않는다. 그러나 Wissington의 잉여 배출, 열 및 풍부한 공간은 토마토 생산에 이상적인 장소이다. 47 에이커 크기의 Cornerways Nursery은 영국 5대 생산업체 중 하나이며, 전형적인 원형의 샐러드 토마토 특산품을 공급하는 최대 공급업체이다. 설탕과 토마토의 생산의 상생관계는 더욱 나은 제품을 만들 수 있게 한다. (현장에 동력을 공급하는 고효율 가스 터빈의) CO_2가 다른 연소원으로부터 파생된 CO_2보다 더 높은 품질을 가지고 있기 때문이다. 어떤 사람들은 공동 생산물에 대해 생각할 때, 부수적인 사업을 생각할지 모르지만, Wissington의 토마토 공장은 이런 종류의 협업이 얼마나 수익성이 있는지를 보여준다.

이것은 British Sugar의 지속적인 프로세스이다. 바이오에탄올 책임자 조시 후프스(Josh Hoopes)는 이 작업에 새로 추가된 사항과 또 다른 제품 기회에 대해 설명한다. "효모는 에탄올을 만드는 주요 성분 중 하나이며, 일반적으로 효모는 생산 과정에서 손실됩니다. 우리는 이를 회수하는 원심분리기를 도입했고, 그것은 고단백 동물 사료로 팔릴 수 있습니다."

Wissington 팀은 1년 내내 운영될 수 있고 외부 충격에 탄력적인 다양한 사업을 개발하려는 분명한 동기를 가지고 있다. 그들 성공의 또 다른 비결은 직원 교육 및 관리 방식일 수 있다. 각각의 새로운 수습생들은 제어실 운영에서 기계 유지에 이르기까지 설탕 공장의 모든 과정에서 일한다. 아마도 그 결과로 발생하는 학제간 연계가 공장 전반에 시스템 사고 방식이 분명한 한 가지 이유일 것이다.

이 시점에서 Wissington이 설탕 공장으로 시작했다는 것을 기억할 가치가 있다. 그리고 입구에 'British Sugar'이라는 표시가 있는 것은 좋은 일이다. 다양한 생산물들이 이것을 간과하기 쉽기 때문이다. 이러한 다양화의 추구와 새로운 현금 유동성의 모색은 품격있는 산업 공생 모델로 이어졌다. 협업은 의심할 여지없이 필수적이지만, Wissington은 Kalundborg Symbiation과 같은 대규모 산업단지 프로젝트보다는 British Sugar의 자체 비즈니스와 프로세스에 대한 지속적인 평가와 최적화의 결과라고 느낀다. 가능한 한, British Sugar는 그들의 공장들이 자원 확보가 끝이 아니라는 것을 확실히 하기 위해 노력한다. 모든 사업이 비슷한 전망을 가지고 있다고 상상해 보아라.

5. 바이오폴러스(Biopolus)

도시가 현재의 소비와 폐기물의 선형 시스템에서 오래 지속되고 재생 가능한 순환 모델로 전환하도록 돕기 위해 도시 순환을 위한 효과적인 물 시스템(water systems)이 필요하며, 폐수 및 유기 폐기물로부터 깨끗한 물, 에너지, 영양소 및 미네랄을 활용하기 위해 Biopolus MNR 기술에 의해 구동되는 바이오메이커리(BioMakeries: 도시 대사 허브, urban metabolic hubs)의 분산형 네트워크가 필요하다. 무엇이 이것을 독특하게 만드는가? 모듈식으로 도시 환경에 완전히 통합된 바이오메이커리는 폐수를 처리 및 재활용하는 동시에, 아름다운 정원 미관을 갖춘 순환형 도시 인프라 통합을 위한 플랫폼을 제공함에 따라 기존의 크고 냄새나는 폐수처리시설은 모듈식·간편한·냄새가 없는 바이오메이커리로 대체해 재개발을 위한 귀중한 토지를 확보하고 재생·지속 가능한 물순환을 중심으로 에너지·식품·유기폐기물 시스템이 구축되는 플랫폼을 만들 수 있다.

5.1 급속하게 도시화된 세계

물은 생명에 필수적이며, 따라서 도시를 포함한 모든 생명처의 작동에 있어서 무엇과도 바꿀 수 없다. 따라서 거주자와 기업이 도시 경계 내에서 안전하고 깨끗한 물에 지속적으로 접근할 수 있는 효과적인 물 순환을 먼저 달성하지 않고는, 도시 순환성을 얻을 수 없다. 바이오폴러스(Biopolus)는 첨단 생물공학을 이용해 복잡한 순환형 도시 수처리 및 관리를 위한 모듈식 첨단 생활시스템을 만들었다.

또한 이 기술은 유기 폐기물에서 에너지, 영양소 및 미네랄과 같은 귀중한 제품을 회수하는 데에도 사용할 수 있다. 이러한 솔루션은 커뮤니티 기능 및 도시 식량 생산을 위한 추가 가용 공간과 함께, 바이오폴러스 바이오메이커리에 모두 통합 및 수용될 수 있어 자연 기반 도시 순환의 진정한 허브가 될 수 있다.

5.2 검증된 기술로의 발전

창조적 생태학자이자 바이오폴러스의 창시자인 이스트반 케네레시(Istvan Kenyeres)는 35년 이상 동안 엔지니어링 생태계를 경험했다. Istvan은 그 세월 중 15년을 그의 고정 필름 기술(fixed film technology)을 사용하여 폐수 처리의 진정한 돌파구를 만드는 데 보냈다. 전 세계적으로 100개 이상의 폐수 처리 시설을 성공적으로 설치한 Istvan은 이번에는 바이오 경제 분야에서 다음 패러다임의 변화를 가져올 때라고 생각했다.

2012년, 더 많은 지식과 새로운 임무를 가진 Istvan은 그의 고정 필름 기술에 대한 기술적, 기계적 개선과 함께 바이오폴러스를 출시했다. 새로운 목표는 미래의 대도시를 위한 '바이오메이커리(BioMakery)'를 만드는 것이었다. MNR(대사 네트워크 리액터, Metability Network Reactor) 기술로 구동되는 바이오메이커리는 인프라와 기술을 개방형 혁신과 통합한 첨단 생활 시스템이다. 폐수와 유기성 폐기물에서 깨끗한 물, 영양소, 미네랄, 에너지 등 중간 자원을 생산하는 생산 플랫폼이다. 이것들은 가치 있는 최종 제품을 만들기 위해 추가로 처리될 수 있으며, 도시 유기 폐기물 루프를 폐쇄하고 가치를 높이는 데 도움이 된다.

5.3 MNR 기술이란?

대사 네트워크 리액터(MNR) 기술은 바이오폴러스가 특허받은 수처리 기술이다. MNR은 바이오매스의 넓은 표면적을 특징으로 하며 식물 뿌리와 인공 운반체(또는 뿌리)를 덮어 미생물 종의 다양성과 수를 증가시켜 고효율 유기 폐기물 생분해를 구현한다.

전체 처리 과정은 일련의 리액터에서 일어난다. 물이 흐를 때, 다양한 탱크의 특수 생태가 다른 오염 물질을 분해하기 때문에, 물은 지속적으로 청소된다. 리액터들 사이의 폐수 경로와 부피 분포는 공정 관리 소프트웨어에 의해 제어되며, 공정 최적화를 위해 변화하는 부하에 동적으로 적응할 수 있다.

MNR 기술은 컴팩트하고 모듈식으로 설계되었으며, 원하는 크기로 확장하거나 맞출 수 있다. 또한 이 기술은 최대의 구조적 유연성(architectural flexibility)을 허용하는 수직 또는 수평 구성으로 배열될 수 있다. 정원과 같은 분위기와 냄새가 없는 자연으로, 바이오메이커리는 어떤 도시 환경에도 배치될 수 있다.

5.4 최초 유럽 시설 운영

유럽 최초의 바이오메이커리는 2018년 코닝스호번 트라피스트(Koningshoeven Trappist) 수도원과 양조장에 완공되었다. 이 시설은 수도원의 역사적 기념물에 완전히 통합되어 있다. 이 공장은 양조장에서 나오는 산업 폐수와 수도원과 방문객 센터에서 나오는 도시 폐수를 고품질로 처리한다. 물은 관개 및 지역 대수층 재충전을 위해 현장에서 재사용된다. 나중에 양조장의 물을 병 세척을 위해 재사용할 계획이 있다. 열에너지도 폐수에서 회수되어 온실을 따뜻하게 하는데 사용된다.

Koningshoeven 바이오메이커리는 혁신의 시험대이기도 하다. 이 사이트는 순환성을 위한 NextGen H2020 대규모 데모 사이트로, 바이오폴러스가 유럽 우주국 SEMiLLA와 협력하여 폐수와 유기 폐기물로부터의 물/양분 회수를 위한 MELiSSA 프로그램 내에서, 고급 순환 공간 기술을 개선하고 있다. 또한 Biopolus와 네덜란드 Waterboard De Dommel은 분산된 수처리 시설의 분산 기능을 연구할 예정이다.

Koningshoeven 바이오메이커리는 차세대 폐수 처리를 위한 복제 가능한 모델 역할을 할 것이기 때문에 중요하다. 이 프로젝트는 과중한 부담을 안고 있는 중앙집중식 폐수 관리 시스템을, 주변 도시 환경에 완벽하게 통합할 수 있는 분산형 시설로 보완할 수 있는 방법을 보여주는 사례이다. 순환형 도시 인프라를 위한 플랫폼으로서 바이오메이커리의 상호 연결된 네트워크는 폐수 처리에 패러다임 변화를 가져와 진정한 물 기반 도시 순환을 위한 기반을 구축할 수 있다.

6. 플라스틱 포장: 저탄소 및 성공적인 회복을 위한 플라스틱 포장에 대한 두 가지 순환 투자 기회

6.1. 플라스틱의 역할

플라스틱은 펜데믹 기간 동안 특히 일선 노동자들을 보호함으로써 병원을 운영하는데 중요한 역할을 해왔다. 동시에, 전염병은 일회용 포장의 낭비적인 성격을 더욱 강조했다. 우리가 팬데믹과 싸우고 세계적인 위험을 완화하는 회복력 있는 경제 회복을 형성함에 따라, 플라스틱이 절대 쓰레기가 되지 않도록 하기 위한 대응이 필요하다.

전자 상거래의 성장과 함께 재사용 모델에 대한 투자는 대중의 요구를 충족시키고 재료 비용을 절약하며, 일회용 포장의 필요성을 줄이는 매력적인 기회를 제공한다. 플라스틱은 수집, 분류 및 재활용을 위한 인프라와 결합되어 생태계로의 유출을 크게 줄이면서 유한한 자원의 소비로부터 분리될 수 있다. 이러한 투자는 경쟁적이고 탄력적일 뿐만 아니라, 상당한 기후 및 환경적 이익을 제공하는 플라스틱 포장 산업의 경제 회복을 형성하는 데 도움이 될 것이다.

세계가 코로나19 범유행과 싸우고 있기 때문에, 플라스틱은 보호 장비를 필요로 하는 세계 의료 사회, 위생 제품을 비축하는 고객, 식료품 포장을 늘리는 슈퍼마켓, 전자 상거래 배송 등에 의존하는 소매업체 등과 함께 우리의 일상생활에서 훨씬 더 중요한 주요 품목이 되었다. 따라서 의료 용품 및 기타 필수품(종종 일회용이며 재활용되지 않는 것)에 대한 세계적인 수요는 코로나19 사태 이후 증가했다.

실제로 이 추세라면 플라스틱 부문이 시장을 주도하면서 전 세계 포장 시장 규모는 2019년 9090억 달러에서 2021년 10130억 달러로 성장할 것으로 예상된다. 2017년에 포장 용기는 전체 플라스틱 사용량의 약 30%을 차지했다. 전염병 기간 동안 위생 조치가 최우선 순위이기 때문에, 전 세계의 많은 나라들은 재사용 가능하고 퇴비가 가능한 대안보다 안전하다는 잘못된 인식을 바탕으로 특정 일회용 플라스틱 포장에 대한 금지를 해제하거나 연기해왔다. 그러나 재사용 가능한 포장과 바이러스 전염에 대한 우려는 이제 가라앉았다. 2020년 6월 22일, 여러 나라의 과학자들은 기본적인 위생법을 채택하여 재사용 가능한 포장을 사용해도 안전하다고 선언하는 성명서에 서명했다.

폐쇄로 인해 많은 재활용 센터가 팬데믹 기간 동안 폐쇄되거나 일시적으로 운영이 중단됐다. 정기적인 폐기물 관리 관행도 과도한 압박을 받아 이동형 소각, 직접 매립, 지역 연소 등 부적절한 관리 전략이 이어지고 있다. 또한, 이미 플라스틱 포장재 가치의 95%인 연간 800~1200억 달러가 세계 경제에서 손실되고 있으며, 플라스틱 포장재 중 14%만이 재활용을 위해 회수되고 있는 상황에서 코로나19 범유행이 일어나고 있다.

또한, 대유행 중에 전 세계적으로 유가가 배럴당 40달러(2020년 10월 기준)로 폭락하면서 재활용 시장에 더욱 도전적인 역할을 하고 있다. 미래를 내다보면, 코로나19 위기는 특정 포장 메가트렌드를 바꾸거나 증폭시킬 가능성이 있다. 재택근무를 하는 사람들이 늘어나고 기업이 서비스를 디지털화함에 따라, 많은 사람들이 온라인으로 물건을 구매하고 가정 배달 서비스를 이용함으로, 전자 상거래 배송이 크게 가속화될 것이다. 고객은 또한 이전보다 가격과 건강에 대한 의식이 높아짐에 따라 행동을 바꾸기 시작했다. 코로나19 위기로 인해 많은 기업들이 불확실성에 대처하도록 강요됐으며, 디지털 자산을 활용하여 예상치 못한 변화에 신속하게 대응할 수 있었던 기업은 회복력이 더욱 강해진 것으로 밝혀졌다.

순환 경제는 펜데믹 이전에 발생한 플라스틱 쓰레기 문제를 해결하는 데 중요한 역할을 할 수 있을 뿐만 아니라, 플라스틱 포장 시스템이 비용 및 재료 절감뿐만 아니라 폐기물과 오염을 환경으로부터 보호하는 경제 회복을 형성하는 데에도 중요한 역할을 할 수 있다. 순환형 플라스틱 포장 시스템에서 이 비전은 불필요한 플라스틱 품목을 제거하고, 필요한 모든 플라스틱이 안전하게 재사용, 재활용 또는 퇴비화되도록 설계한다. 그리고, 경제와 환경으로부터 자재를 순환하도록 유지함으로써 실현된다.

문제되거나 불필요한 플라스틱 포장을 제거하기 위한 새로운 전달 모델, 일회성 포장의 필요성을 줄이기 위한 혁신적인 재사용 비즈니스 모델, 재활용 품질 개선을 위한 재활용 및 퇴비 가능한 대체품의 재료 혁신, 제거 등 많은 매력적인 순환 투자 분야가 이러한 비전을 달성하는 데 도움이 될 수 있다. 또한, 고품질 2차 물자(secondary materials)의 생산을 확대하고, 플라스틱을 환경으로부터 멀리하기 위한 수집, 분류 및 재활용 인프라 등도 도움이 될 것이다. 이러한 모든 투자 영역은 보다 탄력적인 플라스틱 포장 시스템을 만드는 데 도움이 될 수 있지만, 현재 시나리오에서 특히 매력적인 두 가지 기회는 플라스틱 포장의 혁신적인 재사용 비즈니스 모델이다.

6.2. 플라스틱 수집, 분류 및 재활용 인프라

이러한 선택된 기회는 공공 및 민간 부문의 단기 및 장기 목표를 해결하는 데 도움이 될 수 있는 특히 매력적인 영역을 강조한다. 그들은 함께 팬데믹으로 인한 주요 문제에 대한 해결책을 제공하고, 경제 회복을 위한 정부의 우선 순위를 충족하며, 경제 성장 잠재력을 제공하고, 미래 충격의 위험을 줄이도록 돕는다.

플라스틱 포장의 혁신적인 재사용 비즈니스 모델은 자재 생산성을 높이고 누출을 줄이기 위한 방안이다. 2050년까지 바다에 물고기보다 플라스틱이 더 많을 것이라는 암울한 전망에 의해 제기된 플라스틱 오염에 대한 세계적인 인식은 전염병 대유행 시기 이전에 제기되었다. 플라스틱이 폐기물이 되지 않도록 보장할 수 있는 혁신적인 재사용 솔루션이 존재한다. 이를 통해 사용자 및 비즈니스 측면에서 상당한 이점을 얻을 수 있으며, 이를 통해 보다 탄력적이고 저탄소 경제 회복을 실현할 수 있다.

6.3 자재 순환, 폐기물 및 오염물질 배출을 위한 플라스틱 수집, 선별, 재활용 기반시설

수집, 분류 및 재활용 인프라는 고품질 재료 유통을 확대하고 2차 시장을 활성화하기 위한 매력적인 투자 기회를 제공한다. 경제 회복은 화석 기반 원료 소비에서 플라스틱 포장 사용을 분리하고, 플라스틱이 바다와 토양에 들어가지 않도록 하는 동시에 기후 목표를 충족시키는 형태를 형성할 수 있다.

6.4. 새로운 플라스틱 경제 비전

새로운 플라스틱 경제의 중심에는 플라스틱이 결코 쓰레기가 되지 않는 순환 경제의 비전이 있다. 각 Global Commitment 서명국 및 Plastics Pact 회원국은 비전과 이를 달성하기 위해 노력할 필요성을 공식적으로 지지한다. 이는 6가지 주요 포인트로 정의된다.

첫째, 재설계, 혁신 및 새로운 제공 모델을 통해 문제되거나 불필요한 플라스틱 포장을 제거하는 것이 우선 사항이다. 둘째, 재사용 모델이 해당되는 곳에 적용되어 일회용 포장의 필요성을 줄인다. 셋째, 모든 플라스틱 포장은 100% 재사용, 재활용 또는 퇴비가 가능하다. 넷째, 모든 플라스틱 포장은 실제로 재사용, 재활용 또는 퇴비화된다. 다섯째, 플라스틱의 사용은 유한한 자원의 소비와 완전히 분리된다. 여섯째, 모든 플라스틱 포장에는 유해한 화학물질이 없으며, 관련된 모든 사람의 건강, 안전 및 권리가 존중된다. 여기에서 전체 비전을 읽어 볼 것을 권장한다.[12]

1) 나이키(Nike): 2019년, 폐기물을 방지하고 보다 효율적인 디자인 및 제조 기술에 집중하기 위한 노력의 일환으로 나이키는 의류 산업이 작동하는 방식을 변화시키고 순환성을 위한 공통 언어를 만들 수 있는 잠재력을 가진 10개의 순환성 설계 원칙을 만들었다. 예를 들어, "당신의 재료 선택이 제품의 수명 주기 또는 내구성을 어떻게 증가시킬 수 있습니까?"라는 '재료 선택' 원칙을 통해 이를 확인할 수 있다.

2) 하이네켄(Heineken): 하이네켄은 제로 웨이스트 프로그램의 일환으로 2018년에 165개의 생산 장치 중 102개는 매립지에 폐기물을 보내지 않았다. 그들 현장의 폐기물은 동물 사료, 재료 루프, 퇴비로 재활용되거나 에너지 회수에 사용되었다.

3) 슈나이더 전기: 이 회사는 에너지 관리와 자동화를 전문으로 한다. 자사 제품에 재활용된 내용물과 재활용 가능한 재료를 사용하고, 임대 및 사용량에 따른 지불(이용회수제)을 통해 제품 수명을 연장하며, 공급망에 회수 제도 도입했다. 순환 활동은 현재 수익의 12%를 차지하며 2018-2020년 사이에 100,000 톤의 일차 자원

12) https://newplasticseconomy.org/assets/doc/npec-vision.pdf, TECH & INNOVATION 2018년10월 30일 / Winter 2018 / Issue 93

(primary resources)을 절약할 것이다.
4) 스토라 엔소(Stora Enso): 이 회사는 포장, 생체 재료, 목조 건축물 및 종이를 대상으로 한 재생 가능한 솔루션을 제공한다. 쓰레기를 줄이는 것은 "바이오 경제"의 핵심에서 작동하며 순환 경제에 기여한다. 2019년 유럽 투자 은행은 순환형 바이오 경제를 지원하기 위한 투자 펀드를 출시했다.

V. 순환경제의 적용 연습

건설사 A를 대상으로 작성한 것으로 이 예를 생각하여 본인의 기업에 적용하여 시행해 보라.

1. 순환 기회

이제 비즈니스에 대한 시스템 맵을 얻었으므로, 서비스 또는 제품을 만들거나 적용하려는 지속 가능성 문제나 기회를 파악한다. 지속가능성 목표를 설정한다. 어떤 영향을 미치고 싶은가? 당신 회사의 제품이 물을 덜 사용하기를 원하는가? 공유경제 플랫폼 서비스를 제공하고 싶은가? 폐기물 부산물로 새로운 제품을 만들 수 있는가? 회사는 축적된 건설 산업 역량을 바탕으로 ESG 경영을 선도하는 친환경 기업으로 자리매김하고 있다.

나는 폐기물 발생, 수질 오염, 대기 오염, 유독성 화학물질, 산림 벌채, 생물다양성 손실 등의 환경적 영향과 노동권, 노동 안전, 인권 등 사회적 영향을 가지고 지속가능성 목표를 달성한다. 내가 만들고 있는 제품은 많은 양의 물이 필요하지 않다. 다만 일부 건설현장의 경우, 물 사용량을 줄이기 위해 새로운 혁신 기술이 필요하다.

2020년 한국 최대 환경 종합 플랫폼 기업인 EMC Holdings와 합병했다. 이 합병은 우리에게 환경 사업에 대한 발판을 마련해 주었다. 이는 공유 플랫폼 서비스를 제공할 수 있다. 공사 기간 및 공사 후 많은 폐기물이 발생하여, 이러한 폐기물을 재활용하여 재활용 골재, 재생에너지 등의 신제품을 만들 수 있다.

순환적이고 재생적인 방식으로 목표를 달성하는 방법을 결정해라. 선택한 제품 또는 서비스를 사용하여 다양한 순환 비즈니스 모델을 고려하고 고객 경험, 새로운 비즈니스 및 재정적 요구, 영향을 받을 수 있는 기존의 파트너십 또는 생성해야 하는 새로운 파트너십에 대한 다음과 같은 질문을 살펴본다. 이러한 질문을 탐색하는 데 도움이 되도록 순환경제에 대해 읽어보고, 자신의 웹 리서치를 사용해보아라.

1) 제품 수명이 연장될 수 있는가? (예: 재판매, 수리, 재제조)

건물인 제품은 리모델링 및 재건축을 통해 수명을 연장할 수 있다.

2) 공유 플랫폼을 만들 수 있는가? (예: 사용/접근/소유권 공유를 통한 활용도 향상)

소유자에 따라 제품을 공유할 수 있다. 고객이 원할 경우, EMC Holdings의 도움을 받아 공유 플랫폼을 만들 수 있다.

3) 자원을 회수할 수 있는가? (예: 폐기된 제품 또는 제품에서 나오는 재료나 자원)

건설 중 및 건설 후 많은 폐기물이 발생하며, 이러한 폐기물을 재활용하여 재활용 골재 및 재생 에너지와 같은 신제품을 만들 수 있다. 철강, 시멘트 및 플라스틱은 재료와 에너지를 만들기 위해 재활용될 수 있다.

4) 제품이 서비스가 될 수 있는가? (예: 소유권을 유지한 상태에서 제품 액세스를 제공하여 순환 자원 생산성을 내재화할 수 있는가.)

제품은 건물 소유주가 임대하거나 다른 사람에게 공유하는 방식으로 서비스가 될 수 있다.

5) 당신 회사의 물자는 순환이 가능한가? (예: 재생 에너지 또는 바이오 기반/재활용 투입)

철강, 시멘트, 플라스틱, 종이와 같은 나의 공급품들은 새로운 재료와 재생 가능한 에너지로 순환될 수 있다. 플라스틱 및 종이와 같은 가연성 폐기물은 에너지로, 즉 폐기물에서 에너지로 바뀔 수 있다.

2. 비즈니스 사례

시스템 사고와 순환 설계를 회사에 적용했으면, 이제 비즈니스 사례에서 이것이 의미하는 바를 분석해야 한다. 이 섹션의 경우, 예비적 사고 정도로 괜찮으며, 완전한 비즈니스 사례를 개발할 필요는 없다.

회사 생태계 맵을 검토하고, 문제/기회와 관련된 현재 기업 생태계의 레버리지 포인트와 방해물을 확인한다. 원하는 변화를 촉진하기 위해 현재 상호 작용에서 어떻게/무엇을 변경할 수 있는가?

1) 파트너십: 순환성을 높이기 위해 현재 어떤 파트너십을 강화할 수 있는가? 어떤 새로운 파트너십을 만들 수 있는가?

순환성을 높이기 위해 발생 폐기물을 분류, 수집, 생산, 유통할 수 있다. 이러한 과정에서는 각 파트너십이 필요하므로, 파트너십을 분류, 생산 및 배포하는 것이 현재의 파트너십이 될 수 있다. 다만 순환경제를 위한 공급망을 완성하기 위해, 수집 파트너십이 만들어질 정도로 수집이 준비되어 있지 않다.

2) 위기: 아이디어와 관련된 리스크는 무엇이며, 이러한 리스크를 어떻게 완화할 수 있는가?

순환성을 높이기 위해서는 아래와 같은 과정이 준비되어야 한다. 다만, 이 과정에서 미세먼지 발생, 소음, 악취, 발화 등 부정적인 환경영향이 발생할 위험이 있다. 이러한 효과 때문에 지역사회와 NGO들은 이 과정에 반대한다.

집진기, 탈취, 소음 방지 및 내화성을 위한 기계 또는 장비를 준비하고 이러한 과정을 잘 관리해야 한다.

3) 이해관계자: 직원, 고객, 공급업체를 어떻게 참여시킬 수 있는가?

공급자들은 재활용품들을 깨끗한 품질로 공급해야 한다. 직원들은 안전한 작업 환경을 요청하고 고품질의 제품을 만들어야 한다. 고객은 품질 기준 이상의 제품을 확인하고 요구해야 한다.

4) 가치: 이것이 궁극적으로 회사에 어떤 가치를 가져다줄 것인가?

혁신적인 신제품, 재사용으로 인한 제품 절감, 새로운 시장 진입 등을 통해 얻을 수 있는 실질적인 재정적 가치뿐만 아니라 브랜드 향상, 소비자 인식, 기업 평판 향상 등을 통해 얻을 수 있는 무형의 가치도 생각해 보라.

5) 이 혁신의 순 비용/편익을 어떻게 추정할 수 있는가?

철강, 시멘트, 플라스틱, 종이와 같은 재활용 가능한 제품이 항상 원래의 제품에 비해 유형적이고 경제적인 가치를 얻는 것은 아니다. 이는 분류된 폐기물이 좋은 가격인지 나쁜 가격 인지와 같은 경제적 여건에 달려 있다. 그러나 고객, 지역사회 및 NGO로부터 브랜드 평판과 로열티를 통해 무형의 가치를 포착할 수 있다.

3. 피드백 작성

일단 새롭고 혁신적인 제품 아이디어가 고객에게 소개되면, 여러분은 제품이 어떻게 작동하는지 알고 싶어할 것이다. 제품 또는 서비스가 출시되기 전에 피드백 시스템을 구현하는 것이 중요하다. 그래야 제품 오퍼링을 계속 수정하고 개선할 수 있기 때문이다.

피드백 메커니즘을 어떻게 설계할 것인가? (예: 인터뷰, 포커스 그룹, 설문 조사, 포럼, 분석, 데이터 추적, 제품 센서.)

내부 이해관계자와 외부 이해관계자를 통한 피드백 시스템을 설계하겠다. 이사회 이사, CEO 및 주주를 포함한 직원들과 같은 내부 이해 관계자들을 대상으로 한 인터뷰, 포럼, 워크샵 및 포커스 그룹이 유용한 피드백 메커니즘이 될 것이다. 한편, 커뮤니티, 고객, 협력사, NGO 등 외부 이해관계자들에게는 인터뷰, 데이터 추적 설문조사가 유용한 피드백 메커니즘이 될 수 있다.

제4장
어떻게 공급망을 강화할 것인가?

Ⅰ. 지속가능한 공급망은 무엇인가?
Ⅱ. 어떠한 기업 사례가 있나?
Ⅲ. 공급망 관리의 실습

04 어떻게 공급망을 강화할 것인가?

I. 지속가능한 공급망은 무엇인가?

1. 공급망의 사회적·환경적 책무 사례

세간의 이목을 끄는 여러 캠페인과 보고서를 통해 전 세계 공급망의 사회적, 환경적 영향이 대중의 주목을 받았다. 이는 다음과 같다.

1) 멸종 반란(Extinction Rebellion[1])은 2019년부터 런던 패션위크의 취소를 위해 지속적으로 캠페인을 벌여왔으며, 패션 산업은 변화해야 하는 유독한 시스템의 일부라고 주장했다.
2) Oxfam(옥스팜)의 비하인드 바코드(Behind Barcodes[2]) 작업은 슈퍼마켓 식품에 대한 착취, 빈곤 및 인간의 고통을 중단해야 할 필요성을 강조한다.
3) 상호 연결된 세상에서 우리는 COVID-19, SARS, 메르스 및 조류 독감과 같은 전염병과 발병을 점점 더 경험하고 있다. 이들 중 다수는 종종 멸종 위기에 처한 야생 동물 종의 불법 거래 및 소비와 관련될 수 있다. WWF[3]는 미래의 전염병을 예방하기 위한 소비 및 생산 조치의 설득력 있는 목록을 제공했다.
4) 방글라데시에서 1,000명 이상의 근로자를 사망하게 한 2013년

---

[1] https://extinctionrebellion.uk/2020/02/14/extinction-rebellion-escalates-disruption-of-london-fashion-week-with-2020-ultimatum/
[2] https://www.oxfamamerica.org/explore/issues/humanitarian-response-and-leaders/hunger-and-famine/behind-the-barcodes/
[3] https://www.worldwildlife.org/pages/covid-19-and-wildlife-trade-perspectives-and-proposed-actions

Rana Plaza(라나 플라자) 건물 붕괴와 같은 재해는 산업계에 공급망 관행을 관리하고 필요한 변화를 통합해야 한다는 압력을 불어넣었다(Ayres, 2014). 오늘날에도 이 재난은 주요 패션 브랜드의 공장 작업 조건을 해결하는 측면에서 분수령으로 간주된다. Blowfield[4](2013:271)는 "이러한 사건과 부정적으로 연관된 기업은 시위자의 표적이 될 위험이 있으며, 긍정적인 평판을 얻는 기업은 브랜드 충성도를 얻을 수 있다."고 요약한다.

5) 가치 사슬의 생산 측면 전반에 걸쳐 개선의 여지가 많지만, 지속 불가능한 소비 패턴도 해결해야 한다. 효율성과 생산성 향상은 지속가능성의 중요한 첫 단계이지만, 제품 및 서비스에 대한 수요로 인해 뒤쳐지고 있다. 때때로 이러한 개선은 소비자들이 더 많은 상품에 접근하고 구매할 수 있기 때문에 효율성 향상이 더 많은 소비로 이어지는 반등 효과까지 초래할 수 있다. 따라서, 자원 소비를 줄이는 데 초점을 맞출 필요가 있다.

6) 시스템 사고, 지속 가능한 비즈니스 모델, 순환 경제 사고와 같은 보다 전체적인 접근 방식이 등장하고 있다. 가치사슬의 관점에서, 지속가능성 문제를 다루는 것은 서로 다른 이해관계자의 관점을 고려하고 가치사슬 전반에 걸쳐 협력하는 것일 수 있다(예: 투자자, 지역 사회, 공급자, 고객 및 최종 소비자가 이 과정에 참여함). 기업은 또한 과거에는 NGO 및 기타 산업과 같이 파트너가 될 가능성이 적었던 단체와 파트너 관계를 맺을 수도 있다.

7) OnePlanetNetwork[5]는 보다 지속 가능한 소비 및 생산 모델로 전환하는 기업의 모든 지역 및 부문의 예를 제공하는 글로벌 SCP(지속 가능한 소비 및 생산) 데이터베이스를 제공한다. 대표

---

4) Blowfield, M. (2013). Business and sustainability. Oxford: Oxford University Press.
5) https://www.oneplanetnetwork.org/

적인 사례로는 다음과 같은 것이 있다. 첫째, DSM-Niaga[6]이다. 이들의 순환 경제 접근은 100% 재활용이 가능한 중년(medium-life) 제품에 대한 새로운 생산 기술로 이어졌다. 둘째, Interface[7]이다. 이들의 "기후 회복" 미션은 비즈니스를 통해 지구 온난화를 되돌리기 위한 "미션 제로"의 성공을 기반으로 하고 있다. 셋째, Kalundborg Symbiosis[8]이다. 산업 공생에 대한 이들의 작업은 비즈니스 파크 파트너의 탄력성과 경제적 이익을 증가시키면서 환경 영향과 비용을 줄였다. 넷째, Elvis & Kresse[9]이다. 이들은 쓰레기 매립지에서 원자재를 구해 명품 액세서리를 만들고, 수익의 50%를 그들의 재료와 관련된 자선 단체에 기부한다.

2. 기업들은 지속가능성 향상을 위해 공급망을 찾고 있다.

마이크 스콧(Mike Scott[10]) 포브스(Forbes) 지속가능성 및 환경에 대해 글을 쓰는 작가로, 이 글은 이를 정리·요약한 것이다.

보다 지속 가능한 기업이 되고자 하는 기업은 자체 운영으로 시작하지만 얼마 지나지 않아 기업이 미치는 영향의 대부분이 내부가 아니라 공급망에 있다는 것을 깨닫고 공급업체에 변화를 일으키도록 압력을 가하기 시작한다. 환경 공개 플랫폼 CDP가 새로운 보고서인 Cascading commitment: 공급망 참여를 통한 업스트림 조치 추진[11]에서 밝혔듯이 그 영향은 상당할 수 있다. CDP는 회사의 공급망에는

---

6) https://ellenmacarthurfoundation.org/circular-examples/redesigning-medium-life-bulky-products-from-scratch
7) https://shop.interface.com/US/en-US/404/
8) http://www.symbiosis.dk/en/systems-make-it-possible-people-make-it-happen/
9) https://www.elvisandkresse.com/
10) https://www.forbes.com/sites/mikescott/?sh=cba21746531b
11) https://www.cdp.net/en/research/global-reports/global-supply-chain-report-2019

자체 운영보다 평균 5.5배 많은 온실 가스 배출량이 포함되어 있으며[12], 10년 간의 캠페인을 통해 공급망 내에서 기업의 인식과 행동이 단계적으로 변화했다고 밝혔다.

2018년, 총 구매력이 3조 3천억 달러를 초과하는 세계 최대 조직 중 115곳이 5,500개 이상의 공급 업체에 환경 정보를 요청했다. 10년 전 CDP의 공급망 공개 프로그램이 시작되었을 때 14개 기업만 참여했다. 작년에 이들 공급업체는 2017년 한국 배출량보다 많은 6억 3,300만 미터톤의 이산화탄소 배출량을 감소시켜 총 193억 달러의 비용을 절감했다고 보고했다.

공급업체가 조치를 취한 것은 배출량뿐만이 아니다. 물 위기(water risks)에 대한 조치 요청이 전년도에 비해 35% 증가했다. 지난해 케이프타운 가뭄 여파로, 물 위기의 중요성이 높아진 것을 반영해 2017년 51%였던 물 목표(water targets) 신고 공급업체 비중이 올해 69%로 높아졌다. 그러나 진행 상황은 미미하다. 기후 문제의 69%에 비해 물안보에 대한 거버넌스는 여전히 낮은 편이며, 물 문제에 대한 이사회 차원의 감독을 보고한 기업은 절반도 되지 않는다.

한편 300개 이상의 회사(2017년의 3배)에서 주요 구매자가 공급망에서 삼림 벌채를 제거할 것을 기대해 목재, 팜유, 소 및 콩 사용에 대해 보고하고 있다. 그러나 이러한 공급업체 중 17%만이 산림 벌채와 관련된 모든 종류의 목표를 설정했다고 보고하며, 이는 연간 1,870만 에이커의 산림이 손실되는 것을 늦추기에 충분하지 않은 숫자이다. 그리고 많은 구매자들이 환경 성과가 좋지 않아 공급업체와의 거래를 중지했는데 이는 공급망 위험이 기업에 미칠 수 있는 영향을 강조한다.

---

12) https://twitter.com/intent/tweet?url=http%3A%2F%2Fwww.forbes.com%2Fsites%2Fmikescott%2F2019%2F02%2F11%2Fcompanies-look-to-supply-chains-for-sustainability-gains%2F&text=A%20company%20supply%20chain%20contains%20on%20average%205.5%20times%20as%20many%20greenhouse%20gas%20emissions%20as%20its%20own%20operations%2C%20says%20CDP

CDP의 공급망 글로벌 책임자인 소네이 번슬(Sonya Bhonsle)은 다음과 같이 말했다. "구매 조직과 협력해 온 10년 동안 지속 가능성에 대한 비즈니스 활동에 대한 기대치가 근본적으로 바뀌는 것을 목격했습니다.", "주요 구매자는 의사 결정에서 데이터가 점점 더 중요한 역할을 하는 가운데 공급망에 긍정적인 변화를 주기 위해 공개를 하고 있습니다.", "공급업체들이 계속해서 공급망 아래로 좋은 관행을 캐스케이드 한다면, 이는 지속 가능한 저탄소 경제로의 신속한 전환에 큰 역할을 할 잠재력을 가지고 있는 것입니다. 그러나 공급업체의 57%만이 배출 감소 활동을 보고하고 있고, 절반(47%)에도 미치지 못하는 상황에서 고객의 기대치가 변화함에 따라 지속 가능한 조치를 취하지 못하는 공급업체가 순익에 점점 더 영향을 받을 수 있습니다."

3. 공급 계약 참여 리더

Samsung, Nestle, HP, Honda 및 Alphabet을 포함하여 120개 이상의 조직이 공급계약(Supplier Engagement) 참여 리더로 선정되었으며, 120개 이상의 기업에서 리더십을 발휘하는 예는 다음과 같다.

1) 영국의 통신 회사인 BT Group은 공구 및 몰딩 사용을 간소화하기 위해 공급업체와 협력하여 에너지 사용을 줄이고, 매월 생산 때 130kg의 CO_2를 절감했다.
2) Evian-les-Bains에서 프랑스 식품 회사 Danone은 농업 폐기물이나 비료에 의한 샘물의 오염을 피하기 위해 지방 당국 및 농부들과 협력하여 매년 40,000톤의 유기 폐기물을 지역 주민들이 사용하는 천연 비료로 전환시키는 생물 소화기를 만들었다. 이와 동시에 1,200마일의 전력을 공급하는 바이오가스를 생산했다.
3) 일본의 화학 및 화장품 회사인 KAO는 공급 업체들에게 CO_2 배출량을 줄이도록 적극적으로 권장해왔다. 공급 업체의 최소 80%가

배출량 감소 목표를 설정했다.
4) 미국 기술 회사인 Microsoft는 에너지 소비를 줄이기 위해 센서 기술과 데이터 분석 도구를 사용하여 태양광 어레이를 설치하고, 에너지 스마트 빌딩 개조를 완료하기 위해 한 제조 공급업체에 100만 달러 이상을 투자했다.
5) 스웨덴 포장 회사 Tetra Pak은 판지 공급업체가 자연 산림 주기를 깨는 삼림 벌채의 목재를 사용하지 않는다는 제3자 검증을 요구한다. 회사는 이러한 요구 사항을 충족하지 못하면 Tetra Pak에 공급할 수 없다.

II. 어떠한 기업 사례가 있나?

1. 카쉬(Kashi): 유기농 식품의 공급망 성장 사례

이 글은 Corporate Sustainability with Tensie Whelan(New York University)에서 공급망의 사례로 설명한 글을 정리·요약한 것이다.

1.1. 유기농 식품의 초기 옹호자

Kashi의 수익은 2010년 Kellogg의 총 수익의 5% 미만인 2,500만 달러에서 거의 6억 달러로 20배 이상 증가했다. Kellogg의 브랜드 포트폴리오에서 Kashi는 세간의 이목을 끄는 성공 사례이자, 빠르게 성장하는 시장에서 중요한 지분이었다. Kashi의 창업자들은 인공 재료 없이 덜 가공된 음식을 제공함으로써 소비자들이 더 나은 건강 상태를 얻을 수 있도록 돕기 위해 노력했다. 회사가 존재했던 30년 동안, 점점 더 많은 소비자들이 농약과 유전자 변형 작물의 건강 및 환경 위험에 대해 걱정하게 되면서 시장은 진화했다. 이것은 유기농, 유전자 변형이 아닌 지역 재배 식품에 대한 하위 시장의 개발로 이어졌다. 자연식품으로써, '자연'이라는 용어는 인공 성분 없이 만든 식품을 의미하는 데 자주 사용되었다.

Kashi의 기업가 문화는 혁신을 중시했고, 수년 동안 회사를 '자연' 식품에서 '유기농' 식품으로의 시장 진화의 선두에 서게 했다. Kellogg 인수와 USDA 표준 제정 이전에, 이 작은 회사는 독립적인 테스트 조직으로 관리하는 자체 유기농 인증 프로그램인 Veri-PureTM를 개발했다. 1999년, Kashi는 유기농으로 재배한 재료를 hot cereals 라인에 사용했다. 그리고 Kellogg 인수 후 2002년 USDA 유기농 인증 프로그램이 시작되었을 때, Kashi는 USDA 유기농 인증 시리얼의 첫 번째 라인을 생산했다.

1.2. 유기농업: 비효율적인 공급망

2015년까지 미국 전체 식품 판매의 거의 5%를 차지했던 유기농 식품 판매의 지속적이고 강력한 성장에도 불구하고, 미국 농지의 1% 미만이 유기농 인증을 받았다. 2000년 이후 유기농 식품 수요가 550% 증가한 반면, 인증된 유기농 농지는 204% 증가에 그쳤다.

전환 기간 동안의 낮은 소득과 높은 비용은 확실한 반면, 향후 4년 이상 미래의 유기농 작물에 대한 프리미엄 가격의 이점은 그렇지 않았다. 이러한 조합은 많은 농부들을 끄는 기회가 되지 못했고, Kashi, 업계 및 유기농 식품 소비자들에게는 점점 더 큰 문제가 되었다. 유기농 작물의 공급 증가는 유기농 식품에 대한 소비자 수요의 증가를 지속적으로 지연시켰다.

미국 농무부 자료에 따르면, GMO 콩은 1996년 7%에서 1999년 50% 이상, 2003년 80% 이상으로 빠르게 성장했으며, 실제로 Kashi가 마주한 2012년 위기 당시, 미국 콩 작물의 93%가 GMO였다. 2015년에 40개의 SKU(상품 재고 관리 단위, stock-keeping unit)로 구성된 14개 제품을 혁신하고, 500개 이상의 비GMO 프로젝트 검증 성분으로 구성된 공급망을 구축하여 전체 제품 라인을 비GMO 성분으로 전환하는 작업을 완료했다.

1.3. 회복력 있는 공급망 구축

전환 이니셔티브에는 전체 공급망을 변경하고, Kellogg 공장에서 일정을 세워야 하는 새로운 운영 프로세스를 개발한다. 고도로 기술적인 인증 프로토콜을 만드는 것도 포함된다. 과도기 농부들이 공인 유기농 인증을 받아, 그들의 밀은 더 높은 가치의 인증 유기농 제품에 사용할 자격을 얻는다. Dark Cocoa Karma와 미래의 전환 제품은 유기농 공급망의 성장에 동력을 공급하기 위한 전환 밀의 수요 창출자로 남을 것이다.

소비자 수요를 따라잡기 위해서는 기존 농지를 더 빨리 유기농으로 전환해야 할 것이다. Kashi는 전환 계획을 보다 집단적이고 오픈 소스 접근 방식으로 변경하는 것이 필요하다. Kashi는 프리미엄 가격(일반 작물 대비)으로 전환 작물을 위해 산업 전반에 걸쳐 강력한 시장을 창출하려고 노력할 것이다. 이것이 농부들에게 전환 과정을 수행할 충분한 인센티브를 제공할 것이다. 또한, Kashi의 솔루션은 전환 제품에 대한 소비자 수요의 자극과, 기존 제품에 비해 비싼 프리미엄 가격을 지불할 의지가 필요했다.

그것은 소비자들의 진정한 열정을 불러일으켰다. 소비자들은 제품을 구입하고, 약간의 프리미엄도 지불하겠다고 말했다. 그것은 핵심 유기농 소비자층을 넘어 대중적 시장성을 가지고 있었다. 이는 시장을 확장시킬 것이다. 그리고 Kashi를 싫어하는 사람을 팬으로 바꿀 수 있는 잠재력을 가지고 있었다.

1.4. 독점 vs. 오픈 소스

전환 작물과 그로 만든 소비자 제품은 유기농 제품이 인증된 것처럼, 인증을 받아야만 프리미엄 가격을 정당화할 수 있다. 그들은 이니셔티브를 Kashi Transitional Grains로 상표화하는 것을 고려했다. 독점 접근 방식은 너무 제한적이며 그들이 목표로 하는 시장 변화를 제공하지 못할 것이다. 대규모 변화를 주도하기 위한 Kashi의 전략에는 적어도 두 가지 요소가 주도되어야 했다.

1) 소비자: 소비자는 전환 제품의 수요 엔진 역할을 해야 했다. 그들은 전환 제품을 구입하고 프리미엄 가격을 지불해야 할 것이다. 이는 농부들에게 필요한 안전망을 제공할 것이다.
2) 경쟁업체: 대규모 변화를 주도하기 위해 Kashi의 경쟁업체도 검증된 전환제품을 시장에 출시해야 하며, 이것이 인증 프로세스를 공개한 실질적인 이유였다.

이제 전환 이니셔티브를 통해 Kashi는 농민, 유기농 식품 사업체, 소비자 모두에게 이익이 되는 시장 기반 솔루션을 만들어 수요와 공급 균형의 장벽을 제거하려고 했다.

1.5. 새로운 산업 표준 작성

Kashi는 경쟁업체가 채택할 수 있는 Certified Transitional Standard(실제로 전체 업계가 채택할 수 있는 표준)을 만들기 위해 유기농 농장이 USDA의 표준을 충족하고 있음을 검증하는 여러 인증 기관 중 하나인 QAI(유기인증기관, Quality Assurance International)로 눈을 돌렸다. QAI는 Kashi, 기타 브랜드, 소매업체 및 NGO의 의견을 바탕으로 공인 전환 표준을 독자적으로 개발했다. 유기농 인증과 병행하여 패션에서 식품에 이르기까지 다양한 제품에 사용되는 작물에 적용되는 표준을 만드는 것이 목표였다.

2. 안-티샤 보브(Anne-Titia Bové)와 스티븐 스와츠(Steven Swartz)의 공급망 사례 분석

Anne-Titia Bové는 McKinsey의 상파울루 사무소의 전문가이고, Steven Swartz는 Southern California 사무소의 파트너이다. 이 기사에 기여한 셰일라 보니니(Sheila Bonini), 샤넌 부튼(Shannon Bouton) 및 니콜라 르페브르-마르톤(Nicolas Lefèvre-Marton)에게 감사를 표한다. Copyright © 2016 McKinsey & Company.

다음은 이 글을 이해할 수 있도록 정리하여 편집한 것이다.

2.1. 공급망에서 지속가능성을 개선하기 위한 세 가지 접근 방식

구매하는 상품과 지분을 소유한 회사의 지속가능성에 대해 우려하는 소비자와 투자자의 관점에서 소비재 기업은 공급망을 잘 관리할 책임이 있다. 기업은 또한 공급업체에 영향을 미칠 수 있는 강력한 위치에 있다. 다음의 세 가지 접근 방식이 소비재 기업이 공급망을 보다 지속 가능하게 만드는 데 도움이 될 수 있다고 믿는다. 첫째, 전체 공급망에서 중요한 문제를 식별하고, 둘째, 회사의 공급망 지속 가능성 목표를 글로벌 지속 가능성 의제와 연결하며, 셋째, 공급업체가 영향을 관리할 수 있도록 지원하는 것이다.

1) 전체 공급망에서 중요한 문제 파악

소비재 생산의 영향을 이해하기 위해서는 공급망에서든 직접 운영 체계에서든 생산 과정의 모든 단계에서 자연 및 인적 자원이 어떻게 사용되는지 결정해야 한다. 또한 기업은 광범위한 환경, 사회 및 경제적 문제를 고려해야 한다. 소비자 제품이 엄청나게 다양하다는 것은 이러한 문제가 제품마다 크게 다를 수 있음을 의미한다. 예를 들어, LCD 제조는 불소화된 온실가스의 배출을 유발하는 반면, 커피 농장은 커피콩을 재배하고 수확하기 위해 미성년 노동자를 고용하는 경향이 있다. 지속

가능성 네트워크와 같은 여러 조직은 기업이 공급망에서 가장 중요한 지속가능성 문제를 찾는 데 도움이 되는 측정 프레임워크와 도구를 제공한다.

TSC는 110개 이상의 소비재 범주에 대한 지속가능성 핫스팟을 강조하는 일련의 성과 지표와 보고 시스템을 구축하여 소비재가 미치는 영향의 80~90%를 다루고 있다. TSC는 과학 연구를 검토하고, 100개 이상의 이해관계자 단체와 협의하여 핫스팟을 파악하고 이를 위한 성과 지표를 개발했다.

WWF는 다양한 상품의 생산과 관련된 공급망 위험과 이러한 위험의 확률 및 심각성을 측정하기 위한 50개 이상의 성과 지표를 제공한다. SASB는 소비재 등 10개 부문에 걸쳐 공개 기업이 가치사슬을 따라 기업의 지속가능성 성과에 대한 중요한 정보를 투자자에게 제공할 수 있도록 지원하는 표준을 개발했다. CDP와 GRI는 서로 다른 유형의 지속가능성 영향을 비교하기 위한 표준과 메트릭스를 만들었다.

2) 공급망 지속가능성 목표를 글로벌 지속가능성 의제와 연결

일단 기업이 공급망 문제가 어디에 있는지 알게 되면 그로 인한 영향을 줄이기 위한 목표를 설정할 수 있다. 이상적으로는 인간의 웰빙을 유지하거나 개선할 지점에서 다양한 유형의 지속가능성 영향을 개선하기 위한 과학자들의 권고에 따라 목표를 설정할 것이다. 예를 들어, 유엔이 설립한 과학 기구인 IPCC는 온실 가스 배출 감소를 위한 글로벌 목표를 정의했다. CDP와 WWF는 미국의 필수 소비재 및 임의 소비재 부문이 온실 가스 배출량을 각각 16~17% 및 35~44% 줄여야 한다고 제시한다. 이러한 목표를 달성하면 필수소비재 부문은 150억 달러, 임의 소비재 부문은 380억 달러를 절약할 수 있다. 동일한 보고서는 공격적인 감축 목표를 설정하면 기업이 이러한 목표를 달성하고, 탄소 배출 감소에 대한 투자에 대한 더 큰 수익을 실현할 가능성이 더 높아진다고 제안한다.

제너럴 밀스(General Mills)는 이 접근 방식을 사용하여 2050년까지 배출량을 2010년 수준에서 41~72%까지 줄이겠다는 국제적으로 합의된 목표에 해당하는 것과 같은 온실 가스 배출량 감소 목표를 설정했다. 전체 온실가스 배출량의 3분의 2 이상이 공급망에서 발생하고 있는 가운데, General Mills는 2015년 말 "농장에서 식탁까지, 매립지까지(from farm to fork to landfill)" 배출량을 10년 내에 28% 줄이도록 노력하겠다고 발표했다. 이러한 목표를 달성하기 위해, 회사는 농업 공급업체들이 지속 가능한 관행을 따르도록 장려하고 있으며, 늦어도 2020년까지 지속 가능한 공급원에서 10가지 우선순위 성분을 100% 확보할 것을 약속했다. 일부 공급업체는 위임을 받기 전에 자체적으로 지속 가능성 목표를 설정했다. 예를 들어, 카길(Cargill)은 2020년까지 투명하고 추적 가능하며 지속 가능한 팜유 공급망을 만들겠다고 약속했다.

3) **공급업체가 영향을 관리할 수 있도록 지원 – 그 후 공급업체가 이를 준수하는지 확인**

소비재 기업과 소매업체가 보유한 구매력은 공급업체의 비즈니스 관행에 상당한 영향을 미친다. 소비자 및 기타 부문에서 상대적으로 소수의 회사가 이러한 영향력을 사용하여 공급업체가 지속 가능성에 미치는 영향을 줄이도록 하고 있다. 2010년과 2015년 사이에 CDP의 공급망 프로그램의 회원 수는 30% 증가했지만, 여전히 19개 소비자 회사를 포함하여 100개 미만의 회사에 머물러 있다. 이 프로그램을 통해 보고하는 공급업체의 수는 1,000개에서 4,000개 이상으로 4배 증가했다. 공급망 협력으로 탄소 배출량이 350만 톤 이상 감소했으며, 공급업체는 배출량 감소 이니셔티브당 평균 130만 달러를 절약했다.

최근 몇 년 동안 소비재 회사와 다른 기업들은 공급업체의 관행을 바꾸기 위해 보다 정교하고 효과적인 방법을 채택했다. 그들은 행동 강령 배포, 감사 수행 및 설문지 작성에서 공급업체가 회사 자체의 목표를 직접 지원하는 지속 가능성 프로그램을 설계하고 구현하도록 지원하는 데까지 이르렀다. 캠벨 수프사(Campbell Soup Company)는 환경방어기금(Environmental Defense Fund)과 협력하여 농부들에게 비료 사용을 최적화하고 토양 보존을 개선하는 데 도움이 되는 기술, 지침 및 제품을 제공한다.

디지털 기술은 또한 많은 수의 공급업체를 지원할 수 있는 기업의 능력을 증가시켰다. 2014년 Walmart는 수천 개의 중국 공급업체가 온라인 도구를 사용하여 공장의 에너지 효율성을 높이는 프로그램을 시작했다. 이 프로그램을 통해 일반 공급업체는 에너지 소비를 평균 10% 줄일 수 있었다. Unilever는 Aberdeen(애버딘) 대학교와 함께 개발한 소프트웨어 도구를 사용하여 공급망에서 농부들이 지속 가능한 관행을 사용하고 있는지 여부에 대한 데이터를 수집하였다. Unilever는 2020년까지 지속 가능한 공급원에서 농업 콘텐츠의 100%를 조달하는 것을 목표로 이 도구를 무료로 제공한다. 이러한 노력을 강화하기 위해 기업은 공급업체의 지속 가능성 성과를 모니터링하고 그에 대한 책임을 물어야 한다. 궁극적으로 소비재 기업은 제품의 비용, 품질, 일정과 같은 다른 고려 사항과 마찬가지로 공급업체의 성과에 대해 높은 기준을 설정하고, 부족한 공급자와 거래를 중단해야 야심찬 지속가능성 목표를 달성할 수 있다. 또한, 소비재 기업은 지속가능성 성과를 개선하기 위해 공급자에게 인센티브를 제공할 수도 있다.

Walmart는 2017년 말까지 판매 상품의 70%가 TSC의 공급망 성과지표와 보고 시스템을 채용한 공급업의 지속가능성 점수표인 지속가능성 지수를 사용하는 공급업체에서 나올 것이라고 약속했다. Walmart의 전자상거래 사이트에는 지속가능성 지수 점수가 가장 높은 기업들이 자사 제품을 '지속가능성 리더가 만든 제품'으로 태그해 참여 동기를 부여하고 있다. 마찬가지로, Levi Strauss는 국제금융공사와 함께 5억 달러 규모의 글로벌 무역 공급자 금융 프로그램인 GTSF(Global Trade Supplier Finance program)을 수립하여 공급업체에 대한 Levi 자신의 지속 가능성 점수 카드에 높은 점수를 매기는 사람들에게 저리의 단기 자금을 제공했다.

많은 소비재 부문에서 공급망이 겹치기 때문에 기업은 집단 행동의 이점을 인식하고 지속 가능성 노력에 공급업체 네트워크를 참여시키기 위해 협력하기 시작했다. 예를 들어, 400개 이상의 소매업체, 제조업체 및 기타 회사들로 구성된 글로벌 네트워크인 소비재 포럼(Consumer Goods Forum: CGF)은 2010년에 2020년까지 순 삼림 벌채 제로 달성을 위한 공동 약속을 했다. CGF 회원들은 쇠고기, 팜유, 종이, 그리고 콩의 네 가지 주요 상품의 책임있는 소싱을 통해 그 목표를 추구하고 있다.

수년 동안 대부분의 소비재 기업은 공급업체가 비즈니스 활동의 사회적 및 환경적 영향을 관리하는지 여부에 대해 상대적으로 거의 관심을 기울이지 않았다. 소비재 기업이 그들의 공급망이 글로벌 지속 가능성 문제에 기여하는 정도와 부실한 지속 가능성 관리가 성장 및 수익성에 미칠 수 있는 영향을 인식함에 따라 이는 변화하기 시작했다. 몇몇 주요 소비재 기업은 시민 사회 기관과 함께 지속 가능성 영향을 확대하기 위해 공급업체와 협력하기 위한 다양한 관행과 도구를 만들고 노력의 이점을 실현하기 시작했다. 그들의 경험은 더 많은 기업들이 유사한 활동을 시작할 가능성을 보여준다. 공급망에 미치는 영향을 관리하는 기업은 향후 10년 및 그 이후에 발생할 것으로 예상되는 소비자 지출의 붐에서 이익을 얻을 수 있는 가장 좋은 위치에 있을 수 있다.

2.2. 공급망의 지속 가능성

소비재 기업은 공급업체와 긴밀히 협력함으로써 환경 및 사회적 영향을 줄이고. 강력한 성장을 위한 입지를 구축할 수 있다. 향후 10~15년은 소비재 기업에 중대한 기회가 될 것이다. 2025년까지 약 18억 명의 사람들이 세계 소비 계층에 합류할 것으로 예상되며, 이는 2010년보다 75% 증가한 수치이다. 가계 소득이 증가하고, 사람들이 소비재 구매에 더 많은 예산을 사용함에 따라 소비자 지출은 소비자 수보다 훨씬 더 증가한다.

기업의 성장이 늦어지는 조건 중 한 가지는 환경 및 사회적 영향으로 측정한 지속 가능성 성과가 좋지 않다는 것이다. 상품을 만들고 판매하기 위해 소비재 기업은 소비자, 투자자 및 규제 기관의 허가뿐만 아니라 저렴하고 신뢰할 수 있는 에너지 및 천연 자원의 공급이 필요하다. 그러나 실제로 일부 대형 소비재 기업의 리더를 포함한 정부의 과학적 합의는 지속가능성 성과에 대한 극적인 개선을 요구한다.

예를 들어, 2015년 12월 유엔 기후변화 정상회의에서 195개국이 합의한 파리 협정은 지구 온난화를 섭씨 2도 이상 막을 수 있을 만큼 전 세계 온실가스 배출량을 줄이는 것을 목표로 하고 있다. 연간 5.3%의 예상 비율로 판매량을 올리면서 파리 목표에 맞춰 배출량을 줄이려면 CPG 기업은 2015년에서 2050년 사이에 탄소 집약도(생산 단위당 배출되는 온실 가스의 양)를 90% 이상 낮춰야 한다.

이 수치는 소비재 기업이 환경이나 인간 복지에 부담을 주지 않으면서도, 증가하는 수요를 활용하기 위해 제품 및 서비스의 자연적, 사회적 비용을 크게 줄여야 함을 시사한다. 이를 위해 일부 기업은 에너지와 재료를 덜 사용하여 제품을 만들고, 쉽게 재사용하거나 재활용할 수 있는 혁신의 이점을 누릴 수 있다.

2.3. 소비재 기업은 공급망에 집중함으로써 이러한 비용을 크게 줄일 수 있다

공급망에 존재하는 지속가능성 위험에도 불구하고, 이러한 위험을 관리하기 위해 공급업체와 협력하는 기업은 상대적으로 거의 없다. 환경 영향 데이터 공개를 장려하는 비영리 단체인 CDP에 온실가스 배출량을 보고하는 기업 중 25%만이 배출량을 줄이기 위한 노력에 공급업체를 참여시킨다고 말한다. 기업이 협력업체에 영향력을 행사하려 해도 어려움에 직면할 가능성이 높다. 가장 큰 문제는 소비재 기업이 공급망의 모든 기업과 직접 거래하지 않는다는 점이다. 1차 공급업체는 정기적으로 대량 주문의 일부를 다른 회사에 하청을 주거나, 구매 대리인에게 의존하여 다른 회사에 주문한다. 특히 패스트 패션(fast-fashion) 비즈니스는 단기간에 대량의 의류를 생산해야 한다. 하청업체는 근로자의 건강과 안전에 대한 감독이 거의 없이 느슨하게 관리될 수 있다. 이와 같은 조건으로 인해 소비재 기업은 영향이 가장 클 것으로 예상되는 공급망 부문에서 지속 가능성 영향이 무엇인지 알지 못한다.

소비자 제품의 지속가능성 개선을 위해 헌신하는 비영리 단체인 지속가능성 컨소시엄, TSC(The Sustainability Consortium)의 최근 조사에서 1,700명의 응답자 중 5분의 1도 안 되는 응답자가 공급망의 지속가능성 성과에 대해 종합적인 견해를 갖고 있다고 답했다. 절반 이상이 공급망에서 지속가능성 문제를 결정할 수 없다고 보고했다. 소비재 기업이 공급망에서 지속 가능성 문제를 식별하기 전까지는 공급업체와 협력하여 이러한 문제를 해결할 수 없다.

3. 스타벅스의 공급망 관리: 앤 버크하트(Ann Burkhart)의 인터뷰

이 글은 Corporate Sustainability with Tensie Whelan(New York University)에서 공급망의 사례로 앤 버크하트(Ann Burkhart)

의 인터뷰를 정리·요약한 것이다

Ann Burkhart는 스타벅스의 윤리적 구매 팀의 관리자로, 동물 복지 정책을 포함한 식품 재료에 대한 스타벅스 프로그램을 관리한다. 이전에 Ann은 회사의 비즈니스 윤리 및 규정 준수 프로그램을 구축하는 데 도움을 주고, 균등한 기회 이니셔티브(Equal Opportunity Initiatives) 팀에서 일했다. 또한 Ann은 Weyerhaeuser의 윤리 및 규정 준수 프로그램 이사 대리로 일했으며 두 개의 인터넷 개발 회사에서 경영 컨설팅 직책을 역임했다. 그녀는 Earth Core와 Global Visionaries의 이사회에서 근무했으며, NYU Stern에서 MBA를 취득했다.

3.1. 지속가능성 전략

스타벅스의 지속가능성 전략과 본인의 비즈니스 전략은 어떤 관련이 있는지에 대한 설명은 다음과 같다. 스타벅스는 커피 회사로서 당연히 커피가 핵심이었고, 그래서 실제로 많은 이해 관계자와 참여하여 사회적 및 환경적 지속 가능성과 추적 가능성을 보장하는 방법인 카페 관행을 개발하는 방법을 시도하고 파악하기 시작했다. 그래서 어떤 농부들이 돈을 받고 있는지, 그리고 커피가 어디서 오는지 알고 있었고 그것이 앞으로 훌륭한 커피를 얻을 수 있는 스타벅스의 능력에 영향을 미치기 때문에 비즈니스의 핵심이라고 생각했다. 물론 기후 변화가 커피의 원산지에도 영향을 미치고, 커피 녹병(coffee rust)과 같은 새로운 해충 및 기타 질병을 가져옴에 따라 잠재적인 위험에 처해 있다.

따라서 농부들이 회복할 수 있도록 하고, 좋은 농경법을 실천할 수 있도록 돕는 것이 회사에 더욱 도움이 될 것이다. 그래서 지속가능성 전략이 이해 관계자들을 위해 어떤 가치를 창출하고 있는지, 직원, 주주 및 기타 사람들에 대해서 인재를 유치하고 유지하는 측면에서 매우 분명한 가치가 있다.

3.2. 리드 스토어(lead stores)가 무엇인가?

리드 스토어는 재사용된 재료를 통합하여 건물을 효율적이고 환경적으로 만드는 모든 것을 통합하는 좋은 에너지 관행이 있는 상점을 의미한다. 이들은 미국 그린빌딩위원회(US Green Building Council)와 협력하여 리드 프로그램을 운영하고 있다. 리드 프로그램은 미국을 위해 만들어진 것이며, 전 세계 매장들이 친환경적이기를 바란다.

항상 브랜드 담당자 또는 공급망과 이야기할 때 브랜드 인사(hallo)에 대해 이야기하고, 그것을 수량화하지 않는다. 그래서 지난 며칠 동안 이 작업에 ROI를 부여하는 방법에 대해 이야기했던 것이다. 농장 수준에서 스타벅스가 지역사회에서 하는 모든 일에 영향을 미친다는 것을 알고 있고, 왜 사람들이 스타벅스에 투자하거나, 우리의 파트너가 되며, 우리가 그들의 지역사회에 들어오도록 허락하기를 원하는지 말이다. 그것을 수량화하기 시작하는 것은 좋을 것이다. 지속 가능하며 윤리적인 공급망 관리에 대해 좀 더 구체적으로 알아보아야 한다.

3.3. 스타벅스 공급망과 주요 환경 사회 및 거버넌스 이슈의 관계

스타벅스와 함께 일하는 공급업체들은 안전하고 공정한 작업 환경을 제공한다. 스타벅스가 무관용을 추진하고 있는 모든 제품은 커피에서 코코아, 차까지, 아동 노동과 강제 노동으로부터 제조된 제품들이다.

환경적인 측면에서, 커피와 다른 농산물과 함께, 우리는 농부들이 인접한 강이나 기타 수역, 폐기물, 토양 건강 및 농장에서 사용하는 투입물을 어떻게 보호하는지 방법을 보고 있다. 그들은 금지된 화학 물질 목록을 사용하지 않는다. 그리고 물론 동물 복지도 중요하다. 그래서 케이지 프리(cage-free) 약속을 하고 있고, 항생제 사용과 항생제 없는 육류 섭취와 같은 것들에 대해 생각해야 한다.

3.4. 책임감 있는 공급망을 위한 일련의 문제들

미국에만 46,000개의 농장이 있고, 대부분의 제품이 액체이며 제대로 배송하는 데 비용이 많이 들기 때문에 현지에서 유제품을 조달하고 있다. 그래서 많은 농장으로부터 적은 양의 유제품을 프로세서 관계(processor relationship)를 통해 구매하고, 협동조합이 직접 농민들과 작업한다. 농장에서 우유를 픽업할 때 가공업자들은 다양한 농장의 우유를 섞은 다음 가공업자의 작업장에 도착하고, 우유를 탱크에 넣고 함께 섞는다.

식품 안전과 관련된 문제에서 농장까지 추적할 수 있다는 사실을 확인하는 것은 정말 어렵다. 많은 서류가 필요하고 매우 비효율적이다. 그래서 미국에 있는 유제품 혁신 센터와 협력하여 동물 복지와 환경을 위한 프로그램을 추진하고 지원하고 있다. 그들은 여전히 노동자 복지에 관한 모듈을 개발하고 있고, 다른 고객과 산업 파트너 및 가공 파트너들과 협력한다.

4. 킴벌리 클라크(Kimberly-Clark)의 공급망 관리: 짐 배스(Jim Bath)와의 인터뷰

이 글은 Corporate Sustainability with Tensie Whelan(New York University)에서 공급망의 사례로 짐 배스(Jim Bath)와의 인터뷰를 정리·요약한 것이다

Jim Bath는 킴벌리 클라크의 글로벌 환경 서비스 담당 이사이다. 그의 팀은 쓰레기 매립지 제거, 수질 보안, 글로벌 환경 규정 준수 관리에 중점을 둔 전사적 지속 가능성 프로젝트를 주도하는 글로벌 책임을 맡고 있다. 그는 운영, 연구, 엔지니어링, 마케팅 및 지속 가능성을 포함한 여러 분야에서 30년 간의 경험을 가지고 있으며, 지속 가능한 의사 결정의 운영 위원회에 속해 있다.

4.1. 지속가능성 전략과 본인의 사업 전략

Kimberly-Clark의 비전은 더 나은 삶을 위한 필수품을 제공하는 것이며, 클리넥스, 코텍스, 코튼넬 목욕 티슈 등의 제품에서 이를 실천하려고 노력하고 있다. 지속가능성 전략을 통해 이를 실현하도록 도우며, 이는 다섯 개의 중점 사항(pillar)을 가지고 있다. 첫 번째 중점 사항은, 사회적 영향에 관한 것이다. 그들은 2,500만 명의 웰빙을 개선하기 위해 실제로 노력하고 있다. 위생에 대한 접근성 향상, 어린이의 성장 지원, 여성과 소녀의 역량 강화를 돕는 것이 우리의 사회 프로그램 및 이니셔티브이다. 우리의 두 번째 중점 사항은 실제로 임업과 섬유공간에 있다. 그리고 천연 숲에서 나오는 섬유에 대한 의존도를 줄이려고 하는데, 이는 환경적으로 선호되는 섬유의 사용을 개선하거나 지속적으로 증가시킴으로써 실현시킨다. 즉, FSC 인증 섬유, 재활용 섬유 또는 지속 가능한 대체 섬유의 사용을 늘리는 것이다. 세 번째 중점 사항은 실제로 폐기물에 초점을 맞추고 제로 폐기물 사고방식을 확장한다. 수년간 제조 현장에서 매립지로 보내는 폐기물의 양을 줄이기 위해 노력해 왔으며, 또한, 소비 후 폐기물을 처리하는 것을 돕고 있다. 네 번째 중점 사항은 우리의 기후에 관한 것으로, 실제로 GHG 배출량을 20% 줄이기 위한 약속을 하고 있다. 사업을 성장시키더라도 이는 절대적인 감축이며, 에너지 절약과 대체 에너지, 재생 에너지 프로젝트를 통해 수행할 것이다. 마지막 중점 사항은 우리의 가치를 증폭시키고 우리의 공급망을 통해 그 가치를 확산시키는 데 도움을 주기 위한 것이다. 많은 공급업체를 보유하고 있으며, 그들이 유사한 프로그램에 참여함에 따라 실제로 영향을 확대할 것이다. 이것이 다섯 가지 전략적 중점 사항이다.

4.2. ESG문제 해결 시 어려움

비즈니스에 대한 위험, 브랜드 평판에 대한 위험을 상당히 축적하고 있는 것이 임업 및 섬유 분야이기 때문에, 임업 및 섬유 분야의 정책을 바꾸었고, 그래서 지속 가능한 섬유 사용에 대한 주도적인 위치를 선점할 수 있었다. Kimberly-Clark의 세계 최대의 섬유 구매자 중 하나이며, 특히 캐나다의 임업 환경에서 의미 있는 변화를 만들 수 있었다. 오늘날 가장 중요한 문제는 특히 개발도상국과 신흥 시장에서의 소비 후 폐기물과 관련이 있다. Kimberly-Clark는 소비재를 만들고, 많은 편리함을 제공하며, 신흥 경제국 사람들에게 다른 라이프 스타일을 가능하게 하는데 도움을 주지만, 이는 처리할 기반 시설이 반드시 필요한 폐기물을 남긴다.

소비자들에게 제품을 제공하기 위해 물 부족이나 물 보안 문제를 해결해야 하며, 그것을 해결하는 것을 도와주어야 한다. 그래야 소비자들이 제품을 사는 것을 돕고, 운영하는 지역사회에 대한 책임을 지게 된다. 그러나 이 급진적인 협력의 개념을 생각할 때, 그렇게 할 필요성을 느끼지만, 어려운 점은 그러한 협력을 하나로 묶는 촉매를 찾는 것이다. 그것은 사람들이 더 넓은 문제를 해결하기 위해 협력하도록 하는 첫 번째 자극제이다. 시민사회가 어떻게 기업과 협력하고 있는지, 경쟁사들은 문제를 해결하기 위해 서로 어떻게 협력하는지 방식을 알아야 한다. 그 문제는 하나의 기업이 해결하기엔 너무 크다. 이 모든 과정에서 정부는 중요한 파트너이다.

4.3. 순환 경제와 순환성

이는 소비재 회사로서 큰 도전이다. Right Cycle 스토리는 정말 흥미롭고 신나는 이야기이다. 판매되는 제품 중 일부 제품은 과학 산업에서 사용되는 가운과 장갑과 안면 마스크로, 컴퓨터 칩 제조업체 또는 제약 제조 회사에서 사용한다. 쓰레기 매립지 전환 목표를 가지고 있으며, 그들이 어떻게 없애야 할지 모르는 폐기물 흐름(waste stream)을 만드는 제품을 제공하고 있었다.

따라서 해당 자재를 수집하여 킴벌리클라크에 반환하고 재활용하여 다른 제품으로 만드는 파일럿 프로그램을 개발했다. 거의 순환적인 해결책이다. 그 자재들이 모두 되돌아오기를 원했지만, 이는 기술적으로 불가능했다. 이것이 순환 경제 솔루션을 제공하기 위한 첫 번째 시도였으며, 실제로 제품을 공급하는 방법, 사용 방법 및 반품 방법에 대해 매우 광범위하게 살펴봤다는 것이다.

그래서 더 넓은 시스템 사고가 필요한 것이다. RightCycle 프로젝트에 대한 ROI를 살펴보는 것은 매우 중요하다. 이 파일럿을 시행할 때, 이를 다른 영역으로 확장하는 데 투자할 것이고 잠재적으로 세계의 다른 부분으로 확장하는 데 참여할 것이다. 이것에 대한 우리의 수익이 얼마가 될지 알아내는 것이 중요하다. 그래서 수익화 노력을 통해 개발한 도구 중 일부를 사용함으로써, 이 프로그램에 기꺼이 해외에 투자할 수 있는 지점까지 이익 분야를 파악하며 이를 정량화하고, 가치를 창출하고, 계산할 수 있었다.

4.4. 시스템 사고와 RightCycle

시스템 사고는 '엔드 투 엔드 공급망 사고' 또는 '요람에서 요람으로 사고'라고 불렀다. 시스템 사고는 정말로 "공급망을 따라가보라, 원자재가 무엇이고, 설계에 어떻게 사용하고 있는지, 어떻게 변환하고 있는지, 수명이 어떻게 끝나는지, 그리고 그 후에 어디로 갈 것인지"라는 질문에서 출발해야 한다. 그리고 "그 후 그들은 어디로 갈 것인가?"라는 질문이 아마도 독특한 부분일 것이다.

킴벌리클라크의 가장 큰 도전은 제품의 초기 혁신 단계에서 시스템 사고를 통합하는 것이다. 그 때 큰 차이를 만드는 작은 변화를 만들 수 있으며, 비용이 거의 혹은 전혀 들지 않는다. 매우 전술적인 예시이지만, RightCycle 프로그램에 지퍼가 달린 가운이 있다. 지퍼는 가운과는 다른 재질로 만들어져 있기 때문에, 누군가가 그 옷을 따로 분리해야 한다. 때문에 순환 경제 솔루션에 상당한 비용이 든다. 만약 그 의복의 디자인 과정 초반에 그것을 인식하고 재료/폴리머를 동일하게 만들었다면, 나중에 많은 비용을 절약할 수 있었을 것이다.

이 순환적 사고를 가장 최근에 사용한 곳은 브라질이다. 브라질의 많은 폐기물은 폐기물 수거업체에서 관리하고 있으며, 우리가 하려는 것은 그들의 작업 및 생활 수준을 보다 지속 가능한 수준으로 높이는 것이다. 이를 생각해보는 동안 제품이 어떻게 디자인되고 이 폐기물 수거업체들이 그것과 어떻게 상호작용하며, 자재를 어떻게 변화시키고 더 많은 가치를 얻을 수 있게 하는지에 대해 꽤 많은 논의가 있었다. 그것은 우리의 노력의 일부였으며, 수익화 도구를 활용하였다. 왜냐하면, 폐기물의 수거부터 재활용까지, 폐기물 수거업체들에게 그것은 단지 공급망일 뿐이기 때문이다.

만약 그들의 작업 수준을 높인다면, 공급망에 있는 모든 참가자들에게는 많은 혜택이 돌아간다. 만약 그들이 원자재를 분리하는 일을 더 잘 한다면 그들은 더 많은 돈을 벌게 될 것이고, 재활용업자들은 더 높은 품질의 재료와 더 많은 재료를 판매할 수 있게 될 것이다. 그들도 이익을 보는 것이다. 공급망의 끝까지, 누군가가 그 재료를 다시 사용했을 때 말이다. 그래서 체계적인 사고나 시스템 사고는 사회적 문제를 해결하는데 도움을 준다.

III. 공급망 관리의 실습

1. 공급망의 이해

1.1 목표: 당신의 회사의 공급망과 관련된 지속가능성 문제를 이해한다.

영향을 받는 이해 관계자, 지속 가능성 문제 및 잠재적인 비즈니스 리스크 시나리오를 고려하여 공급망을 공급망의 핵심 구성요소에 매핑한다. 회사의 가장 높은 위기와 기회를 평가하고, 전략적 투자를 어디에 배치할지에 대한 권장 사항을 제시한다.

1.2 실습: 제공된 예시를 검토한 후, 이제 선택한 회사에 대해 이 실습을 완료하게 한다.

각 회사는 업종에 관계없이 공급망을 가지고 있다. 일부는 다른 것보다 더 복잡하겠지만, 모든 회사는 일상 업무를 수행하기 위해 제품을 조달한다. 공급망에는 몇 가지 단계(아래 개요)가 있으며, 체인의 각 단계는 다른 이해 관계자 그룹에 의존하고 영향을 미치며 다양한 지속 가능성 문제에 영향을 미친다. 아래 표시된 차트의 양식을 작성해 보자.

이 실습에서는 회사에서 제조하거나 조달하는 제품을 선택한다. 예를 들어 운동 회사인 경우 의류 라인, 운동화를 선택할 수 있다. 서비스 산업에 종사하는 경우 컴퓨터 장비, 종이, 케이터링/식품 조달 또는 사무용 가구를 고려할 수 있다.

1.3 구성요소와 단계별 세분

다음으로 공급망을 다양한 구성 요소와 단계로 세분해야 한다. 각 단계마다 제품 공급망의 영향을 매핑하기 시작할 때 고려해야 할 몇 가지 질문이 있다. 여기에는 다음과 같은 내용이 포함된다. 건설사 A를 대상으로 작성한 것으로 이를 참고하여 본인의 기업을 대상으로 작성하시오.

1) **원자재**
   a. 이 제품의 주요 투입 원자재는 무엇인가? 모든 구성 요소를 고려해야 한다.
      - 강철, 시멘트, 목재, 돌, 전기, 플라스틱, 종이
   b. 그 재료들은 어디에서 온 것인가?
      - 한국, 중국, 베트남, 태국, 인도네시아 등과 같은 아시아 국가.
   c. 누가 그 원료를 생산/수확하고 공정하게 취급하는가?
      - 한국과 중국의 철강회사, 한국의 시멘트회사, 아시아 국가의 목재, 석재, 플라스틱 및 제지회사, 한국의 전기회사. 그들은 공정한 대우를 받는다.
   d. 이러한 원료 추출과 관련된 환경적 영향은 무엇인가?
      - 온실가스 배출, 대기 오염, 삼림 벌채, 수질 오염, 폐기물 발생, 화학 사용, 토양 침식

2) **제조/가공**
   a. 제품은 어디에서 제조되는가?
      - 한국, 중국, 아시아 국가
   b. 누가 제품을 제조하고 공정하게 대우하는가?
      - 모든 규모의 기업, 대기업 및 중소기업에서 공정하게 대우가 이루어지지 않고 있으며, 노동권, 노동안전, 강제노동에 대한 우려가 있다.
   c. 제조와 관련된 환경적 영향(수질오염, 대기오염, 화학물질 사용 등)은 무엇인가?
      온실가스 배출, 대기 오염, 삼림 벌채, 수질 오염, 폐기물 발생, 화학 사용, 토양 침식, 소음 및 진동

3) **포장**
   a. 제품은 어떻게 포장되며, 포장재는 어디서 제조되는가?

- 해당 없음

b. 포장이 환경에 미치는 영향은 무엇인가?

- 해당 없음

c. 포장이 제품의 배송 또는 운송 방식에 제약을 가하는가? (즉, 부피가 크고, 쌓기가 쉽지 않으며, 쉽게 부서질 수 있음)

- 해당 없음

4) 운송·보관

a. 제품은 어떻게 운송되는가? (항공, 기차, 보트, 화물?)

- 해당 없음

b. 운송 발자국(transportation footprint)이 환경에 미치는 영향은 무엇인가?

- 해당 없음

c. 누가 제품을 운송하는가? 그들은 공정한 대우를 받고 있는가?

- 해당 없음

d. 운송 중 제품은 어디에 보관되는가? 시설과 관련된 환경적 영향이 있는가?

- 해당 없음

5) 유통(소매·도매)

a. 제품은 어떻게 팔리는가? 매장 안에서 팔리는 것이라면, 매장이 친환경적인가? 에너지 효율 또는 물 절감에 중점을 두었는가? 만약 B2B라면, 회사의 평판과 관행은 무엇인가? 강력한 환경 및 사회 프로그램이 있는가?

- 제품에 따라 B2C와 B2B가 있다. B2C인 경우, 고객에게 직접 혹은 소매 방식으로 판매된다. 그들은 에너지 효율에 중점을 둔다.

- B2B인 경우, 고객에게 직접 판매된다. 그들은 에너지 효율과

브랜드 평판에 중점을 둔다.
b. 누가 제품을 판매하는가? 그들은 공정한 대우를 받고 있는가?
- 소매업이나 회사에서 직접 제품을 판매한다. 그들은 공정한 대우를 받는다.

6) 소비자 사용·종료 기간
a. 소비자의 사용으로 인해 환경 문제가 발생하는가? (예: 차 한 잔에서 생기는 탄소 발자국은 주전자가 끓는 데서 생기고, 컴퓨터는 전기에 의존하여 작동한다)
- 소비자들은 대부분의 가전제품에서 에너지 효율성을 고려한다. 소비자들은 거의 모든 제품에 대해 재활용을 고려한다.
b. 제품을 재활용하거나 재사용할 수 있는가?
- 제품에 따라 재활용이 가능하거나 또는 불가능하다.
c. 제품 회수 프로그램이 있는가?
- 해당없음

이제 이러한 주요 질문에 대해 생각해보았고, (그리고 중요하다고 생각하는 다른 질문을 추가해보길 바란다.) 선택한 제품이 미치는 영향을 이해하기 시작했으므로 이 정보를 제공된 빈 차트/매트릭스에 통합 및 차트로 작성할 수 있다.

2. 매핑

차트에서 다음을 매핑한다: 1) 영향을 받는 이해관계자, 2) 고려해야 할 지속가능성 문제와 잠재적인 비즈니스 위험 시나리오

1) 고려해야 할 이해관계자 그룹:
커뮤니티, 공급업체, 직원, 고객 등

2) 고려해야 할 지속 가능성 문제 (완전하지 않음):
오염, 폐기물, 물, GHG 배출, 인권 및 노동권, 운송 배출, 재활용, 삼

림 벌채, 건강 및 경제적 영향

3) 잠재적인 비즈니스 리스크 시나리오:

 이러한 문제의 위기와 실패에 대한 노출을 고려하라. 예를 들어, 공급망이 기후 변화로 인한 극한 날씨에 특히 취약한가? 주요 공장 근처에 홍수가 발생하면 운영이 중단되는가? 만약 당신이 원자재에 의존하는 경우, 주요 상품 작물을 파괴한 허리케인이 공급망에 지장을 주는가? 방글라데시의 라나 플라자(Rana Plaza) 참사와 같은 사회적 지속가능성 위험 시나리오도 고려해보자. 회사가 평판 위험에 노출될 뿐만 아니라, 인명 손실을 초래할 수 있는 안전하지 않은 노동 관행에 의존하고 있는가?

4) 제품에 대한 답변과 함께 차트를 작성한다.

5) 다음으로, 조직에 가장 큰 위협이 되는 비즈니스 리스크 시나리오를 평가하고 이 문제에 대한 공급망 지속 가능성 개선에 투자할 수 있는 방법에 대해 권고한다. 제공된 빈 차트에 이러한 정보를 입력한다.

6) 공급망 지속 가능성을 개선하기 위해 고려해야 할 도구와 전략은 다음과 같다.

 a. 공급업체와의 역량 강화에 투자(예: 노동 관행 개선): 업계 동료 및 NGO와 비경쟁(pre-competitive) 관련 문제에 대해 협력한다. 그 예로는 지속 가능한 팜 오일 원탁회의, 지속 가능한 쇠고기에 관한 글로벌 원탁회의, 그리고 책임 있는 기업 연합(RBA, 구 전자산업시민연대)이 있다.

 b. 타사 인증 제품을 사용하여 공급망의 지속 가능성을 높이는 데 도움이 될 수 있는 다양한 인증 표준(Kashi가 이 주제에 어떻게 접근했는지 기억하라)을 탐색한다. 고려해야 할 인증은 선택한 제품에 따라 다르다. 고려해야 할 일부 인증(완전하지 않음)은 다

음과 같다. 유기농, 열대우림동맹(Rainforest Alliance), 공정무역, 휴먼 인증(Humane Certified), 산림관리협의회(Non-GMO, FSC), 해양관리위원회(Marine Stewardship Council), 에너지스타(EnergyStar), 전자제품 환경평가 툴(EPEAT), 그린가드 인증(Greenguard), 비콥 인증(B-Corp), 특정 공급망 문제에 대응하기 위한 Cradle to Cradle Investment in R&D (예: 제품에 사용할 혁신적인 새 포장 또는 제품에 사용할 새로운 유형의 원자재)

3. 전체 생산공정 구성

순환 경제 원리를 탐색하고 설계 팀과 협력하여 제품과 관련된 전체 생산 공정을 다시 구상한다. 가장 위협적이라고 생각하는 2-3개의 문제를 선택하고, 당신의 회사가 이러한 문제를 해결할 수 있는 방법에 대해 2-3개의 권장 사항을 제시하라.

3.1. 문제 및 권고 사항
1) 가장 큰 위협이 되는 문제
  a. 홍수 또는 기후 변화의 가뭄과 같은 극단적인 기상 조건으로 인한 공급망 중단
    - 홍수나 가뭄과 같은 극한 기상 조건에 의해 발생하여 원료의 생산 및 운송에 영향을 미칠 수 있다. 이로 인해 광범위한 프로젝트 지연, 작업 취소 및 지불 지연이 발생하여 시장이 둔화될 가능성이 있다. 합판, 타일, 종이, 석재 등 수입의존도가 높은 소재는 무역감소로 공급부족에 시달린다.
  b. 근로자의 안전:
    - 한국인 근로자 사망자 5명 중 1명은 건설업 종사자이다. 건설 관련 사망자의 주요 원인은 낙상, 물체에 의한 충돌, 감전 및 물

체 사이에 끼이는 사고 등이다. 근로자의 안전은 우리뿐만 아니라 이해관계자들에게도 공유되는 가치이다. 중대재해처벌법 제정으로 작업장 안전관리 강화에 대한 사회적 요구가 높아지고 있다. 안타깝게도, 한국의 100만 명 이상의 근로자들이 건설현장에서 일어날 수 있는 안전사고와 심각한 사고에 노출되어 있다. 안전사고 예방을 위해서는 경영관행의 투명성 유지를 통해 불안정한 환경과 행동을 동시에 통제해야 한다.

c. 폐기물 발생:
- 매립 및 소각 증가, 또한 시간 지연, 보안 부족, 재작업, 과도한 비용, 불필요한 이동 또는 운송, 긴 선적 거리 및 역량 강화 조치가 될 수 있다.

2) 권장 사항

a. 기후 변화의 홍수 또는 가뭄과 같은 극한 기후 조건에 의한 공급망 중단:
- 프로젝트 위치에 대한 과거 기상 데이터를 분석하고 완료하는 데 필요한 시간을 계산하는 것이 중요하다. 이를 위해서는 1) 공급망 확장을 위한 디지털화 및 지역 장단점 분석, 2) 정부 재정 지원, 3) 상기 1번을 해결한 후 공급망에 대한 네트워크 재구성, 4) 디지털 기술을 통해 시스템의 자동화 및 생산성 향상을 위한 연구개발 투자가 필요하다.

b. 작업자의 안전:
- 작업 현장 근로자들의 눈에 보이지 않고 인식할 수 없는 태도, 습관, 행동에 대한 정량화된 데이터의 디지털화 변환이 필요하다. 이 데이터베이스는 근로자의 자발적이고 실질적인 변화를 이끌어낼 비즈니스 모델을 개발하는 기초 역할을 한다. 데이터 기반 의사 결정 프로세스는 안전 지침을 개선하고 사고율을 크

게 낮출 수 있다. 기존의 안전 관리 시스템, 프로토콜 및 도구의 한계를 뛰어넘어 행동의 변화를 불러일으키는 안전 플랫폼이 개발되었다. 노동 안전을 위한 고도화된 교육 시스템의 준비가 필요하다. 또, 직장 내 사망률을 절반으로 줄이는 법제화와 같은 정부의 노력도 필요하다.

c. 폐기물 발생:
- 폐기물의 자원화 사업을 추진하기 위한 자원순환형 기반의 순환경제는 3R(Reduce, Reuse, Recycle)을 중심으로 한다. 폐기물 배출량 감소는 건설현장에서 발생하는 폐기물의 철저한 선별, 처리, 보관, 재활용을 통해 폐기물 관리를 강화하고 있다. R&D 투자는 저폐기물(low-waste) 기술 활용, 건설의 에코디자인 적용, 훈련 및 교육 프로그램 시행 등을 위해 필요하다.

4. 당신 회사의 공급망을 위한 연습

공급망에 대한 이 연습의 목표는 (1) 회사의 공급망과 관련된 지속가능성 문제에 대한 이해를 심화시키는 것이다. (2) 지속 가능성 문제와 잠재적인 비즈니스 위험 시나리오에 영향을 받는 이해 관계자를 고려하여 공급망을 매핑하는 것이다. 그리고 (3) 위험과 기회를 평가하고 전략적 투자를 할 곳을 추천한다.

4.1. 당신의 회사의 공급망을 고려해 보시오.

각 회사는 업종에 관계없이 공급망을 가지고 있다. 어떤 것들은 다른 것들보다 더 복잡할 것이다. 예를 들어, 자동차 제조업체는 고무, 유리, 실내 장식품, 재료, 메모리 칩 등 다양한 유형의 금속을 조달해야 한다. 비록 당신의 회사가 서비스 회사일지라도, 일상 업무를 수행하기 위해 제품을 조달할 것이다. 공급망에는 몇 가지 연결된 요소가 있으며, 체인의 각 링크는 지속가능성 문제뿐만 아니라 서로 다른 이해관계자 그룹에 의존하고 영향을 미친다. 이 다이어그램에서 볼 수 있듯이, 공급망은 원자재에서 시작하여 제조 또는 가공으로 이동한 다음 포장, 운송, 유통 (소매 또는 도매) 및 수명이 다한 상태로 전환된다.

이 연습에서는 회사에서 제조하거나 조달하는 제품을 선택한다. 예를 들어 운동복 회사라면 운동화나 의류를 선택할 수 있다. 서비스업에 종사하는 사람이라면 컴퓨터 장비, 종이, 케이터링 또는 사무용 가구를 고려할 수 있다.

다음으로 제품 공급망을 다양한 구성 요소와 단계로 분해해야 한다. 각 단계에는 제품 공급망의 영향을 매핑하기 시작할 때 고려해야 할 몇 가지 질문이 있다. 이런 질문에 답변한 후에는 제공된 템플릿을 사용하여 영향을 받는 이해관계자, 고려해야 할 지속 가능성 문제 및 잠재적인 비즈니스 리스크 시나리오를 매핑한다.

우리는 자체 브랜드 식품 제품군을 보유하고 있는 식료품점을 위해 소매 부문에 대한 샘플 템플릿을 제공했다. 한 예로, 포장을 잘못하면 제품을 운송하는 데 더 많은 공간이 필요하게 되어 더 많은 GHG 배출량과 비용이 발생한다.

그런 다음, 당신의 회사에 가장 위협이 되는 비즈니스 리스크 시나리오를 평가하고 이러한 시나리오에 대한 공급망 지속 가능성을 개선하기 위해 회사가 투자할 수 있는 방법에 대한 권장 사항을 제시한다. 리스크 관리가 가장 필요하다고 생각되는 이슈를 2-3개 선택한다. 포장 예시를 적절한 사례로 사용하면 포장 설계자가 포장 자체가 지속 가능하고 재활용 가능한 재료로 만들어졌는지 확인하는 동시에, 설계 기준의 일부로 낭비되는 공간과 배송 및 유통을 줄이는 것을 포함하도록 권장할 수 있다.

II
우수한 ESG평가를 위해 활용해야 할 요소들

- 제5장 위험과 기회분석 강화
- 제6장 소비와 생산강화
- 제7장 직원 육성
- 제8장 변화 담당자

제5장
어떻게 위기와 기회를 분석하고 활용할 것인가?

Ⅰ. 비즈니스의 위기와 기회는 무엇일까?

Ⅱ. 어떠한 기업 사례가 있는가?

Ⅲ. 위기와 기회 사례 연습

05 어떻게 위기와 기회를 분석하고 활용할 것인가?

Ⅰ. 비즈니스의 위기와 기회는 무엇일까?

1. 위기와 기회의 개념

기업은 현재 직면하고 있고 가까운 장래에 계속 직면할 주요 위기와 현재 존재하는 중요한 지속 가능성 관련 문제 중 일부를 처리하는 상업적 기회를 항상 직면하게 된다. 또한, 지속 가능성을 수용하고 이를 전체 비즈니스 전략의 일부로 만들기 위한 상업적 필요성과 공유가치 창출의 개념을 이해하여야 하며, 지속가능성과 혁신 사이의 연관성과 경쟁 우위에 대한 기여도를 이해하여야 한다.

기업은 지속 가능성 문제가 경영에 미치는 위기와 이러한 위기를 해결함으로써 얻게 되는 장기적인 회복력의 기회를 점점 더 많이 인식하고 있다. 이러한 도전은 경제적, 사회적, 지정학적, 기술적, 환경적 등 수없이 많은 분야와 상호 연관되어 있다. 이러한 지속가능성 문제는 현재의 비즈니스 경영 환경에 영향을 미칠 뿐만 아니라, 규모가 커지고 불확실성과 위기 수준이 높아짐에 따라 전통적인 비즈니스 및 운영 모델에 대한 근본적인 재고가 필요하다.

의사 결정이 점점 더 어려워지고 이전 경험에 기반한 의사 결정의 신뢰성이 떨어짐에 따라 이러한 혁신이 중요해졌다(McKinsey Global Institute, 2020[1]). 현재와 미래 모두에 이러한 문제를 해결할 수 있는

---

[1] McKinsey Global Institute. (2020). Climate risk and response: Physical hazards and socio-economic impacts

기업의 기회는 어떤 경우에는 더 잘 이해되고 수용되고 있다. 예를 들어, 이러한 기회 중 일부는 다음과 같다.

1.1. 비즈니스와 사회 간의 상호 연결성
기업이 운영할 수 있는 사회적 라이선스를 유지하기 위해 긍정적인 사회 공헌을 해야 할 필요성 외에도 기업과 그것이 운영되는 사회 사이의 상호 연결성에 대한 이해가 증가하는 것을 설명한다. 이는 공유가치의 개념이 중요해지는 부분이기도 하다.

1.2. 기업 관행의 감시
보고 요구사항의 증가, 소셜 미디어 및 시민 사회 활동과 같은 메커니즘을 통해 기업 관행에 대한 감시가 증가하는 것을 설명한다. 이러한 투명성의 향상으로 인해 기업은 보다 책임감 있게 비즈니스를 운영해야 한다.

1.3. 중단 관리 및 완화
이는 운영 중단 및 산출물 생산에 대한 중단을 안정적이고 일관되며 예측 가능한 속도로 더 잘 관리하고 완화해야 할 필요성을 설명한다. 이는 특히 글로벌 규모로 운영되고 전 세계에 원자재, 공급업체, 제조 현장, 사무실 본부 및 고객이 있는 비즈니스에 해당된다.

1.4. 비용 절감
에너지 효율성 등을 통해 비용을 절감하고 기존 비즈니스를 위한 새로운 수익원을 창출할 수 있는 기회를 설명한다. 예를 들어 Google은 청정 에너지를 생산 및 판매한다.

1.5. 성장 및 성숙

이것은 새로운 부문, 산업 및 기술의 성장과 성숙을 설명한다. 예를 들어, 청정 에너지의 거의 모든 원료가 되는 재생 에너지 산업이 화석 연료의 에너지 비용과 경쟁할 수 있고, 공유 경제와 순환 경제 및 플랫폼 비즈니스 모델은 경제에 서비스를 제공할 수 있는 기회이다. 예를 들어, 자산 공유 또는 재화와 서비스의 교환을 용이하게 하는 플랫폼 (Frankfurt School of Finance & Management, 2019[2])이다.

2. 위기(Risk)

기업은 글로벌 규모로 비즈니스를 수행하는데 따르는 위기를 심각하게 인식하고 있다. 원자재에 대한 다양한 천연 자원에 대한 의존도, 국제 고객 기반, 정보통신 기술에 대한 높은 의존도 모두 성장 계획이 훼손되지 않으려면 신중하게 관리해야 한다. 또한, 기업은 지속 가능성 문제를 해결하는 새로운 상업적 기회를 파악해야 하며, 향후 글로벌 변화를 수용할 수 있도록 비즈니스 모델을 적절히 조정할 수 있는 민첩성이 필요하다.

위기 환경은 국가와 지역 수준 모두에서 끊임없이 변화하고 있다. 세계 경제와 우리가 살고 있는 세계가 상호 연결되어 있다는 점을 감안할 때, 위기 또한 글로벌한 수준일 수 있다. 이러한 위기는 위치에 관계없이 비즈니스에 부정적인 영향을 미칠 가능성이 있지만, 일부 국가는 다른 국가보다 특정 위험에 더 취약하다. 예를 들어, 건조 지역에 위치한 기업들은 기후 변화로 인한 잠재적인 물 부족의 영향을 더 높이 받을 위기에 직면해 있다.

---

[2] Frankfurt School - UNEP Collaborating Centre Frankfurt School of Finance & Management. (2019) Global trends in renewable energy investment2019, Frankfurt School of Finance & Management

2.1. 세계경제포럼(WEF) 글로벌 리스크 보고서(Global Risks Report)

"글로벌 리스크"는 발생할 경우 향후 10년 이내에 여러 국가나 산업에 상당한 부정적인 영향을 미칠 수 있는 불확실한 사건 또는 조건으로 정의된다. WEF는 매년 글로벌 리스크 이니셔티브의 일환으로 연례 글로벌 리스크 보고서를 작성한다. 보고서의 목적은 세계가 직면한 주요 위기를 이해하는 것이다. 각 보고서는 다중 이해관계자 커뮤니티의 전문가 및 의사결정자, WEF의 Global Shapers Community: "대화, 행동, 변화를 주도하는 젊은이들의 네트워크"(WEF, 2020)와 함께 실시한 설문조사를 기반으로 한다.

이 보고서 조사는 응답자들에게 10년 동안 일련의 글로벌 리스크(사회적, 기술적, 경제적, 환경적 또는 지정학적)를 고려하고, 각 위험이 발생할 가능성과 발생할 경우 결과 영향에 따라 각 위험을 평가하도록 요청했다. 기후 변화 및 관련 환경 문제(예: 생물다양성 손실 및 극한 기상 현상)는 2020년 보고서(15판)에서 발생 가능성 측면에서 상위 5개 리스크를 구성한다. 그들은 또한 영향의 측면에서 상위 10개 리스크 중 5개를 구성한다. 사회적 리스크 또한 근본적인 우려가 증가하는 영역으로 강조되고 있다(2020년 보고서의 그림 1.2[3] 참조) (WEF, 2020[4]).

또한, 이 보고서는 리스크 간의 상호 연관성[5]을 조사하며, 리더들이 행동 영역의 우선순위를 지정하고 우발 상황에 대한 계획을 세우는 데 도움이 될 수 있다(WEF, 2020). 중요한 것은 기후 변화가 리스크 승수(risk multiplier)라는 것이다. 이는 SDGs 달성에 부정적인 영향을 미치는 다른 리스크를 증폭시키고 악화시킨다는 것을 의미한다. 예를 들어, 점점 더 불안정해지는 사회의 리스크는 식량과 물 공급에 부정적인

---

3) https://www.weforum.org/reports/
4) World Economic Forum (WEF); Nature Risk Rising: Why the Crisis Engulfing Nature Matters for Business and the Economy; Jan 2020
5) https://www.weforum.org/reports/#risks

영향을 미칠 수 있으며, 그로 인해 천연 자원에 대한 경쟁이 증가하고 생태계가 손실될 수 있다.

2.2. 글로벌 리스크 상호 연결 지도 2020(Global Risk Interconnections Map 2020)

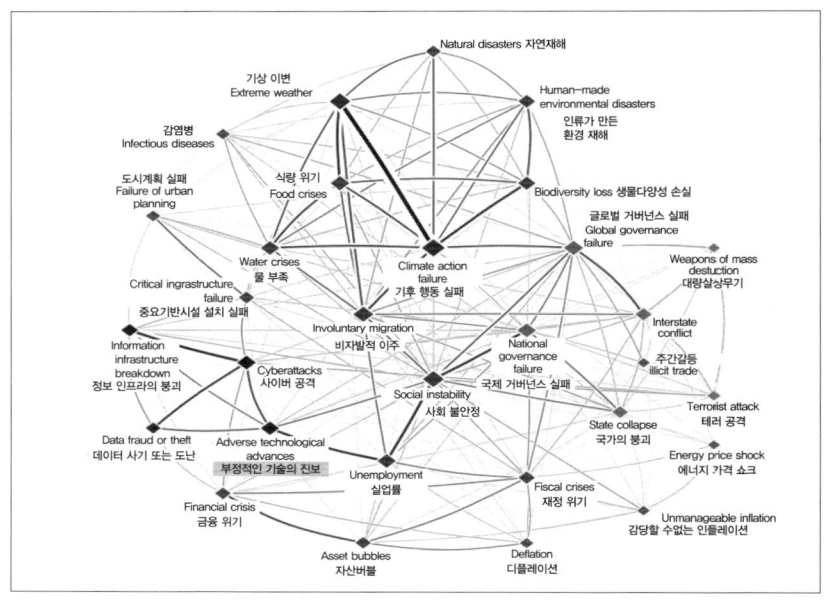

〈그림2.4〉 글로벌 리스크 상호연결 지도

리스크를 해결하고 새로운 상업적 기회를 포착함으로써, 비즈니스를 지속 가능하게 수행하는 것은 기업의 수익에 도움이 되고 장기적인 탄력성을 구축할 수 있는 잠재력이 있다. 여기에는 자금 및 보험에 대한 향후 접근이 포함된다 (McKinsey Global Institute. 2020)[6]. 예를 들어, 순환경제에 투자해 지속가능성을 조기에 해결하는 금융기관은 '퍼

---

[6] McKinsey Global Institute. (2020). Climate risk and response: Physical hazards and socio-economic impacts

스트 무버' 우위[7]를 얻고 위험이 적은 미래 성장 분야에 자본을 배분함으로써 스스로 잠재적 가치를 창출한다.

3. 비즈니스 기회

기업이 직면한 위기에도 불구하고, 변화하는 환경은 동시에 기업에 많은 상업적 기회를 제공한다. 기업들은 투자자 초점(investor focus)과 자금 요건(funding requirements)을 변경하거나(예: TCFD, PRI), 시장 가격의 변경 (예: 탄소 및 재생 에너지 가격), 천연자원 제한에 대한 이해 증가, 새로운 규제의 개발, 소비자 및 피고용인의 선호에 대한 변화 등을 통해 이러한 기회를 탐색하고 포착하도록 점점 더 많은 인센티브를 받고 있다.

이러한 기회에는 신기술, 제품 및 서비스의 개발 및 성숙도, 다중 이해관계자 파트너십의 등장이 포함된다. 창의성, 고위험 감수도(high-risk tolerance), 변화와 협업을 수용하는 기업가적 사고방식은 불확실한 글로벌 비즈니스 환경을 탐색하려는 기업에 도움이 될 것이다. 변화하는 환경과 관련된 기회는 성장이 의존하는 지구의 제한된 자원을 감안할 때 존재하는 경제 성장의 한계를 고려하여 평가되어야 한다(Raworth, 2018[8]).

3.1. 새로운 상품 및 서비스의 성장을 위한 기회

기후 솔루션 시장은 거대하고 정확한 숫자로 측정하기 어렵지만, 배출량을 줄인다. 기후 복원력을 개선하려는 분명한 추세는 점점 더 많은 기업이 자본화하고 있는 주요 기회를 창출했다. 저탄소 상품 및 서비스는 특정 제품 범주가 아니라 많은 전통적인 부문에 걸쳐 있으므로 많은

---

[7] first mover, 즉, 제품 또는 서비스를 조기에 시장에 출시함으로써 경쟁 우위를 점함
[8] Raworth, K. (2018). Doughnut Economics: Seven ways to think like a 21st century economist. Hartford, Vermont: Chelsea Green Publishing

기업이 시장 성장을 활용할 수 있는 기회를 제공한다. 기후 변화의 영향을 강하게 받고 특히 이와 관련한 기회가 있는 부문에는 연결성, 에너지, 금융, 건조 환경(built environment), 이동성 및 식품이 포함된다. 6개 부문의 총 시장 가치 추정치는 수조 달러를 초과한다. 이는 상대적으로 짧은 기간에 걸쳐 실현될 수 있는 경제적 기회이다(DNVGL Sustainia 및 UN Global Compact, 2019[9]).

예를 들어, 연결성 제공업체(connectivity providers)는 서비스와 데이터 액세스를 통해 기후 완화 및 적응 솔루션에 기여할 수 있는 기회와 함께 보다 포용적인 사회로 나아갈 수 있다. 이는 분산 전기(distributed electricity) 전송을 가능하게 하고, 원격 농장(remote farming) 커뮤니티에 중요한 정보(날씨 측면)를 공유하며, 언뱅크드[10]가 금융 서비스에 접근할 수 있도록 돕고, 교육에 대한 접근성을 높이는 데 도움을 줌으로써 이루어질 수 있다. 또한, 에너지 소비를 줄이고 전자 폐기물 및 과잉 소비에 기여할 수 있는 수많은 기회가 있다.

3.2. 복원력 향상

"기후 변화가 세계 경제에 재정적 위기를 제공한다는 증거와 인정을 점점 더 많이 보게 된다. 유엔에 따르면, 이 문제 해결의 지연은 향후 15년 동안 거의 1조 2천억 달러의 손실을 초래할 수 있다(TCFD, 2019[11])." 기후 변화와 같은 지속 가능성 문제의 물리적 영향은 파괴적일 것이다. 기업들은 이러한 위기에 더 탄력적으로 대처하기 위해 지금 당장 행동해야 한다. 지금 행동한다는 것은 기업이 직면한 위기를 더

---

9) DNV GL Suatainia and the United Nationa Global Compact. (2019). Global Opportunity Explorer 2019 Insights. Global Opportunity Explorer
10) unbanked. 주요 금융서비스를 이용하지 않는 이들
11) TCFD: Task Force on Climate-Related Financial Disclosures (2019). 2019 Status Report: Task Force on Climate-related Financial Disclosures: Status Report. Available at: www.fsb-tcfd.org/wp-content/uploads/2019/06/2019-TCFD-Status-Report-FINAL-053119.pdf

잘 이해하고 완화할 수 있도록 운영의 영향을 이해하고 예상치 못한 상황을 탐색하기 위해 지금 작업을 수행하는 것을 의미한다(Whelan & Fink, 2016[12]).

예를 들어, 다음과 같은 지속 가능성의 영향을 이해하는 것은 투자의 재정적 가치를 보호하는 데 도움이 된다. 첫째, 공급망이다. 공급망의 복원력을 향상할 수 있다. 둘째, 당신이 자본 또는 대출을 통해 투자하는 기업 또는 프로젝트이다.

3.3. 가치 창출의 새로운 개념: 공유가치

기업은 목적을 수용하고 광범위한 이해관계자의 요구를 고려하지 않고는 장기적인 이익을 달성할 수 없다. 단기, 중기 및 장기간에 걸쳐 기업이 스스로 창출하는 가치와, 사회 및 환경의 웰빙 사이의 상호의존성을 인식하기 위해 주주 가치 창출과 투자자의 요구에 초점을 맞추는 것에서 점차 벗어나고 있다. 이러한 변화는 실제로 항상 쉬운 것은 아니며, 트레이드 오프(trade-off)를 수반한다.

저탄소 경제로의 전환으로 위기 환경을 극복하는 것은 그 자체의 위기 없이는 오지 않는다. 때로는 위기 관리에서 상충되는 우선 순위 간의 균형이 이루어져야 한다. 트레이드 오프는 "동시에 사용할 수 없는 모든 요소의 균형"을 포함한다. 이러한 위기에는 좌초자산(stranded assets)의 가능성과 기술적 준비 및 제도적 장벽 등이 포함될 수 있는 과제에 대처하는 것이 포함된다. 예를 들어, 기후 변화에 대한 조치를 지원하는 정책 시행의 지연이 포함된다. 위기는 단기적, 중기적으로나 사회 경제적 불평등을 악화시킬 가능성도 포함한다.

"…미래의 고용 시장, 보건 및 안전, 그리고 지역사회의 광범위한 운명에 관한 심오한 문제들을 다루고 있습니다. 투자자와 근로자 모두에

---

12) Whelan, T. & Fink, C. (2016). The comprehensive business case for sustainability, Harvard Business Review

게 빠르고 효과적이며 공정하게 전환하는 것이 이 세대의 과제가 될 것입니다(WEF, 2020[13]).”

가치 창출의 핵심 요소는 기업과 내부 및 외부 이해관계자 간의 신뢰를 구축하는 것이다. 공유가치 창출은 사회적 진보와 비즈니스 가치를 연결하려는 접근 방식의 한 예이다. 공유가치의 목적은 기업이 사회적 문제를 이러한 문제를 해결하는 데 도움이 되는 비즈니스 기회로 바꾸는 방법을 찾는 것이다. 나아가, 그것은 비즈니스(수익의 형태)와 사회(예: 일자리 창출, 교육 및 개발 이니셔티브를 통해) 모두를 위한 가치를 창출하는 것이다. 공유가치는 명분에 돈을 기부함으로써 단순히 "옳은 일을 하는 것"이 아니다. 개인과 지역사회에 힘을 실어주는 동시에, 기업의 재무적 가치를 제공하는 것을 목표로 하는 경영 전략이다(Driffill, Hacking, & Stiles, 2016[14]).

4. 어떻게 위기와 기회를 활용하는가?

전 Unilever CEO 폴 폴만(Paul Polman)은 기업들이 자신들의 행동에 대해 주인의식을 갖고 보다 지속 가능한 사업 방식을 수용하도록 장려한다. 그는 "더 나은 세상을 만들기 위해 무엇을 하고 있는지 회사로서 설명할 수 없다면 존재할 이유가 없다."고 말한다. 그는 연설에서 기업들이 UN SDGs에 따라 결정을 내릴 것을 촉구한 것으로 알려졌다. 그는 지속 가능한 방식으로 운영하지 않을 경우, 비즈니스에 필요한 비용이 그렇게 하는 것보다 훨씬 더 높다고 설명했다.

그러나, 비즈니스의 과제는 지구의 현재 상태에 대한 고무적인 연설과 발표가 일단 끝나면 이행해야 할 매우 실질적인 변화가 있다는 것이

---

13) World Economic Forum (WEF); Nature Risk Rising: Why the Crisis Engulfing Nature Matters for Business and the Economy; Jan 2020
14) Driffil, L., Hacking, T. & Stiles, P. (2016) Steratgy, business model and corporate governance, Cambridge: Cambridge Institute of Sustainability Leadership

다. 이러한 멋진 기회에는 위기가 대부분 수반된다. 기업이 현재 직면하고 있는 가장 큰 지속가능성 관련 문제와 이러한 문제가 가지고 오는 기회에 대한 자체 연구를 수행할 것을 권유한다.

다음과 같은 문제를 던질 수 있다. 현재 비즈니스가 직면하고 있는 가장 시급한 글로벌 지속가능성 관련 위기 및 기회는 무엇이라고 생각하는가? 지속 가능한 개발을 촉진하는 데 있어 기업의 역할은 무엇인가? 기업은 대규모 변화에 대해 책임을 져야 한다. 그렇다면 이것이 운영 능력과 수익성 유지 능력에 어떤 영향을 미칠 수 있는가?

II. 어떠한 기업 사례가 있는가?

1. 유니레버(Unilever)

Unilever와 이해 관계자 모두에게 중요한 두 가지 문제는 물과 농업 조달이다.

1.1. 전략적 위기
1) 물

농업은 전 세계 담수의 60%를 사용한다. 식품 제조는 또한 공장에서 많은 물을 필요로 한다. 식품을 제조하려면 공장에서도 많은 물이 필요하다. 마지막으로, 농업 유출수는 지하수, 담수체 및 해양 생물에 대한 주요 오염원이다. 2) 기후 변화, 가뭄, 물의 양과 질 저하로 인해 생산과 제조를 위한 물이 부족해진다. 3) 시민들과 물을 얻기 위해 경쟁하는 것은 그들이 운영 허가를 잃게 만든다. 4) 농업 오염은 벌금, 규제 증가 및/또는 생산 금지를 유발한다.

1.2. 농업 소싱의 위기

1) 열악한 근로조건, 아동노동 등은 노동쟁의 및 명예훼손을 유발할 수 있다. 2) 많은 농민들이 빈곤선에 근접한 소규모 생산자들이다. 그들은 늙어가고, 그들의 자녀들은 다른 직업을 찾고 있다. 20년 안에 필요한 제품을 생산할 만큼 충분한 농부를 찾는 것이 어려울 수 있다. 3) 기후 변화는 온난화와 극단적인 기상 현상이 재배 조건을 변화시킴에 따라 작물에 심각한 부정적인 영향을 미치고 있다. 4) 농업은 생물다양성, 물, 토양 건강에 부정적인 영향을 미치고 온실가스를 배출한다.

1.3. 전략적 기회

1) 물

농업에서 물의 사용은 개선된 관행과 기존 기술을 통해 50-90%까지 줄일 수 있다. Unilever는 공급자와 협력하여 농부들의 물 사용량을 50% 줄이겠다고 약속하고, 정부 및 NGO와 협력하여 농부들에게 훈련과 기술을 제공할 수 있다. 이는 정부 보조금의 지원을 받아 기술 투자를 위한 혁신적인 융자를 개발할 수 있다.

Unilever는 또한 모든 생산자에 대한 열대우림동맹(Rainforest Alliance) 인증을 요구할 수 있으며, 이는 화학 농업 사용 감소와 물 공급으로의 침투를 줄이는데 도움이 될 것이다. 공장의 경우, Unilever는 물에 대한 내부 가격을 고정하여 공장이 물 "세(tax)"를 피하기 위해 물 사용을 줄이도록 장려할 수 있다.

2) 농업 아웃소싱

농부들을 돕기 위해 Unilever는 생활임금(최저임금 대비)을 지불하고, 정부와 협력하여 농민 연금 계획을 만들고, 젊은 농부들을 제품이 소비되는 방식에 참여시켜 소비자들에게 가까이 다가가게 하는 프로그램을 만들 수 있다. 이를 통해 그들이 생산하고 있는 것에 자부심을 느끼게 할 수 있다(대부분의 농부들은 완제품을 보거나 맛보지 못한다). 그것은 열대우림동맹 인증이나 다른 독립적인 지속가능한 농업 인증 프로그램을 요구함으로써 농업의 부정적인 사회적, 환경적 영향을 해결할 수 있다. 그리고 마지막으로, 농부와 공급자와 협력하여 그늘(shade)을 제공하고, 토양과 물을 보호하며, 극한 기후 사건으로부터 보호하기 위해 나무를 심는 것과 같은 기후 복원 프로그램을 실행할 수 있다.

2. Paul Polman 인터뷰(ESG 실행을 위한 위기와 기회 대응)_

2019년 4월 11일, Unilever의 CEO Paul Polman(2009-2018)과의 웹캐스트 인터뷰를 편집하였다.

2.1. Paul Polman은 누구인가?

국제상공회의소(ICC), B Team 의장 및 UNGC 부회장이다. Unilever(2009-2018)의 CEO로서, 그는 Unilever 지속 가능한 생활 계획에서 포착된 장기적 다중 이해관계자 모델이 우수한 재무 성과와 밀접한 관련이 있음을 보여주었다. 재임 기간 동안 Unilever는 해당 부문에서 가장 실적이 좋은 회사 중 하나였으며 10년 동안 일관된 매출 및 이익 성장을 제공했다. 비즈니스가 선(善)을 위한 힘이 될 수 있고, 그래야 한다고 주장하는 그는 최근 파이낸셜 타임즈에 의해 "지난 10년 동안 뛰어난 CEO"로 묘사되었으며, 비즈니스와 사회 간의 관계를 재정의하는 데 도움을 주는 역할로 "경로를 깨는" 것이라고 말했다.

그는 변혁적 변화를 주도하려는 노력을 인정받아 SDGs를 개발한 유엔 사무총장의 고위급 패널로 임명되었다. 또한, Business & Sustainable Development Commission의 창립 멤버를 포함하여 2030 개발 의제에 대한 비즈니스 사례를 강조하는 데 주도적인 역할을 수행했다. 그리고 UN이 지정한 SDGs 자문위원회(SDGs Advocate) 회원이다.

그는 FCLT 글로벌(Focusing Capital on the Long-Term, FCLT Global), 포용적 자본주의 연합(Coalition for Inclusive Capitalism), 경제와 기후에 관한 국제 위원회(the Global Commission on the Economy and Climate), 식량 및 토지 이용 연합(Food and Land Use Coalition) 등의 주요 구성원으로서 산업 부문 및 글로벌 조직 전반에 걸쳐 적극적으로 참여하여 규모를 구축하고 영향력을 극대화하고 있다.

미래의 지도자들이 우리의 가장 시급한 환경 및 사회적 문제를 해결하는 데 어떤 역할을 할 것인지를 의식하며, 상담사 및 One Young World의 글로벌 자문 위원회 의장을 포함하여 젊은 지도자들을 적극적으로 지원하고 멘토링한다. 책임감 있는 사업에 대한 그의 공헌을 인정받아 Paul은 열대우림동맹(Rainforest Alliance) 평생 공로상, UNEP의 지구 챔피언 상, Oslo Business for Peace Award 및 13개의 명예 학위를 포함하여 수많은 상을 받았다.

그는 파리에서 열린 2015년 유엔 기후변화협약에서 그의 역할을 인정받아 프랑스의 슈발리에 드 라 레종 도뇌르(Chevalier de la Légion d'Honneur) 훈장을 받는 영예를 안았다. 2018년에는 비즈니스에 대한 공로로 대영 제국 훈장(KBE) 명예 기사 사령관으로 임명되었다. 또한, 그는 싱가포르 정부로부터 Public Service Star와 Nijmegen medal 을 받았다.

2.2. Unilever의 모델

밀턴 프리드먼(Milton Friedman)이 주주 우선권을 주장하기 시작했을 때, 우리는 금융 시장의 하인이 되었으며 금융 시장이 실물 경제의 진정한 하인이어야 한다는 사실을 잊어버렸다. 우리는 점점 더 단기적으로 집중하게 되었고, 주주 우선주의가 이어졌다. 비즈니스는 사회에 봉사하기 위해 존재하며 이를 좋은 방식으로 수행해야 하며, 그렇게 함으로써 주주들이 더 나아지기를 바라고, 그것이 우리가 Unilever에서 내놓은 모델이다. 항상 응원하는 모델이다.

1800년대에 이 회사를 만든 레버는 공동 번영을 추구하고, 그 당시 노동자들을 위한 주택과 Port Sunlight을 건설했는데, 이것은 그들이 주택을 가장 먼저 원했기 때문에, 공장을 세우기 전에 집부터 지었다. 투자하지 않거나, 심지어 투자를 그만두자고 말한 브랜드 중 일부의 뿌리로 돌아가 보자고 말했는데 그 이유는 브랜드가 5세 어린이까지 사용할 수 있는 비누바를 판매하는 Lifebuoy와 같이 아주 오래된 브랜드이거나, 노상 배변을 해결하는데 맞서는 Domestos같은 브랜드였기 때문이다. 그래서 다시 한번 그 목적을 회사에 반영하기 시작했고, 이는 매우 큰 반향을 일으켰으며, 만약 우리가 이 회사를 다시 되살리고 싶다면, 분기별 보고 방식의 무한 경쟁 체계에서는 어렵다고 생각했다. 그래서 분기별 보고는 중단했다. 그리고 우리의 보상 체계를 장기전으로 옮겼다.

미국에서 Alberto-Culver 브랜드, TRESemmé와 같은 브랜드들을 인수하였다. 이는 우리가 성장을 위해 비즈니스를 하고 있다는 신호를 주기 시작했다. 그리고 회사를 내부에서 외부로 향하는 것이 아닌, 외부에서 내부로 향하게 만드는 것이었다. 그래서 Unilever에서 지속가능한 생활계획을 만들었다. 계획의 목표는 이 모든 브랜드들이 실제 생활 문제를 해결하도록 하는 것이었다. Paul Polman는 SDGs를 개발하기 위한 고위급 위원회의 일원이라는 혜택을 누렸으며, 당시 반기문 사무총장은 UN 체제 안에서 용감하게 그 중 일부를 민간 영역에 요청했고, 27명의 사람들과 함께 할 수 있도록 했다.

2.3. 민간분야의 참여

사회적 문제를 해결하기 위해서는 민간분야를 참여시켜야 했다. 정부는 자금 조달, 역량, 혁신 및 기타 모든 이유로 스스로 이를 수행할 수 없다. 그래서 항상 비즈니스가 세계 GDP의 60%, 재정과 흐름의 80%, 일자리 창출의 90% 정도의 지분을 가지고 있다고 믿고, 적극적인 역할을 해야 하고, 그것이 Unilever에서 하려고 했던 것이다. 그것을 Unilever의 브랜드와 결합시키려고 노력했다. 이는 분명히 더 책임감 있는 기업 전략일 것이다.

후회하는 것은 2007년, 2008년 경제위기가 왔을 때, 많은 기업들이 몸을 웅크리고 비용을 절감하고 있었고, 우리는 성장 전략을 세우고 있었지만, Unilever의 지속가능한 생활계획은 충분히 공격적이지 않았다. 지속 가능한 생활계획을 발표하고 몇 년 후 회사를 다시 좋은 전략과 성장으로 이끌 때, 몇 가지 요소, 특히 다음과 같은 요소를 추가했다. 특히 Rana Plaza 공장이 붕괴된 이후에 나온 가치 사슬에 인권 요소를 추가했다. 1,050명의 여성들이 불필요하게 목숨을 잃었다. 그래서 존 루기(John Ruggie)와 일을 했던 사람들을 고용했으며, 그것은 우리 프로그램의 경제적, 환경적 부분뿐만 아니라 사회적 부분도 강화해야 할 매우 중요한 순간이었다. 인권 보고서를 두 번 발행한 기업이 되었지만, 더 많은 기업들이 함께 하지 못해 아쉽다.

2.4. 위생의 일상화

2020년까지 삼림 벌채를 중단하기로 약속하고, 전체 산업에서 인권 기준을 만들었다. Cokes, Pepsis, Nestles, Unilever, Chainster, Cabinets는 천연 냉매를 만들기 위해 심플하게 합쳤다. 이는 지구 온난화의 3%를 차지한다. Unilever에 광범위한 네트워크를 만들었다. 확실히 지난 5년 동안 많은 사람들과 협력했고, 이것은 강화되어야 한다.

이사회에 합류하여 우선 순위를 파악했다. 더 강한 목적의식과 더 큰 그림에 이끌릴 필요가 있다. 그리고 그 목적은 매우 큰 공감을 불러일으켰다. 인구의 절반인 밀레니얼 세대는 매우 목적 지향적이다. 그들은 삶에 변화를 줄 수 있는 회사에 입사하고 싶어하고, 이 세상을 그들이 발견한 것보다 조금 더 나은 곳에 두고 싶어한다. 위생을 정말 일상화하는 것이 매우 중요하며, 우리는 이를 비즈니스 성장으로 전환했고, 환경적 영향과 우리의 성장을 분리하고 전반적인 사회적 영향을 증가시켰다. 이는 실제로 10억 명에게 도달하여 그들의 건강과 복지를 향상시켰다.

구강 위생이나 손 씻기, 영양 프로그램과 같은 것들 우리 브랜드에 아주 많이 포함되어 있다. 그리고 그들은 비즈니스의 약 60%가 신흥 시장에 있는 우리의 발자취에 매우 깊이 관여하고 있다.

따라서 여러분들의 임무는 실제로 시스템이 작동하는지 확인하고, 조직에 봉사하는 것이다. 그리고 실제로 그렇게 하면 할수록 더 좋은 결과를 얻을 수 있다. 나는 정말 축복받았다. 17만 명의 훌륭한 사람들이 이 일을 가능하게 해줬으니까 말이다.

2.5. 리더십

리더십에 대해 말할 때 용기라는 단어를 사용할 것이다. 프랑스 단어 "cour"에서 유래한 용기라는 단어의 기원을 생각하면, 이는 뇌와 심장만큼이나 중요하다. 좋은 리더를 만들기 위해 해야 할 첫 번째 일은 자기 자신을 아는 것이다.

중요한 것은 여러분이 누구인지 그리고 여러분에게 동기를 부여하게 만드는 것이 무엇인지 알아내는 것이다. 2년차에는 다른 사람들에게 영향을 주기 위해 동기부여를 어떻게 사용할 것인가? 그리고 3년차에는 어떻게 결과를 얻을 수 있을까? 그래서 우리는 매우 끈기있게 빌드업해왔다. 그리고 현재 우리가 가지고 있는 번영 및 목적 프로그램은 최고의 점수를 받은 프로그램이 됐다. 결국은, 무엇이 당신을 자극하는지를 찾는 것이다. 만약 여러분이 충분히 강력한 공동의 목적 뒤에 있는 에너지를 집합적으로 얻을 수 있다면, 여러분은 산도 움직일 수 있다. 그리고 그것이 우리가 Unilever와 함께 하려고 했던 것이고, 많은 사람들이 Unilever를 구매한 덕분이다. 이는 Unilever의 지속가능한 생활계획 때문이다. 50개의 목표를 가진 지속 가능한 생활 계획을 시작했을 때, 신뢰와 투명성을 더 구축해야 한다고 믿었고, 결과적으로 더 투명하게 운영할수록 실제로 더 나은 기능을 수행할 수 있다.

2.6. 파트너십 구축

광범위한 파트너십을 만들고, 더 대담한 목표를 가지고 이전에 했던 것과 다른 수준에서 작업을 시작해야 한다. 공공부문에서, 민간부문에서, 시민사회에서 사람들을 더 많이 모을수록, 실제로 더 많은 것을 성취할 수 있다. 아프리카에는 빨리 가고 싶으면 혼자 가지만, 멀리 가고 싶으면 같이 가라는 멋진 속담이 있다.

파트너십을 구축하는 것은 함께 일할 파트너를 선택하고 그 관계를 구축하는 방법으로, 겸허함과 겸손함의 집단적 수준이 있어야 한다. 문제를 정의하고 이러한 문제를 당사 브랜드와 연결하여 해결하는 것으로 시작해야 한다.

그리고 만약 이 세상의 15억 명의 사람들 만이 깨끗한 식수나 위생시설을 이용한다는 것을 안다면 문제를 인식할 것이다. 폐렴, 설사 같은 전염병으로 5세 이전에 사망하는 40억 명의 아이들이 문제가 될 것이다. 어떤 것이 당신의 회사와 관련이 있는지 직접 선택할 필요가 있을 만큼 주제가 충분히 있다.

그리고 문제라고 부를 수 있는 이 거대한 일들이 실제로 엄청난 기회라는 것을 알게 된다. 그리고 이러한 기회들, 특히 피라미드의 하위에 있는 20억과 15억의 사람들에게 다가가기 위해서는 협력 관계를 맺고 공동의 목표를 가진 사람들을 찾아야 한다. 신속하게 Unilever는 유니세프(UNICEF), 세이브 칠드런(Save the Children). 옥스팜과도 협업했다. 개발 기관과도 함께 일했다. 1억 명의 사람들의 삶을 개선시키기 위해 노력하는 파트너십 변화(transform partnership)를 만들었다. 우리는 그 당시 Clinton 재단에서 일했다. 예를 들어, 러시아가 손 씻기와 위생에 관한 미국 원조 및 프로그램을 실행할 때 우리는 가장 큰 파트너 중에 하나였다. 그래서 Unilever는 규모에 맞게 이러한 파트너십을 구축했다. 중요한 것들 중 하나는 정부와 협력해야 한다. 그렇지 않으면 어떻게 공립학교에 들어갈 수 있겠는가? 또한 교육 등을 수행할 수 있는 NGO들과 함께 일할 필요가 있다. 그리고 이러한 파트너십을 맺을 때, 그들은 더 나아지며, 또한 더 많이 관여하게 된다. 그들은 한 주의 이슈나 CEO가 잠깐 멋지다고 생각하는 것에 의존하지 않는다. 그래서 당신은 사회를 만들고, 사회를 만들어가는 것이고, 그것이 당신이 원하는 것이다.

2.7. 가치의 재정의

2015년 9월에 교황을 포함한 193개국이 유엔에 참여하여 지속 가능한 개발 목표(SDGs)에 서명했다. 17개 목표이다. 세계가 작동하지 않고 글로벌 거버넌스 수준에서 문제를 처리하는 데 어려움을 겪는 시기에 최소한 이러한 목표, 도덕적 프레임워크가 있어야 하며, 분명히 더 많은 기업이 적극적인 역할을 해야 하고, 정부는 이러한 요구에 관심을 갖게 되며 이러한 요구 뒤에 숨겨진 잠재력도 이해하게 된다.

이러한 지속 가능한 목표를 실행하는 데 연간 약 3~5조 달러가 소요되는 시점에 와 있고, 지금 합의를 이끌어내는데 어려움을 겪고 있지만, 이 17개의 각각의 목표에 대해, 우리는 이미 그 총계의 이행보다 더 높은 비용을 부담할 용의가 있다. 세계는 현재 분쟁 예방과 전쟁에 9조 달러에서 11조 달러를 지출하고 있으며, 그 액수는 증가하고 있다. 그것은 근본적인 원인을 찾는 데 시간을 할애하지 않고 결과에 기꺼이 지출하고자 하는 전 세계 GDP의 9%에서 11%이며, 정치적 환경이 점점 단기화되고 있다.

다수는 보통 SDGs의 한 부분이거나, 자신의 비즈니스와 관련된 일에 적극적으로 참여하고 있고, 그것을 가치 사슬로 끌어들이는 것은 옳은 일이고, 실제로 좋은 일들이 많이 일어나고 있다. 이러한 광범위하고 변혁적인 변화를 주도하기 위해, 더 많은 사람들이 필요하다. 이것이 세계적으로 B team을 만든 이유 중 하나이며, 저를 비롯한 가장 용감한 CEO인 리처드 브랜슨(Richard Bransons), 마크 베니오프(Marc Benioff), 모 이브라힘(Mo Ibrahims), 라탄 타타(Ratan Tata)가 함께 참여하였다.

III. 위기와 기회 사례 연습

1. 6개 부문 다이어그램

CISL 펠로우이자 글로벌 지속 가능성 컨설팅 기관인 Environmental Resource Management(ERM)의 파트너인 제임스 스테이시(James Stacey)는 기업과 협력하여 지속 가능성의 상업적 이점을 실현할 수 있도록 지원한다. Stacey는 운영 및 전략적 고려 사항을 포함하여 기업이 경쟁력을 유지하기 위해 해결해야 하는 주요 비즈니스 영향 영역을 강조하는 6개 부문 다이어그램에 대해 설명한다. 기업들은 그들의 경쟁력을 확보하기 위해 지체 없이 행동해야 한다. Stacey 다이어그램의 고려 사항은 그림 2.5에 요약되어 있다.

이러한 6개 부문 또는 카테고리에서 현재 귀사의 비즈니스가 어떤 위치에 있는지 생각해보고, 귀사의 비즈니스와 가장 관련성이 높은 세 가지를 고려하라. 적어도 하나의 범주는 전략적 또는 운영적이어야 한다.

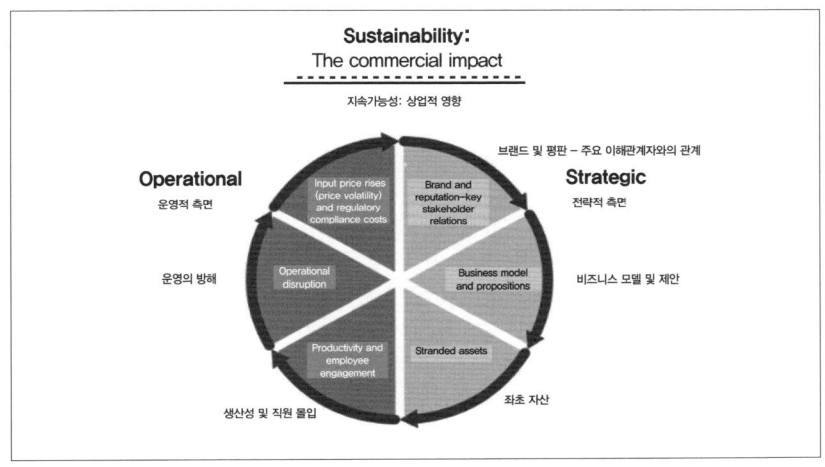

〈그림2.5〉 비즈니스 맥락에서 지속가능성을 수용하는 것과 관련된 운영 및 전략적 위기와 기회의 6가지 영역

2. 사례분석 연습 (예)

각 비즈니스와 관련된 상업적 위기와 기회는 무엇이며, 그 이유는 무엇인가? 위기와 기회는 기존의 경쟁 업체 또는 귀사의 분야나 공급망에 새로 진입한 업체의 성공 또는 실패에서 발생할 수 있다. 건설사 A를 대상으로 작성된 예를 참조하여 본인의 기업을 대상으로 작성하여 보시오.

다음 페이지에 제공된 표를 사용하여 통찰력을 기록하고, 작성할 상위 3개 범주를 선택한다. 6개 범주를 모두 채울 수 있으면 더욱 좋다. 범주 별로 최소 두 가지 위험과 두 가지 기회를 식별하는 것을 목표로 해야 한다. 각 위험과 기회에 대해, 위험을 완화하거나 기회를 진전시키기 위해 취할 관련 조치를 추가한다. 총 6개의 위험, 6개의 기회, 6개의 조치(각 범주당 2개씩)가 있어야 한다.

〈표2.2〉 위기와 기회의 작성 예

	다음 범주 중 세 가지를 선택하십시오	위험	기회	취해야 할 조치
운영적 측면	**운영 중단** 운영을 중단시킬 수 있는 요인을 생각해 보라	여기에 쓰시오: ▶기후 변화로 인한 홍수 및/또는 가뭄에 대한 친환경 자재 수급 차질: 글로벌 공급망 중 기상이변으로 인해 생산과 물류 지연이 발생했다. ▶코로나19 범유행으로 인한 지연: 전염병은 광범위한 프로젝트 지연, 작업 취소 및 계약자나 하청 업체에 대한 지불 지연을 야기했다. 미국 상공회의소는 계약자의 83%가 일부 프로젝트에서 프로젝트 지연을 겪었다고 밝혔다.	여기에 쓰시오: ▶수요·공급망 확충을 위한 디지털화 및 지역별 장·단점 분석 ▶정부 재정 지원: 1조 달러 이상이 미국의 인프라 업그레이드에 사용될 수 있으며, 이 중 일부는 미국 연방 정부의 9000억 달러 구호 패키지로 자금이 조달될 수 있다.	여기에 쓰시오: ▶프로젝트 위치에 대한 과거 기상 데이터를 분석하고, 작업 재개에 필요한 시간을 계산한 후 수요·공급망 구축 ▶코로나19 백신의 충분하고 신속한 확보
	직원 참여 지속가능성이 비즈니스 내부에서 어떻게 자리 잡고 있는지 생각해 보십시오.	▶친환경 건설공정을 위한 숙련공 수요: 상공회의소는 계약자의 83%가 숙련된 노동자를 찾는 데 있어 중간에서 높은 수준의 어려움을 계속 보고하고 있다고 보고했다. 드론, AR/VR 및 빌딩 정보 모델링(BIM)과 같은 기술은 프로젝트 양을 유지하고 이러한 비용 압박에 대처하는 데 핵심적인 역할을 할 것이다. ▶노동자 안전위협 사고발생 사례: 직장 사망자 5명 중 1명은 건설 관련 사고이다. 가장 큰 원인은 낙상, 물체에 부딪히기, 감전사, 물체 사이 끼임 사고이다.	▶여성을 위한 교육 시스템 구성: 더 많은 교육을 받은 근로자가 생산한 데이터를 관리 및 해석할 수 있는 새로운 기술 개발, 양성평등을 위한 교육 시스템 업그레이드에 대비해 경쟁력 있는 역할을 여성이 담당한다. ▶노동안전 고도화 교육제도 마련	▶국가별 SDG 입법 추진: 목표 4(양질의 교육), 목표 5(성평등) ▶OSHA 준수 디지털화 및 구현
전략적 측면	**브랜드 평판** 지속가능성 측면에서 귀사의 브랜드 평판에 대해 생각해 보십시오.	▶매립 및 소각 증대를 위한 폐기물 발생: 폐기물은 시간 지연, 보안 부족, 재작업, 과도한 비용, 불필요한 여정 또는 이동, 장거리 운송 및 역량 강화 조치가 될 수 있다. ▶높은 에너지 소비량: 전 세계에서 소비되는 총 에너지의 약 40%를 차지하며, 이는 급속한 도시화와 인프라 개발로 인해 발생한다.	▶자원순환을 위한 경제구조 도입: 저폐기물 기술(low waste technology) 활용, 건설에 친환경 설계 적용, 훈련 또는 교육 프로그램 시행. ▶재생에너지 공급 및 에너지 효율 재고	▶여러 가지 폐기물 최소화 조치 시행: 재활용, 재사용 및 재생산 ▶RE100(재생에너지 100) 시행 및 탄소세 적용에 대한 사전 준비

제6장
어떻게 지속가능한 소비와 생산을 이해하고 활용할 것인가?

Ⅰ. 지속 가능한 소비(SC)

Ⅱ. 지속 가능한 생산(SP)

Ⅲ. 통합적인 소비와 생산은 무엇인가?

Ⅳ. 어떠한 기업 사례가 있나?

06 어떻게 지속가능한 소비와 생산을 이해하고 활용할 것인가?

Ⅰ. 지속 가능한 소비(SC)

현재의 소비 패턴은 지속 가능하지 않으며, 글로벌 문제에 대한 해결책은 지속 가능한 생산에서만 찾을 수는 없다. Blowfield(2013:279)[1]는 다음과 같이 말한다. "지구는 90억 인구가 선진국과 같은 수준의 소비를 즐길 수 있는 수용력을 갖고 있지 않다."

지속 가능한 소비의 개념은 자원이 소비되는 개인 생활 방식의 모든 측면을 폭넓게 포괄한다. 소비 패턴은 인간의 행동 변화와 관련이 있으므로, 해당 패턴이 존재하는 더 넓은 사회적, 문화적, 제도적 맥락에서 이해해야 한다(Schroder, et al., 2019[2]).

행동, 신경 및 사회과학은 이 주제에 대한 유용한 통찰력을 제공할 수 있다. 제기되는 주요 질문들 중 하나는 누가 더 지속 가능한 소비에 참여할 수 있고, 왜 그리고 어떻게 그렇게 하도록 영향을 줄 수 있는지에 대한 것이다.

1. 소비자

지속 가능한 소비에 대한 대부분의 논의를 뒷받침하는 것은 지속가능성 친화적인 행동(Pro-Sustainability Behaviours, PSB)을 채택하는 "윤리적", "녹색", "사회 의식적" 또는 "친환경적" 소비자를 나타내는 라

---

1) Blowfield, M. (2013). Business and sustainability. Oxford: Oxford University Press.
2) Schroder, P., Anantharaman, M., Anggraeni, K., & Foxon, T.J. (2019) The circular economy and the global south: sustainable lifestyles and green industrial development

벨이다. 지난 10년 동안 위 네 가지 조사 영역에서 PSB의 심리적 동인에 대한 이해를 넓혔다.

1.1. 긍정적인 메시지로 소비자 독려

소비자가 미래에 초점을 두고 가시적인 결과를 얻도록 독려한다. 예를 들어, "우리는 매년 100만 그루 이상의 나무를 절약할 것이다."와 같은 긍정적인 메시지는 재활용을 향상시키는 것으로 나타났다.

1.2. 자기 정체성

소비자들은 에코라벨이나 지속 가능한 브랜드 등을 통해 지위, 평판 및 "도덕적 자격 증명"을 구축하기 위한 수단으로 자신의 커뮤니티(직접 또는 온라인 모두)에서 PSB를 선보일 동기를 얻는다.

1.3. 사회적 영향

사회적 영향은 사회적 승인을 구하거나 거절에 대응한 결과로, 사회적 규범의 변화를 통해 대인 관계 차원에서 발생한다. 예를 들면 "주변인의 3분의 2가 재생 에너지를 사용합니다"와 같은 마케팅 메시지는 규범적 정보를 사용하는 것이다.

1.4. 제품 특성

일부 연구에서는 소비자들이 지속 가능한 속성을 중시한다는 것을 보여주지만, 소비자들은 그들의 전반적인 세계관과 특정 제품 범주에 기대되는 이익에 큰 영향을 받는다(Trudel, 2018[3]).

각 소비자가 다양한 PSB에 의해 서로 다르게 동기를 부여받기 때문에, 일반적인 지속 가능한 소비자의 특징은 없다. 다른 모든 조건이 같

---

[3] Trudel, R. (2018) Sustainable consumption behavior. Consumer Psychology Review, 2:1

다면, 모든 소비자들은 더 지속 가능한 옵션을 선택할 것이다. 문제는 지속 가능한 제품의 품질, 편리성, 가격에 큰 불평등이 있다는 것이다.

그러나 지속 가능한 속성을 가진 "틈새" 제품(보통 프리미엄 가격)을 개발하는 것은 지속 가능성을 향한 충분한 진전을 가져오지 못할 것이 분명하다. 오히려, 이는 대중 시장과 광범위한 소비 행태에 대한 변화를 요구할 것이다.

2. 지속가능한 소비를 향하여

지속 가능한 소비를 향한 진전은 복잡하다. 한편, 많은 수의 소비자들이 구매 결정에 사회적, 환경적 고려 사항을 포함하기 시작하면서 지속 가능한 사업에 상당한 영향력을 행사하고 있다. 글로벌 윤리 라벨 시장만 해도 2019년에서 2025년 사이에 7% 이상 연평균증가율(CAGR: Compound Annual Growth Rate)로 성장할 것으로 예상된다(Arizton, 2020[4]). 이는 소비자 인식 제고, 육류 소비 감소, 비건 제품 수요 증가, 온라인 소매업 성장에 기인한다.

반면 윤리적 소비는 기대했던 시장 점유율에 아직 도달하지 못했다. 이는 제품 가격 및 품질, 너무 많은 다른 라벨로 인한 혼란, 일부 제품에 대한 "윤리적" 선택의 부족, 지속 가능한 제품에 대한 소비자들의 회의감 또는 소비자들이 결정을 내릴 때 직면하는 순전한 정보 과부하와 같은 여러 요인 때문일 수 있다(Blowfield, 2013[5]). 이것은 독립적으로 혹은 사일로(siloes)에서 혼자서 작업하기보다는, 가치 사슬 전반의 문제를 살펴보고 협업을 강조하는 체계적인 접근 방식이 필요하다는 것을 의미한다.

보다 근본적으로, 지속 가능한 소비의 틀을 바꿀 필요가 있다. 소비 감소보다는 브랜드 및 제품 대체 측면에서 차별적으로 소비하는 데 중

---

4) Arizton, (2020) Ethical Labels Market – Global Outlook and Forecast 2020-2025
5) Blowfield, M. (2013) Business and Sustainability, Oxford: Oxford University Press

점을 두는 것도 좋을 것이다. 비즈니스에 대한 보다 급진적인 접근 방식은 한정된 자원이 있는 세상에서 성장과 소비가 더 온건해야 한다는 것을 받아들이는 것이다. 이는 소비 문화에서 벗어나 관계의 질, 회복력, 공동체, 공정성 및 평등을 강조하는 새로운 비전으로의 전환을 주장하는 New Economics Foundation(신경제재단)[6] 같은 단체의 연구에서 반향된다. 그러나 Blowfield (2013:287)가 주장하는 바와 같이, 이러한 개념은 "소비가 필수 활동이자 가치 있는 목표라는 사회적, 정치적 합의의 외부에 있다"를 강조한다.

3. 소비 형태의 변화

궁극적으로 사회가 SP를 통해 지속가능성 요구를 충족시키는 방향으로 나아가려면, 소비자는 재제조를 위한 재활용 및 생산 수집을 통해 SCP 시스템에 물질적 가치를 다시 공급함으로써 폐쇄 루프 시스템을 생성하는 데 더 적극적으로 참여해야 한다. 이러한 시스템을 설계하고 운영하려면 소비자의 동의 또는 지원이 필요하며, 공동 설계를 통해 소비자가 협의 및 참여하면 성공 가능성이 더 높아진다.

Lebel 외 연구진(2010)[7]은 소비자가 어느 정도 소비 감소를 받아들이고 소비 방식을 변경하는 것이 두 가지 측면에서 중요하다고 강조한다.

1) 적응력: 소비자들은 제품을 구매하기 보다는 서비스 제공만을 판매하는 제품을 구매해 그들의 요구를 충족하는데, 그 예가 자동차 소유 대신 차량 공유 서비스를 이용하는 것이다.
2) 공동 디자인에 참여하기: 소비자들은 더 나은 고객 통찰력, 더 많은 소비자의 구매, 그리고 지속 가능한 제품에 대한 향상된 지식을 통해 개선된 제품 디자인을 개발하는 데 도움을 줄 수 있다.

소비의 본질을 바꾸려는 움직임의 예로, 맛, 생물다양성, 건강, 동물

---

[6] https://neweconomics.org/
[7] Lebel, L., Lorek, S. & Daniel, R. (2010) Sustainable Production Consumption Systems. Springer

과 노동자의 복지에 중점을 둔 "슬로푸드(slow food)" 운동을 들 수 있다. 전 세계 수백만 명의 슬로푸드 운동 회원들은 자신들이 먹는 음식에 대한 관심을 통해 자신을 공동 생산자로 간주한다. 보다 최근에는 지속가능하지 않은 "패스트 패션"의 대안으로 "슬로우 패션"과, 느린 속도로 여행지를 즐기는 "슬로우 투어리즘"을 포함하여 다른 형태의 "슬로우 개념" 소비가 제안되었다. 이러한 느린 소비 개념의 형태는 제품 수명, 자원 집약적 프로세스의 대응 및 제품 수명 감소 문제와 관련이 있다.

4. 개인을 넘어서다

일반적으로 소비자는 개인으로 간주되어 왔지만, 소비행태에 큰 영향을 미치는 가족 또는 친목단체의 구성원으로 존재한다. 지속가능성을 추구하는 과정에서, "협력적 소비(collaborative consumption)"에 대한 관심이 높아지고 있다. 이 개념은 새로운 기술을 통해 자원을 훨씬 더 효율적으로 사용하여 비용을 절약하고 지속 가능성에 대한 요구의 압력에 대응해 공유, 교환, 물물교환, 임대, 대출 및 선물과 같은 전통적인 시장 행동을 활성화할 수 있는 방법을 모색한다.

Botsman과 Rogers(2015)[8]는 세 가지 핵심 협력적 소비 전략을 다음과 같이 제안한다.

1) 제품 서비스 시스템(Product Service System, PSS) 협정을 통해 공유한다.
2) 구매와 자원을 공유하고 시간, 공간, 기술 및 돈을 새로운 방식으로 교환하는 협업 라이프스타일(물리적 커뮤니티 또는 온라인을 통해)을 형성한다.
3) 원치 않는 자원을 더 잘 활용하기 위한 재분배 시장을 만든다. 예를 들면 Freecycle Network와 eBay, Amazon, Alibaba, Jumia

---
8) Botsman, R. & Rogers, R. (2015) What's mine is yours: the rise of collaborative consumption. HarperCollins Publishers

및 Etsy와 같은 판매 플랫폼이 있다.

5. 공유경제(협력적 소비)

Ellen MacArthur Foundation의 Circo's에 대한 사례 연구[9]에서 유아 및 임산부 의류 구독 모델의 훌륭한 예를 드는데, 회원들은 매달 사용료를 지불하고 다양한 브랜드의 고품질 의류를 집 앞까지 배송받는다. 이것은 어린 아이들의 옷과 관련된 환경 영향과 자원 사용을 줄인다. 의류 사업은 의류의 재사용을 통해 더 많은 수익을 창출할 수 있기 때문에, 더 높은 품질과 내구성을 갖춘 의류를 만들도록 장려 받는다.

공유 경제의 또 다른 예는 스마트폰을 사용하여 위치를 찾고 잠금을 해제하고 지불하는 형태로, "도크리스(dockless)"인 중국 자전거 스마트한 Mobike[10] 모바일 시스템이다. 세계에서 혼잡한 도시의 비중이 거의 절반을 차지하는 국가에서 " Mobike"를 사용하면 탄소 배출량과 대기 오염이 줄어든다.

5.1. 공유경제와 공동소비

원래 "협력적 소비"라고 불렸던 공유 경제는 지난 10년 동안 기술적 가능성과 경제적 필요성을 벗어났다. 이는 소유보다는 기능성을 제공하는 것을 목표로 하는 제품 서비스 시스템(Product Service System, PSS)으로 점점 더 불리고 있다(Anarelli et. al., 2019)[11]. 즉, 자원 사용을 줄이기 위한 수단으로 제품보다는 P2P 공유 및 "서비스" 사용을 장려한다. 예를 들어, Airbnb, ZipCar, TaskRabbit와 같은 플랫폼은 임대 방, 소유물, 공간 및 노동 시간을 통해 이전에 상품화되지 않은 삶의

---

9) https://ellenmacarthurfoundation.org/case-studies/why-buy-when-you-can-borrow
10) https://ellenmacarthurfoundation.org/case-studies/bike-sharing-in-china
11) Annarelli, A., Battistella, C., & Nonino, F. (2019) How product service system can disrupt companies' business model.

영역을 수익화한다. 이러한 개인화된 서비스는 효율성, 지역사회, 사회적 연결 및 환경 혜택에 기초한다(Fitzmaurice et al., 2020[12]).

5.2. 소비자에게 영향을 미치는 지름길

뉴 프론티어 포럼과 소비자 행동 변화 프레임워크[13]를 조직하는 이유 중 하나는 행동경제학을 따르는 소비자의 영향에 미치는 지름길을 최대한 파악하고 활용하기 위해서이다. 행동에 영향을 미치려고 할 때 공급을 형성하고 수요를 창출하는 것만큼이나 중요한 것은 소비자를 위한 인센티브를 만들고 긍정적인 행동에 대한 장벽을 줄이는 동시에 소비자가 자신의 오래되고 부정적인 습관을 지속하는 것을 어렵게 만드는 것이 더 중요할 수 있다. 비교적 간단한 조치가 큰 영향을 미칠 수 있는 경우가 많다. 이것들은 인지적 사고보다 훨씬 더 깊은 수준에서 영향을 미칠 수 있다.

상식 밖의 경제학(Predictably Irrational)[14]에서 댄 애리얼리(Dan Ariely) 행동경제학 실천자는 우리의 선택이 절대적이고 명확한 변수가 아닌, 무작위적이고 우연적인 변수에 의해 결정된다는 과정을 설명한다. 즉 우리의 많은 선택들은 비이성적일 뿐만 아니라 실제로 예측할 수 있는 한도 내에서 체계적이고 반복적인 방식으로 비합리성을 보인다. 우리의 비이성성은 실제로 예측할 수 있을 정도이다. 자제력과 합리성에 대한 우리의 가장 깊은 신념과 모순되는 이러한 예측가능성을 기반으로, 기업들은 소비자 행동을 바꾸기 위한 조치를 취할 수 있다.

---

12) Fitzmaurice, C.J., Ladegaard, I., Attwood-Charles, W., Cansoy, M., Carfagna, L.B., Scjor, J.B. & Wengronowitz, R. (2020) Domesticating the market: moeal exchange and the sharing economy. Socio-economic review, 18:1, 81-102
13) http://eightsustainability.com/docs/Emerging_Economies.pdfS
14) https://bookshop.org/p/books/predictably-irrational-the-hidden-forces-that-shape-our-decisions-dan-ariely/9028248?ean=9780061854545&ref=&source=IndieBound&title=Predictably+Irrational%2C+Revised+and+Expanded+Edition%3A+The+Hidden+Forces+That+Shape+Our+Decisions

동기 부여 요인에 따라 의사 결정 과정에서 가중치가 다르며 이러한 가중치는 합리적인 기준으로 계산되지 않는다. 어떤 상황에서는, 사회적 규범이 금전적 보상보다 가장 효과적이고 경제적인 동기가 될 수 있다. 사실, 재정적 보상은 때때로 의도한 것과는 반대되는 효과를 가질 수 있다.

이러한 사회적 규범과 규칙을 이용하는 것은 소비자 행동에 영향을 미치는 지름길 중 하나이다. 이 접근 방식은 공급의 형성과, 새로운 제품과 서비스에 대한 수요 창출을 지원할 수 있다. 대부분의 경우 해결책은 사람들의 선택 아키텍처를 조정하고, 이러한 제품과 서비스에 대한 소위 '넛지[15]'를 제공하는 데 있다.

선택 아키텍처에서 이러한 지름길은 종종 매우 간단할 수 있다. 카드 리더기는 사용자가 요청하기 전에 고객 영수증을 인쇄하는 경우가 많다. 그러면 영수증은 거의 항상 그냥 버려진다. 만약 리더기가 사용자가 영수증을 요구할 때만 인쇄한다면, 이러한 간단한 작업으로 인한 종이 절약은 시간이 지남에 따라 엄청난 효과를 불러일으킬 것이다.

선택 아키텍처에 대한 이해는 나쁜 습관을 억제해 긍정적인 행동을 장려하는데 사용될 수 있다. 이는 장기 기증자의 수를 늘리기 위해 사용되어 왔다. 온라인으로 건강 양식을 작성하면, 사용자들이 기증을 거절해야 할 경우, 보다 기증을 하는 경우가 더 많아서 기증자가 되는 사람들의 비율이 훨씬 더 높다. 택시 앱은 또 다른 좋은 예이다. 앱을 사용하여 택시를 예약하는 것이 이전 방법보다 훨씬 빠르고 효과적이다. 우리의 자원을 최대한 활용하는 것이 삶과 죽음의 차이를 의미할 수 있는 시대의 유산이기에, 인간은 단순하고 직설적인 것에 높은 가치를 두는 경향이 있다.

행동경제학과 소비자 신경과학(Consumer Neuroscience)이 알려

---

15) 사람들의 선택을 유도하는 부드러운 개입

주는 마케팅의 가능성은 무궁무진하다. 영국 정부는 음주 운전과 10대 임신을 줄이고 국민 건강을 개선하기 위한 조치와 같은 공공 정책을 지원하기 위해 행동 경제학의 통찰력을 활용하는 행동 통찰력 팀을 설립했다.

소비자 행동에 영향을 미치기 위해 이 혁신적인 접근 방식을 사용하는 잠재력은 엄청나다. 이제 우리의 임무는 소비자가 결정을 내리는 방법을 이해하고 해독하여 그들의 결정을 바꿀 수 있도록 돕는 것이다. 이것은 우리가 관리하는 브랜드, 우리가 서비스를 제공하는 소비자, 그리고 우리가 살고 있는 사회를 위한 가장 지속 가능한 방법이다.

II. 지속 가능한 생산(SP)

지속 가능한 생산은 1) 무공해 프로세스와 시스템을 사용하여 재화와 서비스를 창출하는 것, 2) 에너지와 천연 자원을 절약하는 것, 3) 경제적으로 실행 가능한 것, 4) 노동자, 지역사회 및 소비자에게 안전하고 건강한 것, 5) 모든 근로자에게 사회적으로 그리고 창의적으로 보상하는 것이다. 생산이 지속 가능한 경우 환경, 직원, 지역사회 및 조직 모두가 혜택을 받는다.

제품에 대한 미래 수요를 충족시키는 세 가지 방법이 있다 (Blowfield, 2013). 공급 확대, 생산성 증대, 수요 자체의 특성을 변화시키는 것이 그것이다.

1. 제조

지속 가능한 제조는 "온실가스의 배출을 줄이고, 재생 불가능한 또는 유독성 물질의 사용을 줄이고, 폐기물 발생 없이 물질을 변형시키는 기술을 개발하는 것"에 관한 것이다(Brennan & Vecchi, 2015[16]). 환경 효율성의 가장 큰 잠재력은 철강 및 시멘트의 중공업 부문, 건축 및 운송 부문, 농업 부문에 있다. 생산의 환경 효율성을 높이는 또다른 중요한 기회로는 산업 공생 구현과 재활용률을 개선하는 데 있다. 지속 가능한 제조를 위한 두 가지 전략은 다음과 같다. 에너지 효율성 및 제조 공정 중 열 포착(capturing heat)과 같은 기존 운영 효율성 향상, 설계를 통해 더 적은 재료를 사용하고 수명이 긴 제품을 개발하는 것과 같이 제조를 보다 근본적으로 지속 가능하게 만드는 것이다.

2. 에너지 및 자원의 낭비 감소

개별 현장 수준(site level)에서, 그리고 가치 사슬 전반에 걸쳐서 지속 가능한 제조는 상당한 환경적, 사회적, 경제적 이익을 가져올 수 있다. OECD 지속 가능한 제조 툴킷(Sustainable Manufacturing Toolkit)[17]은 기업이 비용 절감, 평판 구축, 투자 유치, 혁신, 고객 충성도(OECD, n.d.c)와 같은 혜택을 실현할 수 있도록 하는 조치와 방법을 제공한다.

2011년부터 OECD 지속 가능한 제조 툴킷은 전 세계 기업들이 지속 가능한 발전과 녹색성장에 기여할 수 있는 방식으로 생산 공정 및 제품의 효율성을 향상시킬 수 있는 실질적인 출발점을 제공하고 있다. 이 툴킷의 핵심 도구는 시설 수준에서 환경 성과를 국제적으로 측정을 가능하게 하는 공통 지표 세트이다. 다양한 수준의 지식과 경험을 가진 독자들이 쉽게 접근할 수 있도록 이 툴킷은 소책자와 웹사이트의 두 가지 버전으로 존재한다. 이 웹사이트는 책자에 수록된 창업 안내와 더불어 지속 가능한 제조의 구현에 대한 보다 자세한 설명을 제공한다.

---

16) Brennan, L., & Vecchi., A. (2015) International Manufacturing Strategy in a time of Great Flux. Springer International Publishing
17) https://www.oecd.org/innovation/green/toolkit/#d.en.192438

3. 기존 생산 시스템에 대한 도전

현재 제조 작업이 환경에 미치는 영향을 개선하는 것 외에도 기업은 보다 근본적인 수준에서 생산 방식을 변경할 수 있다. 생산의 점진적인 개선을 위해, 기업은 예를 들어 설계상 재료를 덜 사용하고, 회수율 손실을 줄이며, 수명이 더 긴 제품을 만들 수 있다(Allwood & Cullen, 2012[18]).

Patagonia[19], Allbirds[20], Fairphone[21]과 같은 회사들은 오래 지속되는 제품을 개발하고, 시간이 지남에 따라 고객이 제품을 재사용할 수 있도록 돕는 것을 목표로 한다. 이 부분에서 생산과 소비가 밀접하게 연관되어 있다.

또한, 블록체인과 같은 기술 발전은 생산자와 소비자 사이의 더 큰 협력을 촉진하는데 도움이 된다. 즉, 사람들이 더 지속 가능한 생활 방식을 수용하는 것과 회사가 공급망을 개선하는 것을 돕는다. 또한, 소비자의 60% 이상이 추적 가능한 지속 가능성 성능이 있는 제품을 구매할 가능성이 더 높다. 블록체인의 주요 이점은 투명성을 보장할 수 있다는 점이다. 간단히 말해서, 블록체인은 누가 누구에게서 무엇을 구매하는지에 대한 검증 가능한 기록을 제공한다는 것이다. 이것은 생산, 수집, 운송, 도착 및 폐기까지 모든 제조 단계에서 변경이 불가능하며, 시간을 기반한 데이터베이스로 Walmart, Amazon 및 IBM과 같은 회사가 공급망을 간소화하는 데 사용하고 있다(Bai 및 Sarkis, 2020[22]). 이것은 이 기업들이 지속가능성을 실천한다는 주장을 쉽게 검증할 수 있다는 의미이기도 하다.

---

18) Bokken, N.M.P. & Allwood, J.M. (2012) Strategies to reduce the carbon footprint of consumer goods by influencing syakeholders. Journal of Cleaner Production, 35, 118-129
19) https://wornwear.patagonia.com/
20) https://www.allbirds.com/
21) https://www.fairphone.com/en/
22) Bai, C. & Sarkis, J. (2020) A supply chain transparency and sustainability technology appraisal model for blockchain technology. Internayional journal of Product Research, 58:7, 2142-2162

4. 중요한 사항의 측정

생산량과 생산 조건(예를 들면, 폐기물 흐름, 에너지 사용, 공장에서 배출되는 CO_2 및 노동 조건)은 지속 가능한 생산의 중요한 요소이다.

독립형 SDGs 12는 "지속 가능한 소비 및 생산 패턴 보장"이다. 여기에는 8개의 특정 목표(목표 12.1~12.8)와 이행 수단과 관련된 3개의 목표(목표 12.a~12.c)가 포함된다. 이것은 주로 천연 자원, 식량 생산 및 기타 공급 관련 손실, 화학 물질 및 폐기물의 관리, 지속 가능한 기업 관행 및 보고, 그리고 지속 가능한 공공 조달과 관련하여 생산 효율의 렌즈를 통해 지속가능성을 본다.

공장 내에서 기업은 직접 계량(예: 전기 및 수도 미터)과 같은 간단한 측정 기술을 사용하여 현장의 환경 영향을 확인할 수 있다. 그러나 공급망과 제품 수명 주기(공급망 및 소비자 사용 및 폐기) 전반에 걸쳐 수명 주기 평가(LCA)와 같은 다양한 방법을 사용하여 제품 또는 서비스의 전반적인 영향을 식별할 수도 있다.

그 외에도 수많은 툴, 인증 체계, 성능 지표 및 관리 시스템이 지속적으로 발전하고 있다. 이러한 각 방법은 공급망 전반에 걸친 SCP 영향을 측정하기 위해 특정 영역의 우선 순위를 지정한다.

5. 기업의 역할

소비자 서비스 사업은 PSB의 채택에 영향을 미치는 등 다양한 방식으로 소비 행동을 형성할 수 있다. 저온에서 효과적인 가루 세제를 개발하거나, 저렴한 가격의 커피 리필 봉투를 생산하거나, 오래된 프린터 카트리지에 대한 재활용 지침과 시스템을 제공하는 것은 모두 구매를 촉진하고, 다른 PSB를 홍보하는 것을 목표로 한다. 또한, 기업들은 마케팅 커뮤니케이션을 설득력 있게 만들기 위해 오랫동안 행동 과학의 통찰력을 적용해왔다. 브랜드 개발자들은 이미지, 감정, 동료들로부터 압력, 가격 신호 및 습관의 영향을 잘 알고 있으며, 구매 선택에 큰 영향을 미치기 위해 이를 이용한다(Blowfield, 2013).

일부 조치는 주로 정부에서 시행하지만(예: 규제 또는 제품 금지), 기업들이 지속 가능한 소비를 장려하기 위해 취할 수 있는 광범위한 조치가 있다. "힘의 수준(level of force)"에 따라 분류된 소비자 행동을 변경하는 데 사용할 수 있는 몇 가지 수단이 포함되어 있다(Bocken & Allwood, 2012)[23].

제품 라벨링은 특정 환경 및 사회적 성과 기준을 충족하는 제품을 명확하게 식별하는 자발적인 표준과 코드이다(Caska & Corbett, 2016)[24]. 소비자 압력이 증가하는 것에 대응하여, 사회 및 환경 보호 라벨은 소비자들의 동물 학대, 아동 노동, 탄소 배출에서부터 지속 가능한 소싱에 이르기까지 모든 것을 포함하는 소비자들의 윤리적 선호도를 표현하기 위해 구매력을 사용하도록 장려한다.

2020년 5월 글로벌 에코라벨 인덱스[25]에는 199개국 25개 산업 부문에서 운영되는 457개 이상의 라벨이 나열되어 있다. 이러한 광범위한 다양성은 변화를 위한 도구로서 라벨링에 대한 주요 과제를 제시한다. 기업이 사회적 및 환경적 성과를 명확하게 표현하도록 시행하는 동안, 고객은 과도하고 불명확한 표준 사이에서 판단하는 것이 혼란스럽고 벅찰 수 있다.

지속가능성의 맥락에서 볼 때, 선택 편집(Choice editing)은 지속 가능하지 않은 제품군을 제거하고, 지속 가능한 제품 옵션으로 대체함으로써 소비자가 이용할 수 있는 선택지를 변경하는 것이다. 지속 가능한 소싱에 대한 약속은 선택 편집의 한 형태이다. 즉, 기업은 "최고의" 공급

---

23) Bokken, N.M.P. & Allwood, J.M. (2012) Strategies to reduce the carbon footprint of consumer goods by influencing syakeholders. Journal of Cleaner Production, 35, 118-129
24) Caska, P. & Corbett, C.J. (2016) Governance of Eco-Labels: Expert Opinion and Media Coverage. Journal of Business Ethics, 135 309-326
25) https://www.ecolabelindex.com/

업체(예: 탄소 발자국이 가장 작거나 삼림 벌채율이 가장 낮은 공급업체)만을 선택하기 위해 전념하고 있다. 예를 들면, 소매업체가 매장에서 F 라벨이 붙은 백색 가전과 텅스텐 전구를 없애고, 일회용 비닐 봉투에 추가 요금을 부과하고, 고객에게 다양한 대안 중에서 선택하도록 요청하는 대신 재생 가능한 에너지 사용을 위해 자발적으로 참여하도록 유도하는 것을 포함한다.

소비자 선택 편집은 PSB에서 대규모의 상당한 변화를 달성하는 것으로 나타났지만, 여전히 소비를 강조한다. 진정한 지속 가능한 소비는 전반적으로 소비를 줄이는 것이다.

III. 통합적인 소비와 생산은 무엇인가?

1. 지속가능한 소비와 생산의 도입

전세계적으로, 자원 소비는 1인당 생산량과 마찬가지로 빠르게 확장되었다. UN(2015)에 따르면, "인류는 그 어느 때보다 더 많은 자원을 소비하고 있으며, 현재 전 세계의 발전 양상은 지속 가능하지 않다." 사회가 소비와 생산을 보는 방식은 부의 창출과 소득 지출의 중심에 있기 때문에 부, 번영, 복지에 대한 사회의 태도를 많이 반영한다. 생산은 상품 및 서비스의 생성, 제조 및 마케팅(제품 재사용 및 폐기 포함)을 의미하고 소비는 소비자의 (인지된) 필요와 욕구에 대한 응답으로, 상품 및 서비스에 대해 소비자가 선택하는 것을 의미한다.

더 많이 갖고자 하는 소유욕구와 재정 성장에 대한 지속적 추진은 (일반적으로) 사람들을 더 행복하게 만들지 못했다. 2018년 세계 행복 보고서에 발표된 연구에 따르면, 세계에서 "가장 행복한" 국가 중 일부는 삶을 유지하기 위해 가장 많이 소비하는 "불행한" 국가보다 훨씬 적은 자원을 필요로 한다고 이야기한다. 게다가, 산업은 위생과 건강 개선, 더 많은 일자리, 더 많은 주택의 가용성을 제공함으로써 인간의 발전에 긍정적으로 기여했지만, 온실가스 배출 증가, 생물 다양성 손실, 토지 황폐화, 빈부 격차 및 탄소 배출량이 증가하는 것에서 볼 수 있듯이 상당한 사회적, 경제적, 환경적 비지속성을 야기했다. 생산과 소비로 인해 발생하고 이에 영향을 미치는 이러한 주요 글로벌 리스크는 시급히 해결되어야 한다. 이를 위해서는 인구, 소비, 환경 간의 상호연계를 고려하는 새로운 사회경제적 시스템이 필요하다.

지속 가능한 소비 및 생산(SCP)은 "서비스 또는 제품의 수명 주기 동안 천연 자원 및 유독 물질의 사용뿐만 아니라 폐기물 및 오염 물질의 배출을 최소화하면서, 미래 세대의 요구를 위태롭게 하지 않도록 기본적인 요구에 대응하고 보다 나은 삶의 질을 가져오는 서비스 및 관련 제품을 사용하는 것으로 정의할 수 있다." 다양한 정치 의제도 현재의 상황을 해결하는 데 초점이 맞춰져 있다. SCP는 Rio+20, 교토 의정서, 유엔 지속가능개발목표(SDGs), 세계 지속가능개발정상회의와 같은 구속력이 없는 협정에서 강조되어 왔다. 국제 거버넌스의 발전은 공급망 내 주요 이해관계자들의 압력과 함께 변화가 법으로 요구되기 전에 미리 생산 및 소비 프로세스에 긍정적인 변화를 주는 기업의 수가 증가하고 있다. 이해관계자들이 그러한 결과를 달성하기 위해 협력할 때 기업, 고객, 공급업체, 사회, 그리고 더 넓은 환경 등 모두가 혜택을 보게 된다 (UN, 2016).

2. 지속 가능한 소비와 생산을 위한 원동력

SCP 동인은 여러 가지가 있다. 지속 가능하게 생산되는 상품 및 서비스에 대한 소비자 수요와 상품 가격의 변동성, 특정 신기술의 에너지 집약도(및 그에 따른 비용), 기업이 실용적이거나 평판적인 이유로 가치

사슬의 사회적 및 환경적 측면을 고려하는 추세이다(Blowfield, 2013).

원자재에서 폐기 및 재사용에 이르기까지 선형 가치 사슬 전반에 걸쳐 SCP에 영향을 미칠 수 있는 외부 영향과 다양한 환경, 경제 및 사회적 요인에 대한 영향을 보여준다. 이러한 (지속적으로 진화하는) 영향과 효과 중 일부는 표 2.3.에 나열되어 있다.

⟨표 2.3: 보다 지속 가능한 소비와 생산과 관련된 영향 및 효과의 예⟩

Influences 영향			
political 정치적	Economic 경제적	Sociological 사회적	Technological 기술적
정부지원(의 부재)	제도화된 지속적인 경제성장	사회적 가치의 변화	커뮤니케이션 및 공급망 관리 촉진
국제 및 국가 목표(의 부재)	경제위기	승인된 판매요소의 비용	지속적인 차별화 및 혁신
불균등한 환경 법규	저비용 생산자	기업의 사회적 영향이 아직 완전히 인식되지 않음	지속 가능성/ 전문성/ 기술/ 비전부족
고용권	비용절감	부의분배	인터넷/ 소셜 미디어
		증가하는 인구	
		중산층의 증가	
		선택편집(Choice editing)	

Effects 효과		
Environmental 환경적	Economic 경제적	Social 사회적
리소스 사용과 관련된 문제	틈새·신규 시장의 성장	건강
기후변화의 가시적 영향	'저비용' 국가의 경쟁 심화 비용(노동력, 에너지, 폐기물)을 더욱 줄이기 위해	부와 평등의 분배
반동효과	친환경적이고 효과적인 기술 및 혁신	치안 및 안전
법률에 의해 강제되는 문제	기업리더십	삶의 질
지속가능한 생산공정과 관련된 문제	비용에 부담을 주는 문제	환경적 리스크로부터 피하기
자원양의 고갈	기업의 선택편집	
지속가능한 공급망의 문제 및 기회	유럽·영국에 없는 해외 최고의 기술	
	공급망위험	

자료: Business Sustainability Management (University of Cambridge) Module4, Unit1 (Sustainable Consumption and Production)

3. 통합 접근 방식: 가치 사슬 전반에 걸쳐

SCP에 대한 위의 논의에서는 자발적인 표준 및 실천 강령, 인증 및 라벨링, 마케팅 및 브랜드에 이르기까지 다양한 수단을 강조했다. 그러나, 시스템 수준의 변화를 달성하기 위해서는 기본 정책 환경을 포함하여 소비자 수요에서 상위 공급에 이르기까지 전체 가치 사슬을 살펴보는 총체적 접근이 필요하다.

특히 공공 조달은 선진국과 개발도상국 모두에서 중요한 변화의 지렛대 역할을 하는 것으로 확인됐다. 물론 변화를 위한 지렛대로서의 조달도 공급망 전반에 걸쳐 민간 부문 기업이 활용한다. 예를 들어, 영국의 주택 개량 다국적 기업 B&Q Limited는 산림 관리 협의회(FSC) 인증 목재만을 조달하고, Unilever, Walmart 그리고 Marks & Spencer는 MSC(해양 관리 협의회) 인증 해산물을 비축하기로 결정함으로써 입장을 밝혔다.

2011년, 지속가능발전위원회는 "지속가능한 삶을 더 쉽게 만들기: 정부, 기업, 사회의 우선순위[26]"라는 보고서를 발표했다. 이 보고서는 보다 지속 가능한 삶을 위한 긍정적인 행동을 강화할 기본 구조의 변화와 거버넌스의 새로운 비전을 강조한다.

비용 절감, 브랜드 이미지 개선, 공급망 위험 완화, 직원 및 소비자와의 장기적인 신뢰 관계 구축 및 참여를 포함하여 SCP와 관련된 글로벌 문제에 기꺼이 참여하려는 기업에게는 충분한 비즈니스 기회가 있다. 그러나, 변혁적 변화를 달성하기 위해서는 가치 사슬, 또는 더 적절한 "가치 네트워크"에 걸쳐 정부, 기업, NGO 및 소비자 간의 효과적인 협력이 필요하다.

SCP 관행을 바꾸려면 현재의 사고방식과 관행에 대한 근본적인 변화가 필요하며, 업계와 소비자 모두 보다 지속 가능한 행동을 촉진해야 하는 역할이 있다. 기존의 생산, 구매 및 소유 모델에서 순환 경제 및 시스템 사고를 수용하는 것으로 전환하려면 기업, 정부 및 소비자가 함께 협력해야 한다. 이러한 초기 변화는 불편할 수 있지만, 최종 결과는 환경과 사회가 똑같이 할 수 있게 하면서(enabling the environment and

---

26) https://www.sd-commission.org.uk/data/files/publications/MakingSustainableLivesEasier.pdf

society to do the same) 장기적으로 번영하는 경제이다. 핵심은 통합이며, 가치 사슬의 모든 부분에 걸쳐 변화가 이루어지도록 보장하는 것이다. 이러한 규모의 변경에는 프로세스에 관련된 모든 참여자 및 이해관계자의 협력이 필요하기 때문이다.

4. 기업의 더 큰 역할

소비자 의식만으로는 세상을 구하지는 못할 것: 우리는 사람들의 습관을 영원히 바꿀 수 있는 기업이 필요하다. 파블로 바로스(PABLO BARROS[27]) 이 내용을 정리·요약한 것이다.

사람들의 생활 방식과 소비 방식이 크게 변화하는 시기이다. 천연 자원의 희소성이 증가하고, 특히 개발도상국에서의 소비자 계층의 급속한 성장을 감안할 때 오늘날의 발전은 우리에게 새로운 생산과 소비의 방법을 요구한다. 전 세계의 정부와 기업이 직면한 가장 큰 도전 중 하나는 소비자가 보다 지속 가능한 구매 습관과 생활방식을 개발하도록 영향을 미치는 방법을 찾는 것이다. 기업이 소비자의 생활방식과 구매 습관을 크게 변화시킬 수 있는 중요한 기회이다.

이러한 맥락에서 기업의 역할은 소비자의 사회적, 환경적 책임에 대한 인식을 높이는 것 그 이상이며, 현재의 규모와 속도로는 오늘날의 문제를 해결하기에 충분하지 않다.

예를 들어, 브라질의 시장 조사에 따르면 지난 20년 동안 환경 문제에 대한 소비자들의 인식이 증가한 것으로 나타났지만, 소비자 인식의 증가와 같은 속도의 변화를[28] 일으키기는 커녕 구매 습관과 선호도에 큰 변화도 없었다.

이러한 과제에 대응하기 위해서는 훨씬 더 복잡한 접근 방식이 필요

---

[27] https://sustainablebrands.com/is/pablo-barros
[28] https://sustainablebrands.com/read/new-metrics/greendex-2014-increased-fears-about-environment-not-reflected-in-consumer-behavior

하다. 여기서는 공급 구조 조정, 수요 창출, 행동경제학을 이용하여 소비자에게 영향을 미치는 방법이라는 세 가지 주요 활동 영역에 대해 살펴볼 것이다.

4.1. 공급 구조 조정

가장 먼저 시작해야 할 곳은 공급 측면이며, 이는 더 청결하고 건강에 도움을 주거나, 합리적인 가격 및 더 편리함을 제공하는 제품 및 서비스를 공급하여야 하는 필요성[29] 때문이다. 브랜드는 비즈니스에 합당한 경우에만 이러한 제품을 개발할 것이다. 전세계의 새로운 기업들은 이미 소비자의 사회적 또는 환경적 양심에 호소하지 않으면서, 소비자의 구매 습관을 더욱 지속 가능하게 만드는 동시에 소비자에게 실질적인 혜택을 제공하는 혁신적이고 수익성 있는 제품과 서비스를 만들고 판매하고 있다. 이러한 예는 다음과 같다. 1) 온라인 플랫폼 OLX를 통해 사용자는 전례 없는 규모로 중고품을 사고 팔 수 있다. 2) Easy Taxi는 우리가 택시를 예약하는 방법에 혁명을 일으켰다. 이 과정은 운전자와 승객 모두를 더 쉽고 빠르고 안전하게 만들었으며, 경로를 최적화함으로써 대기 오염을 줄였다. 3) Airbnb는 환대산업(hospitality business)을 재편하여 누구나 소득을 창출하고 사람들을 하나로 모으는 여가 공간, 아파트 및 주택을 제공할 수 있는 가능성을 제공했다. 4) 이러한 추세는 최근의 인터넷 사업들을 훨씬 뛰어넘는다. 예를 들어, 아시아의 공급망 문제로 인해 대규모 불매운동의 대상이 되어온 나이키는 스스로를 재창조하고, 운동화를 판매하는 것에서 스포츠를 지원하고 홍보하는 것으로 브랜드를 확장했다. 나이키는 스포츠웨어를 판매하는 사업 그 이상이 되기를 원한다. 이제 나이키는 소비자들의 건강과 복지

---

[29] https://sustainablebrands.com/read/product-service-design-innovation/don-t-blame-the-new-middle-classes-in-the-developing-world-reinvent-your-offering

에 긍정적인 영향[30]을 미치고, 비만 퇴치에 참여하고자 한다. 이 새로운 포지셔닝은 나이키 시장에서 매우 성공적인 것으로 입증되었으며, 소비자와 사회에 실질적인 혜택을 제공한다.

4.2 수요 창출

두 번째 과제는 수요를 창출하는 것이다. 환경을 보호하고 사회적 책임을 다하는 것은 모두 좋은 일이지만, 모든 소비자에게 동일한 중요성을 부여하는 것은 아니다. 많은 사람들은 패스트 패션(fast fashion: 최신 트렌드를 반영해 빠르게 제작하고 유통시키는 의류)을 만드는 방글라데시 공장의 최근 비극[31]보다 나이든 이웃이 계단을 내려가는 것을 힘들어하는 것을 더 걱정한다. 부모에게는 놀이터에서 아이들의 안전이 아마존의 삼림 벌채보다 훨씬 더 중요하다. 그러나 기업과 조직이 지속가능성 캠페인[32]을 실행할 때 종종 이러한 멀리 떨어진 문제에 집중하면서 일상 생활에서 지속 가능한 행동의 역할을 잊는 경향이 있다.

소비자들은 무엇이 자신의 삶에 직접적인 영향을 미치는지에 대해 가장 신경을 쓴다. 만약 지속가능성 전문가로서 우리가 단지 서로에게만 이야기를 나누고 끝내거나, 이미 알고 있는 사람들에게 설교하는 함정에 빠지고 싶지 않다면, 훨씬 더 많은 청중들에게 다가갈 수 있도록 우리의 메시지를 조정해야 한다.

수요를 창출하고 소비자에게 영향을 미치는 글로벌 브랜드는 이러한 메시지를 구축하는 데 중요한 역할을 한다. 그들은 뿌리 깊은(이미 고착

---

30) https://sustainablebrands.com/read/supply-chain/swoosh-and-sustainability-nike-s-emergence-as-a-global-sustainable-brand
31) https://sustainablebrands.com/read/supply-chain/two-years-on-how-are-global-fashion-supply-chains-changing-in-the-wake-of-rana-plaza
32) https://sustainablebrands.com/read/marketing-and-comms/successful-stakeholder-engagement01-or-how-prince-ea-is-rallying-millions-to-standfortrees

화된) 소비자 행동과 구매 패턴을 변화시키는 제품과 서비스[33]를 제공함으로써, 그들의 마케팅 능력을 사회를 변화시키는 데 사용할 수 있다.

오늘날의 브랜드는 제품과 서비스의 공급을 대대적으로 개편해야 한다. 이것은 소비자의 양심에 호소함으로써 지구를 구하는 것이 아니다. 솔직히 말해서, 소비주의에는 양심이 거의 없고, 그러한 접근은 더 이상 통하지 않는다.

소비자로서, 우리는 우리가 생각하는 것보다 훨씬 덜 이성적이다. 마케팅은 항상 인간의 행동과 욕구의 가장 기본적인 측면인 사회적 지위, 집단의 정체성, 보안, 자유, 연결, 인식, 의미 및 자기 계발의 필요성에 대해 이야기하는 기술을 사용해 왔다. 동일한 소비자에게 더 긍정적인 영향을 미치기 위해, 기업에 이러한 기술을 배포하도록 요구하는 것은 무리가 아니다.

오늘날 우리가 직면하고 있는 사회적, 환경적 도전은 엄청난 규모이다. 기업과 브랜드의 충분한 협력과 역량 없이는 이러한 도전을 극복할 수 없다.

IV. 어떠한 기업 사례가 있나?

1. 실제로 소비자들은 지속 가능한 제품을 구입한다.

2015-2020 IRI 구매 데이터에 대한 지속 가능한 시장 점유율 지수(Sustainable Market Share Index) 조사에 따르면 지속 가능성이 성장을 주도하고 전염병에서 살아남게 했다.

란디 크론탈-사코(Randi Kronthal-Sacco), 텐시 휠란(Tensie Whelan), 업데이트: 2020년 7월 16일

---

[33] https://sustainablebrands.com/read/collaboration-cocreation/with-timbuk2-s-life-cycle-customers-can-reuse-repair-recycle-and-reimagine-its-products

Tensie Whelan[34]와 Randi Kronthal-Sacco[35] June 19, 2019 이 내용을 정리 요약한 것이다.

수년 동안, 브랜드 매니저들은 소비자들이 지속 가능한 제품을 구매할 의사가 있지만 실제로는 구매하지 않는 것에 대해 불만을 토로했다. 기업들은 제품을 더 지속 가능하게 만들지 않는 것에 대한 정당화로 이 통념을 사용해왔다. 2013년부터 2018년까지 지속 가능한 제품으로 판매된 제품을 조사한 새로운 연구에 의해, 기존의 통념이 사실이 아니라는 사실이 밝혀졌다. 소비재 카테고리의 90% 이상에서 지속 가능성 마케팅 제품이 기존 제품보다 빠르게 성장했다. 이들은 2013년 14.3%에서 2018년 16.6%를 차지해 1140억 달러에 가까운 매출을 올렸다. 기업들은 소비자들이 지속 불가능한 브랜드에 반대하며, 자신의 돈을 사용하여 점점 더 크게 의사 표현을 하고 있다는 사실을 인식해야 한다.

NYU Stern's Sustainable Business 센터는 IRI가 제공한 데이터를 사용하여 미국 소비자의 실제 소비재(CPG) 구매에 대한 광범위한 연구를 마쳤으며, 2013년부터 2018년까지 CPG 성장률의 50%가 지속성 마케팅 제품에서 나온다는 것을 발견했다. IRI의 데이터는 식품, 의약품, 달러 및 대량 판매업체 내 소매점 계산대에서 바코드 스캔 코드에서 나온다. 5년 동안 CPG 달러 매출의 40%를 차지한 36개 이상의 카테고리와 71,000개 이상의 재고관리코드(SKU: Stock Keeping Unit)를 조사했다.

포장에 지속 가능성 주장이 있는 제품은 2013년 14.3%에서 2018년 16.6%로 증가했으며, 2013년 대비 29% 증가한 1,140억 달러에 가까운 매출을 달성했다. 가장 중요한 것은 지속가능하다고 마케팅 된 제품이 그렇지 않은 제품보다 5.6배 더 빠르게 성장했다는 것이다. CPG 카테고리의 90% 이상에서 지속 가능성 마케팅 제품이 기존 제품보다 빠

---

34) https://hbr.org/search?term=tensie%20whelan
35) https://hbr.org/search?term=randi%20kronthal-sacco

르게 성장했다.

또한 우리는 지속 가능성 마케팅 제품에서 가장 큰 비중을 차지하는 카테고리를 검토했다. 화장실 휴지와 고급 화장지, 우유, 요구르트, 커피, 짠 간식, 병 주스 등이 카테고리에서 가장 높은 점유율(18% 이상)에 속했고 세탁 관리 제품, 바닥 청소기, 초콜릿 캔디 등은 5% 미단이었다.

어느 정도 더 높은 수준의 효능이 필요한 제품(예: 세탁 관리 및 생리대)이 지속 가능성 마케팅 제품에서 더 낮은 점유율을 보일 가능성이 높았다. 아마도 소비자가 성능 트레이드 오프(trade-offs)에 대해 우려하기 때문일 것이다. 그렇긴 하지만, 일부 카테고리는 지속 가능성 마케팅 제품에서 높은 성장을 보였다. 생리대와 세탁 관리 제품은 150%로 가장 높았다. 따라서 지속 가능성 마케팅 제품 점유율에서 뒤쳐진 일부 범주가 잃어버린 시간을 만회하고 있는 것으로 보인다.

1.1. 이러한 조사 결과는 기업 관리자와 투자자에게 무엇을 의미하는가?

소비자들은 지속가능하지 않은 브랜드에 반대표를 던지고 있다. PepsiCo 및 Unilever같이 이러한 변화를 받아들이고 기꺼이 선회하려는 기존 기업들이 번창할 것이다. 특히 이 두 회사의 PepsiCo와 Unilever의 전 CEO인 인드라 누이(Indra Nooyi)와 폴 폴만(Paul Polman)을 자신들의 전통적인 브랜드에서 멀어진다고 비난한 투자자들의 거센 반대에도 불구하고 변화를 강행하고 있다. 전환축(피벗)을 만들지 않는 CPG 기업은 길을 잃을 것이다. 투자자들이 역효과를 불러일으키는 비용 절감 접근 방식을 장려한 Kraft Heinz가 적절한 사례이다. 소비자의 취향이 변하고 있다는 증거를 감안할 때, "지난 40년 동안 잘 먹힌 레시피를 왜 망치느냐"는 태도는 잘못된 것이다.

Unilever가 "지속 가능한 생활" 브랜드를 통해 보여주듯이, 현재 매출 성장의 70%를 달성하고 있는 것처럼 레거시(기존) 제품을 재창조함으로써 필요한 혁신 중 일부를 달성할 수 있다. 이러한 브랜드는 쇼핑을 자신의 가치에 맞추려는 소비자의 관심을 대변한다. 예를 들어 Hellmann's는 미국 제품에 100% 케이지 없는 계란을 사용한다. 이 공간에 있는 작은 브랜드도 더 큰 기업들의 관심을 끌고 있다. Unilever는 Seventh Generation, Sundial Brands 및 Pukka Herbs와 같은 충성도가 높은 브랜드를 구매했다.

기업 리더십은 브랜드 관리자가 지속 가능한 제품에 대한 수요가 없다고 주장할 때 더 이상 그냥 지나치지 않아야 한다. 그리고 투자자들은 기업이 전환축 (피벗)에 필요한 투자를 할 수 있도록 지원해야 한다. CPG의 미래는 물론 의류와 같은 다른 카테고리의 미래도 지속 가능하다.

2. BBMG: 라파엘 벰포라드(Raphael Bemporad) 인터뷰

이 글은 Corporate Sustainability with Tensie Whelan(New York University)에서 인터뷰한 내용을 정리·요약한 것이다.

2.1. Raphael Bemporad는 누구인가?

BBMG는 미국 뉴욕 브루클린에 기반을 둔 브랜드 및 사회 혁신 컨설팅 회사이며, 파트너인 Globe Scan은 이러한 연구에 정통한 회사이다. Raphael Bemporad는 BBMG의 창립 멤버로, 지속 가능성을 활용하여 공유 가치를 창출하는 브랜드 혁신에 대한 새로운 접근법에 대한 열정적 옹호자이다. 브랜드 전략, 혁신 전략, CSR, 공익 마케팅 및 공공업무 분야의 전문가로, 국가 캠페인, 공공 정책 입안, 소비자 및 비영리 브랜드 설계, 공익 관련 파트너십 관리, 지역 주 및 연방 선출 공무원의 커뮤니케이션 관리 등을 담당했다. 또한, 지속가능경영센터 자문위원이며, Stern in Sustainability에서 마케팅 과정을 강의하고 있다. BBMG

와 Globe Scan과 함께 소비자 통찰력과 전 세계 사람들, 지속 가능성 및 목적에 대해 연구를 수행했다.

2.2. 소비자 유형

다양한 소비자 유형을 살펴보고, 어떻게 그들이 지속가능성과 목적에 대해 관여하는지에 대해 설명한다. 소비자들이 어느 정도까지 신념을 깊이 간직하고 있는지, 시민이나 소비자, 직원으로서 그들의 역할에 그들이 중요하게 여기는 신념이 얼마나 영향을 미치는지 알아보고자 했다. 이 주제를 22개의 다른 나라에서 조사했고, 2007년부터 1년 동안 22,000명의 소비자가 있었고, 2012년부터 전 세계적으로 조사했다.

'열망 소비자(aspirational consumer)'라고 부르는 새로운 세대의 소비자가 부상했고, 기본적으로 이 거래를 찾는 소비자 사이에서 새로운 사고방식이 부상하고 있다. 어떻게 하면 본인 스스로 상품을 구매하고, 브랜드와 함께 할 수 있고, 다른 사람들에게 해를 끼치지 않으며, 자신의 필요에 맞는 방식으로 참여할 수 있고, 자신보다 더 큰 무언가의 일부가 되고자 하는 것이 열망 소비자 세대들의 마음가짐이다.

2.3. 세 그룹의 소비자

소비자 행동과 가치 사이의 교차점을 두 축에 그려서 전체적으로 소비자를 이해했다. Y축은 물질주의이고, x축은 사회적, 환경적 가치이다. 그리고 이 두 축, 물질주의와 사회적 환경적 가치를 본다면, 세분화적 측면에서 사회적, 환경적 가치에 가장 전념하는 이들을 "옹호자"라고 부르며, 이 사람들은 큰 임팩트를 지향하는 사람들이다. 그들은 책임이나 지속가능성에 대한 주장을 할 때 기업에 대해 가장 회의적이고 냉소적이다. 그들은 회사와 브랜드가 해결책이라고 믿지 않는다. 또한 쇼핑 자체에 특별히 관심이 없다. 그래서 옹호자들은 전 세계 인구의 약

22%로, 물질주의나 기업들에 덜 전념한다.

이 연구에서 나온 "아하!"하는 순간(a-ha moment)은 열망 소비자가 세계 인구의 40%로 증가했다는 사실이다. 이 사실은 구매 혹은 행동을 통해 차이를 만들고 싶다는 측면이다. 하지만, 큰 차이점은 열망소비자는 브랜드를 해결책으로 본다는 것이다. 즉, 그들이 사용하는 물건의 출처와 사용한 후에 어느 브랜드를 선택하는지를 염두에 두면서 더 진실하게 만들어진 브랜드와 함께 한다는 뜻이다. 그들은 실제로 브랜드가 긍정적인 변화를 만드는 데 있어 협력자가 될 수 있다고 느끼고, 문화를 형성하고, 규범과 문화 트렌드를 주도할 수 있다. 이들이 시장의 40%를 차지한다. 이는 기업 입장에서 굉장히 좋은 일이다.

마지막으로, 가격과 가치에 뿌리를 둔 "실용적" 소비자라고 불리는 평범한 소비자가 있다. 구매가 끝났을 때 긍정적인 영향이 있다면, 결과적으로는 괜찮지만 그들이 궁극적으로 추구하는 방향은 아니다. 이들은 시장의 29%에 달한다.

따라서 이 세 그룹을 넓게 보면, 가치에 전념하는 '옹호자', 브랜드와 가치를 결합하고 시장에 참여하려는 '열망 소비자', 그리고 그들의 필요를 충족시키려 한 구매이지만 긍정적인 영향을 미치는 '실용적 소비자'로 분류할 수 있다.

2.4. 기업과 열망 소비자와의 관계

열망 소비자들은 옳은 것과 멋진 것 사이의 교차점이다. 이들은 특정 브랜드를 주류로 옮길 수 있게 해준다. 지속가능성을 추구하는 브랜드에게는 매우 흥미로운 일이며, 실제로 경쟁 우위와 제품 및 서비스를 시장에 출시하는 방법에 대한 차별화 요소를 찾고 있는 기업에게는 매우 흥미로운 일이다. Target이라는 미국 소매업체를 예로 들어 설명한다. 그들은 열망 소비자들로부터 브랜드로서 지속가능성을 향해 나아가게 하고, 비즈니스의 모든 수준에 지속 가능성을 포함시키는 방법을 배우고자 했다. 목적, 스타일, 열정, 공동체, 정체성, 창의성과 같은 것들을 중심으로 계획을 세워 나갔다. Target이 가장 성공을 거둔 플랫폼은 "Made to Matter"라고 불리는 것으로, 이는 더 나은 재료로 만들어졌고, 진실되게 만들어짐과 동시에 공동체에 긍정적인 영향을 미치는 제품의 큐레이션이었다. 이것을 특별 컬렉션으로 꾸몄고, 온라인 및 오프라인 매장의 목적지로 만들었고, 연간 10억 달러의 매출을 증가시켰다. 필요한 것을 제공할 뿐만 아니라 긍정적인 영향을 미치고, 자신보다 더 큰 집단이나 커뮤니티에 신호를 보내고 의사 소통할 수 있다는 것을 보여준 것이다.

기업들이 '열망 소비자'나 '옹호자'들과 접촉하고 소통하려고 할 때 흔히 저지르는 실수는 이 이슈를 유행으로만 쫓고 부가물 취급하며, 그들 고유의 브랜드 목적이나 핵심 브랜드 전략에 집착하는 것으로 만들려고 하는 것이다. 리스크는 비즈니스 목표 자체에 깊게 통합되는 것이 아닌, 이를 고착화하거나 일종의 부가적인 전략으로 만드는 것이다. 그리고 또 다른 리스크는 회사의 전반적인 정신이 아닌 궁극적으로는 하나의 제품이나 서비스일 뿐이라고 믿는 것이다.

2.5. 목적과 지속가능성에 관한 마케팅의 미래 트렌드

전반적으로 보면 기업과 사회와의 관계는 이제 국민 마음과 소비자 마음으로 상호 연결이 되어 있다. CEO들이 의도적으로 어떻게 끌고 갈지 고민하면서 염두에 둘 거시적인 힘은 세 가지다.

첫 번째 거시적 힘은 경제 변화와 경제적 불평등의 부상에 뿌리를 두고 있다. 두 번째 큰 전환점은 기술 전환점이다. 그리고 세 번째는 생태학적 변화이다. 우리는 이 세기의 기후를 섭씨 2도 이내로 유지하는 것과 순환 경제로 옮겨야 한다는 현실을 잘 알고 있다. 이 모든 것들이 거대한 변화이다.

   소비자를 마케팅적 세력(marketing force)이 되게 하는 것으로, 소비자를 기업을 위한 전도사 및 옹호자로서 촉진시키고, 기업의 팬들이 설 수 있는 무대를 제공함과 동시에 제품이나 브랜드 가치보다 더 큰 것을 위해 기업과 결집할 수 있는 기회를 제공해야 한다. Ben & Jerry's 같은 브랜드나 will.i.am과 함께 하는 시민의 해 콘서트에 대해 생각해 보면, 수천 명의 팬들이 변화를 일으키기 위해 브랜드 뒤에 모여 있는 것을 알 수 있다.

제7장
어떻게 직원을 육성하고 활용할 것인가?

Ⅰ. 다양성과 포용성
Ⅱ. 상위권에 다양성이 부족한 진짜 이유
Ⅲ. 어떠한 기업 사례가 있나?
Ⅳ. 직원과 지속 가능성에 대한 연습

07 어떻게 직원을 육성하고 활용할 것인가?

Ⅰ. 다양성과 포용성

모닝스타(Morningstar)[1]의 다양성과 포용성에 대한 질문은 다음과 같다. 첫째, 기업 경영진이 전 직원 내 대표성을 개선하기 위해 취하고 있는 중요한 조치를 지적할 수 있는가? 둘째, 그들의 노력이 측정 가능한 성공을 거두고 있는가? 셋째, 회사가 점진적인 채용 방식을 취하고 있다고 해도 유색인종은 백인 직원과 같은 경영진으로 승진할 수 있는가? 넷째, 임원급은 어떻게 구성되어 있나? 다섯째, 회사가 더 많은 자본을 확보할 수 있도록 다양한 이사회가 있는가? 여섯째, 회사 경영진이 직장을 보다 포용적으로 만들기 위한 조치를 취했는가? 일곱째, 기업 문화는 차별을 규탄하고 차이를 인정하는가?

1. 다양성과 포용성을 위한 CEO 조치

1.1. 프라이스 워터하우스 쿠퍼스(PWC: Price Waterhouse coopers)의 CEO 팀 라이언(Tim Ryan)에 의해 시작되었고, 1400명이 서명하였으며, CEO 공약은 다음과 같다.

첫째, 나는 나의 편견을 확인하고, 다른 사람을 위해 말하고, 모두를 위해 일할 것을 서약한다.

둘째, 나의 편견을 인식하고, 이를 이해하고 완화하기 위해 의미 있는 조치를 취할 것이다.

---

[1] Morning Star | The People's Daily (morningstaronline.co.uk)

셋째, 나는 친구 및 동료들과 의미 있고 복잡하며 때로는 어려운 대화를 시작할 것이다.

넷째, 나는 "내 행동과 말이 포용의 가치를 반영하는가?"라고 자문해 볼 것이다.

다섯째, 나는 다른 사람들의 경험과 관점에 대해 배우기 위해 안전지대를 벗어날 것이다.

여섯째, 내가 배운 것과 관련된 통찰력을 공유할 것이다.

1.2. 사례들

Morningstar는 소수자 역량 강화 지수를 마련하여, 인력, 이사회, 공급망 및 사회 전반에서 인종 및 민족적 다양성에 대한 헌신에 따라 소수자 권한 부여 점수를 할당 받는다. 대부분 정책과 프로그램이 고려되지만, 중요하게는 측정 가능한 행동도 강조된다. 또한, Sustainalytics에서는 다양성 및 포용성과 관련된 문제에 대한 실적이 좋지 않다고 판단하는 경우, 해당 기업은 지수에 포함될 수 없다. 이는 사건 및 논쟁에 대한 면밀한 조사에 기초하여 결정된다. 주요 변수는 이사회 다양성, 차별 정책, 다양성 프로그램, 사회적 공급업체 표준(비차별) 등이며, 2020년 상위 3위 기업은 Microsoft, Citigroup, Coca Cola이다.

2. 다양성의 힘

인종적 불평등에 대한 새로운 초점은 특히 미국에서, 직장 내 다양성을 증진하려는 많은 비즈니스 리더들의 약속을 강화했다. 그러나 기업이 더 큰 다양성을 지원해야 하는 실질적인 이유는 재무 성과를 향상시킨다는 것이다. 보스턴컨설팅그룹(BCG: Boston Consulting Group) 2018년 연구에서 평균 이상의 다양성을 가진 경영진이 있는 회사가 더 높은 혁신 수익을 보고한 것으로 나타났다. 이러한 기업의 경우 지난 3

년 이내에 출시된 제품 또는 서비스의 매출이, 리더십 다양성이 평균 이하인 기업보다 19% 높았다.

그러나, 불행하게도 통계에 따르면 비즈니스 리더십은 특히 고위층에서 더 다양하게 성장하지 못하고 있다. 오히려 소수 인종과 민족 집단의 지도자들의 비율은 거의 변하지 않았다. 예를 들어, 2018년에 흑인 관리자는 미국 고위 경영진의 3.3%를 차지했는데 이는 2007년의 3.6%에서 약간 감소한 수치이다. 흥미롭게도 미국에서 흑인 중간 관리자의 비율은 흑인 고위 관리자의 비율보다 높았지만, 2007년 7.3%에서 2018년 7.5%로 약간 증가했다. 이 데이터는 흑인 리더의 비율이 정체되었을 뿐만 아니라 흑인 전문가가 중간 관리에서 정체 상태에 있고 가장 고위직에 오르지 못하고 있음을 시사한다. 일부 산업은 특히 상위권에 다양성이 부족하다. 흑인 임원은 금융 및 보험 분야에서 고위 관리직의 3%, IT 산업에서는 2%에 불과하다.

다양성 부족의 한 가지 결과는 최고 경영진이 장애물을 명확히 이해하지 못하는 경우가 많기 때문에 비효율적인 솔루션을 배포한다는 것이다. BCG 연구(2018년)에 따르면, 인종 및 민족적으로 다양한 배경을 가진 미국 직원의 33%가 승진과 관련하여 다양성에 상당한 장벽이 있다고 보고 있다. 최고지도자 직책의 큰 비중을 차지하는 집단인 45세 이상 백인 남성 중 19%만이 같은 견해를 갖고 있었다.

II. 상위권에 다양성이 부족한 진짜 이유

2020년 11월 19일 저스틴 딘(Justin Dean), 존 라이스(John Rice), 월릭 윌리엄스(Wallrick Williams), 브리타니 피네로스(Brittany Pineros), 다니엘 아코스타(Daniel Acosta), 이안 판첨(Ian Pancham)

및 마이크 스넬그로브(Mike Snelgrove) 작성. 이 글은 이 내용을 정리·요약한 것이다.

만약 회사가 소수 인종 및 민족 그룹에서 충분한 직원을 채용한다면 시간이 지남에 따라 충분한 수의 직원이 조직을 통해 증가하여 모든 수준에서 다양한 문화를 창출할 것이지만, 이러한 일은 일어나지 않는다. 인종 및 민족적으로 다양한 배경을 가진 직원을 모집하려는 노력이 더 효과적이기는 했지만, 많은 산업 분야에서 특히 흑인 및 라틴계 직원은 백인 직원만큼 개인적으로 성장하지 못하고 있다.

그 이유를 이해하기 위해 경영 컨설팅을 심층적으로 살펴보았다. MLT(Management Leadership for Tomorrow)와 협력하여 실시한 이 연구는 컨설턴트가 승진에서 탈락하는 이유를 파악하기 위해 경영 컨설팅 업계 전반을 살펴본 결과, 소수 인종 및 민족 그룹의 컨설턴트는 소속감이 약하고 전문적인 환경을 탐색하는 데 어려움을 더 겪는 것으로 나타났다.

불행하게도, 이것은 종종 다양성을 인식하지 못한 것이 원인이다. 다양성을 증가시키기 위한 노력은 일반적으로 채용을 개선하고 훈련과 기술 개발 기회를 통해 소수 인종 및 민족 그룹의 컨설턴트 개발을 지원하는 데 초점을 맞추고 있다. 그러나 이러한 노력이나 기업의 기존의 성과 관리 시스템은 승진과 유지를 가로막는 가장 중요한 장애물을 해결하지 못한다.

1. 장벽 허물기

경영 컨설팅 분야는 경쟁이 치열한 다른 산업이 직면하는 것과 동일한 다양성 문제에 직면해 있다. 산업이 성장함에 따라 채용을 통해 다양성을 개선하기 위한 공동의 노력이 있었지만, 인터뷰 결과 소수 민족 및 인종 집단의 파트너 수가 직원 수에 비례하여 증가하지 않는다는 공통점을 발견했다.

개인이 조직에서 성장할 수 있는 기술이 있는지 여부를 나타내는 첫 번째 지표가 승진인 것을 감안할 때, 우리는 인종 및 민족적으로 다양한 배경을 가진 컨설턴트의 초기 진행을 방해한 문제를 식별하는 데 중점을 두었다. 이를 컨설팅 자세히 살펴보기(Putting Consulting Under the Microscope)에서 살펴보았다.

1.1. 8가지 제한적인 어려움과 5가지 원인 분석

분명한 문제는 진급 격차가 채용 시 개인 간 기술과 전문성 수준의 차이로 설명될 수 있느냐는 것이다. 이를 해결하기 위해 2019년 미국 MBA 상위 20개 프로그램을 졸업한 학생들의 주요 지표를 살펴보았다. 우리는 2015년, 2016년, 2017년 경영학석사(MBA)를 취득하고 MLT의 소수 그룹을 위한 전문성 개발 프로그램에 참여한 후 상위 컨설팅 회사에 채용된 비즈니스 스쿨 졸업생들과 비교했다. 두 그룹은 하나는 최상위 기업의 전형적인 초급 컨설턴트이고, 다른 하나는 소수 인종 및 민족 그룹의 새로 고용된 컨설턴트이다.

결과를 보면 두 그룹의 프로필은 비슷했다. 채용되었을 때, 인종 및 민족적으로 다양한 배경을 가진 사람들은 일반적으로 신입사원의 세계를 구성하는 상위 20개 MBA 프로그램의 사람들과 같은 수준의 학업 우수성을 달성했고 비슷한 업무 경험을 가지고 있었다. 그렇다면, 출발점이 같다면 왜 소수 인종 및 민족 집단의 컨설턴트들이 승진에서 덜 성공적일까? 관리자와의 인터뷰를 통해 모든 컨설턴트가 다음 8가지 과제 중 하나 이상을 충족할 수 없는 경우 승진 과정에서 이탈하는 것으로 나타났다.

첫째, 분석 또는 문제 해결 능력 입증

둘째, 지시를 기다리지 않고 독립적으로 작업 수행

셋째, 사례팀 환경에서 자신의 입장을 주장

넷째, 실행 가능한 피드백 요청

다섯째, 피드백을 적시에 완벽하게 처리

여섯째, 너무 늦을 때까지 기다리지 않고 도움 요청하기

일곱째, 경력 진행을 위해 옹호자 및 후원자, 또는 둘 모두의 지지를 얻음

여덟째, 수습직원 생활에 기꺼이 투자할 수 있는 멘토가 있어야 함

이러한 문제의 이면에 있는 역학을 이해하기 위해 8가지 문제를 모두 유발하는 5가지 근본 원인에 초점을 맞추어서 원인 분석을 수행했다. 이는 다음과 같다.

첫째, 소속감이 약함

둘째, 전문적인 환경을 탐색하는 데 어려움이 있음

셋째, 발전 가능성에 대한 성장 마인드 부족

넷째, 수준 이하의 컨설팅 스킬 세트

다섯째, 컨설팅 도구에 대한 숙련도 부족

1.2. 두 가지 원인의 불균형한 영향

이 다섯 가지 근본 원인 중 일부 또는 전부가 인종적, 민족적으로 다양한 배경을 가진 컨설턴트의 성공에 불균형적으로 영향을 미치는지 여부를 이해하기 위해 학술 연구 및 MLT 조사 데이터를 분석하여 모든 컨설턴트에게 미치는 영향을 이해했다.

분석에 따르면, 기술 수준과 도구 숙달이 영향을 미치는 정도는 소수 인종 및 민족 그룹의 컨설턴트와 그렇지 않은 그룹의 컨설턴트에 비해 거의 차이가 없다고 한다. 그 분석은 성장 마인드를 유지하는 것이 이들 그룹의 승진에 영향을 미치는지에 대해 결론을 내리지 못했다. 그러나 나머지 두 가지 근본 원인, 즉 소속감이 약하고 직업 환경을 탐색하

는 데 어려움이 있는 그룹 간의 차이가 확인되었다. 약한 소속감을 둘러싼 문제들을 고려하라. 영향력 있는 학술 연구기관은 사회적으로 연결되고, 지원되고, 개인으로 인정받는 것이 좋은 성과를 거두기 위해 필수적이라는 것을 시사한다.

그러나 소수 인종 및 민족 집단의 조사 응답자 중 45%가 각자의 회사에 소속감이 약하다고 느꼈다고 답했으며, 이는 다른 전문 및 학술적 환경에서의 결과와 일치한다. 이러한 감정은 조직에 대한 자신의 가치와 다음 단계로 나아가는 능력에 대한 개인의 자신감을 약화시킬 수 있다.

컨설팅을 포함한 많은 산업에서, 조직을 능숙하게 탐색하는 능력은 엄청난 이점이 있다. 이는 더 높은 품질의 피드백, 더 나은 과제, 더 효과적인 관리자에 대한 액세스, 대학원 후원과 같은 전문적인 기회에 대한 더 큰 지원으로 이어질 수 있다.

현재 컨설팅 업계는 소수 인종 및 민족 출신 직원들의 승진과 유지율이 약해지는 근본 원인을 적극적으로 해결하지 못하고 있는 것으로 보인다. 다양한 배경의 컨설턴트들에게 컨설팅 생태계(MLT 및 이와 유사한 조직, 학술 프로그램 및 기업을 포함)에 이미 존재하는 지원 메커니즘에 대해 물었을 때 응답자들은 컨설팅 기술 및 마스터링 도구 개발에 대한 지원을 가장 많이 사용할 수 있는 것으로 꼽았다. 구체적으로, 마이크로소프트 엑셀에 대한 교육 프로그램, 기본 모델링 및 슬라이드 작성이 생태계 전반에 걸쳐 제공된다. 그러나 기업은 소속감을 형성하는 문화를 구축하거나 컨설턴트가 전문 환경을 탐색하는 방법을 배우도록 돕는 데 많은 노력과 자원을 투자하지 않는다. 설문 조사에 응한 컨설턴트는 MLT와 회사의 동호인 단체의 네트워크 측면에 의존하여 소속감과 회사 탐색에 대한 지침을 제공하는 경향이 있다고 언급했다.

2. 승진 및 유지를 위한 조치

유사한 다양성 문제가 있는 산업의 컨설팅 회사 및 타 회사들은 소수 인종과 민족 집단 직원들의 발전과 승진을 지원하기 위해 포괄적인 접근법을 취해야 한다. 이러한 노력은 채용을 개선하고 새로운 기술과 전문성 개발을 지원하는 것 이상을 해야 한다.

CEO는 모든 직원의 진급을 제한하는 근본 원인을 겨냥해야 하며, 직원의 특정 배경과 출발점에 보조와 지원을 맞추어야 한다. 동시에, 기업들은 직원들이 인종적, 민족적으로 다양한 배경을 가지고 있는 것을 불균형적으로 방해하는 두 가지 근본 원인에 특히 주의를 기울일 필요가 있다. 이를 위해 다음 여섯 가지 작업을 수행할 것을 권장한다.

2.1. 직원의 소속감 향상

소속은 사람에 따라 다른 것을 의미하기 때문에 복잡한 주제이지만, 소속감을 개선하고 장려하기 위한 검증된 접근법이 있다. 여기에는 소수 인종 및 민족 그룹의 직원이 강력한 지원 네트워크를 구축하고 일상적인 문제를 공통적이고 극복 가능한 것으로 해석하도록 돕는 것이 포함된다. 직원들이 가치 있고, 개인으로서 존중받고, 편견으로부터 자유롭다고 느낄 수 있는 포괄적인 작업 환경을 만드는 것도 소속감을 조장하는 데 매우 중요하다. 조직 내 소속감을 높이는 중요한 제도적 수단은 백인 관리자를 위한 근접 교육이다. 이러한 접근 방식은 관리자가 같은 학교에 다녔고 이전에 같은 조직에서 근무했더라도 인종과 민족적으로 다양한 배경을 가진 직원들이 조직을 어떻게 다르게 경험하는지에 대한 현실의 근거를 제공한다.

2.2. 직원이 전문적인 환경을 탐색할 수 있도록 지원

학술 연구와 자체 연구 결과에 따르면 인종 및 민족적으로 다양한 배경을 가진 직원의 성과를 개선하려면 네트워킹 능력을 향상시키고 전문적인 환경을 편안하게 탐색할 수 있는 프로그램이 필요하다. 결과를 개선하려면 형평성을 촉진하는 구조와 프로세스도 필요하다. 예를 들어, 인력 배치 프로세스가 네트워킹에 크게 의존하는 회사는 소수 인종 및 민족 그룹의 직원이 백인 동료만큼 자주 주요 클라이언트 팀(종종 최고 성과 관리자가 이끄는)에 배치되도록 구조화된 접근 방식을 개발해야 한다. 또한, 기업은 소수 인종과 민족 집단의 직원들을 위한 후원 및 멘토링 프로그램을 공식화하는 것 이상을 해야 한다.

기업들은 보통 중요한 전환기에 고위 임원들을 위해 남겨진 전문적이고 안전한 장소의 코칭을 제공해야 한다. 이러한 코칭은 입사 첫해(고성능 서사가 확립된 경우)와 승진 기간 이전(진급 및 의사 결정 프로세스에 대한 요구 사항을 명확히 하기 위해)에 이루어져야 한다.

2.3. 피드백과 발전을 통한 직원의 성장 마인드 강화

초급 교육 프로그램에서 기업은 피드백을 주고받기 위한 프로세스와 모범 사례를 강조해야 한다. 기업은 강점 영역을 강조하는 건설적인 피드백을 제공하는 방법에 대해 관리자를 지도해야 한다. 또한, 기업은 개발 영역을 공통적이고 관리 가능한 영역으로 지정하며, 개발 영역을 다루기 위한 전술적 조치의 개요를 설명해야 한다. 이에 추가로 기업은 팀 내에서 인재를 육성하는 데 뛰어난 경영자를 부각시키고 보상하는 한편, 이 분야에 대한 숙련도가 떨어지는 경영자를 코칭하고 개선할 수 있도록 도와야 한다.

2.4. 직원의 업무 향상 지원

기업은 관리자가 좋은 성과가 어떤 것인지 명확하게 이해하고 있는지 확인해야 한다. 또한, 초급 교육 프로그램에는 자신의 업무를 구조화하는 방법, 고객과 팀을 이루는 방법 및 효과적인 의사소통 방법에 대한 지침이 포함되어야 한다.

2.5. 신입사원이 도구를 마스터할 수 있도록 지원

기업은 Microsoft Excel 및 데이터 분석 및 시각화 도구와 같은 중요한 도구를 탁월하게 사용하도록 지원해야 한다. 이러한 지원에는 직원이 편리한 시간에 교육 프로그램에 액세스할 수 있도록 온디맨드(on-demand) 온라인 학습 모듈을 개발하는 것이 포함될 수 있다.

2.6. 충분한 내부 역량을 갖추었는지 확인

기업은 이러한 문제를 해결할 수 있는 충분한 내부 역량을 갖추고 있는지 확인해야 한다. 그들은 조직 내에서 다양성 문제의 근본 원인을 해결하고 결과를 엄격하게 측정하기 위한 전략을 세울 수 있는 올바른 리더십과 인재를 보유해야 한다. 그런 다음 인적 자원은 실행 가능한 자원, 전문 지식 및 능력을 갖춘 일선 관리자를 지원해야 하며, 일선 관리자에게 진행 상황에 대한 책임을 지게 해야 한다. 그렇다고 해서, 일선 관리자에게 전략을 구현하고 적은 시간만 사용하여 결과를 측정하는 방법을 알아내도록 요청하는 것은 현실적이지 않다.

III. 어떠한 기업 사례가 있나?

1. Mid-Hudson Electronics Corporation의 Open EmployingTM 적용

이 글은 Corporate Sustainability with Tensie Whelan(New York University)에서 직원 육성의 사례로 설명한 글을 정리·요약한 것

이다.

수잔 잭슨(Susan Jackson)은 뉴욕 주 Tarrytown에 있는 120명의 직원을 둔 비상장 제조업체인 Mid-Hudson Electronics Corporation의 CEO이다. Mid-Hudson Electronics와 Susan Jackson은 모두 Tarrytown 커뮤니티에 오랫동안 헌신해왔다. Tarrytown의 지역 사회 활동에서 그녀는 Open HiringTM이라고 하는 급진적인 원칙에 따라 운영되는 Greyston Bakery에 대해 알게 되었다.

Greyston은 투옥, 마약 사용, 노숙 경력이 있는 사람들을 포함하여 일반적인 회사에서의 채용 과정에서 제외될 사람들을 고용한다. 그들의 목표는 그들에게 자급자족 생활을 할 수 있는 기회를 주는 것이다. 이 회사는 약 150명의 직원을 고용하고 있으며, 그들은 Ben & Jerry's Ice Cream과 Whole Foods Markets와 같은 소매업체를 위해 매일 35,000파운드의 브라우니를 굽는다. 제과점은 영리를 목적으로 하는 사업이지만, 그 수익은 사회적 목적, 즉 자급자족하는 삶을 구측하는 데 어려움을 겪을 사람들을 위한 일자리를 창출하는 것이다.

Greyston Bakery는 Open HiringTM이라는 묻지마 고용(No-Questions-Asked Employment)을 실행하고 있다. 취업을 원하는 사람은 누구나 Job List에 자신의 이름을 추가할 수 있다. 감원, 신규 사업 또는 생산량 증가를 통해 생산 라인 직책을 사용할 수 있게 됨에 따라 신입 사원은 Job List에서 직접 고용된다.

신입사원들은 개인의 진도에 따라 6개월에서 10개월 동안 견습 프로그램에 들어간다. 이는 장기적인 성공에 필요한 직업별 훈련과 효과적인 의사소통 기술과 같은 보다 일반적인 생활 기술을 모두 제공한다. 대부분의 지원자는 견습 과정을 완료하지 않는다. 첫째, Job List에 이름을 올린 사람 중 약 17%가 궁극적으로 Greyston의 신입 채용 오리엔테이션에 참석한다. 둘째, 이 신규 고용 그룹 중 약 30%가 견습 과정을 이수한다. 이는 Greyston이 Job List에 있는 20명의 이름마다 정규 직원을 1명씩 배출한다는 것을 의미하지만, Open EmployingTM의 이러한 방식은 구직자의 삶에서 이 단계를 앞으로 나아갈 준비가 된 사람들을 식별하는 매우 효율적인 방법임이 입증되었다. 견습 프로그램의 졸업생은 미국의 모든 산업 및 직무 수준에서 약 42%인 것에 비해, 평균 연간 이직률이 33% 미만이다. 견습생들은 일주일에 최소 30시간을 일하며, 그 기간 동안 그들은 시간 엄수, 업무 수행, 팀워크, 그리고 같은 기준에 대해 감독관이나 관리자에 의해 감독 및 평가를 받는다. 관리자는 2주마다 견습생과 공식적인 성과 회의를 갖고 견습생의 진행 상황과 개선이 필요한 영역에 대해 논의한다.

Mid-Hudson Electronics에서 Greyston Model을 채택한 Susan Jackson은 Open EmployingTM을 Mid-Hudson Electronics의 인력 문제를 해결하고, 동시에 지역사회에서 긍정적인 역할을 할 가능성이 있는 것으로 보았다. 비용 절감은 고용 첫해 이후에도 계속된다. 2016년 6월 1일부터 2018년 6월 1일까지 베이커리의 연간 직원 이직률은 33%로 2016년 미국 전국 평균인 42%보다 낮다. 이러한 이직률의 현저한 감소는 재정적으로 중요한 의미를 갖는다. 직원 교체 비용이 적으므로, 향후 몇 년 동안 전체 고용 비용을 절감할 수 있다. 미숙한 신입 사원이 향후 전체 인력에서 차지하는 비율이 줄어들기 때문에 운영 효율성이 향상된다.

Susan Jackson은 Mid-Hudson Electronics에서 Open HiringTM의 사례를 만드는 데 있어 직접적인 재정적 이점이 핵심이라고 생각했다. "우리는 후보자 선별 과정이 항상 비효율적이고 부정확한 과정이라는 것을 알고 있습니다. 우리는 모든 신입 사원의 심사, 채용, 인터뷰 및 온보딩에 4,000달러 이상을 지출하지만 여전히 이직률은 42%입니다. 매년이요!" "베이커리의 이직률이 33%인 것을 42%와 비교해보고 채용 및 훈련 과정에 피할 수 있는 비용을 생각해보세요. 미래의 고용 비용뿐만 아니라 우리가 공석과 훈련되지 않은 신입 사원을 관리할 때 운영상의 비효율성을 고려해보세요. 더 안정적이고 더 잘 훈련된 인력으로 해결할 수 있는 새로운 기회에 대해 생각해 보십시오!

Mid-Hudson의 이사회는 그녀가 Open HiringTM을 제안하기로 결정했는지 여부에 관계없이 Jackson의 계획을 승인해야 할 것이다. 이사회는 시민의식을 갖고 있었지만, 전통적인 방식을 고수했다. Jackson이 Open EmployingTM이 Tarrytown 커뮤니티를 강화할 것이라는 설득력 있는 주장을 제시할 수 있다면, 이는 이사회의 관점에서 긍정적인 요소가 될 것이지만 결정적인 요소는 아니었을 것이다. Mid-Hudson과 같은 전통 기업의 이사회는 사회적 영향이 아닌 비즈니스 사례를 우선적으로 고려해야 한다.

2. 제프 세네(Jeff Senne) 인터뷰

이 글은 Corporate Sustainability에서 Tensie Whelan(New York University)이 Jeff Senne를 직원 육성의 사례로 인터뷰한 내용을 정리·요약한 것이다.

2.1. Jeff Senne는 누구인가?

Jeff Senne는 Price Waterhouse Coopers(PWC)의 기업 책임 전략 및 구현 리더이다. Senne는 PWC에 가입하기 전에 Sodexo의 지속 가능성 성과 이사, 아프리카 개발 은행의 선임 고문, UN Global Compact의 진행 및 참여에 대한 커뮤니케이션 책임자였다. 그의 업무는 실적이 저조한 기업을 인수하고 비즈니스 모델을 재정의하고 지속 가능하고 경쟁력 있는 기업 문화를 만드는 것이다. 공유 목표, 공통 가치 및 성과 지표를 정의함으로써 팀을 만들고 관리하고 동기를 부여하는 것이 그의 강점이다.

그는 PWC에서 기업 책임 전략 및 구현 리더로서 일했다. 그곳에는 책임 있는 비즈니스 리더십 또는 기업 책임팀이라고 부르는 약 25명의 직원이 있다. 책임있는 비즈니스 리더십 노력의 핵심은 5천만 달러 상당의 재단을 통해서 연간 2천만 달러에 달하는 프로보노(Pro Bono)를 가지고 있다는 것이다. 목표는 어떤 모양, 방식 또는 형태로든 100% 직원을 활동에 참여시키는 것이다. 특히 소외된 지역사회에 초점을 맞춘 "당신의 잠재력에 접근하세요"라는 프로그램을 통해 3억 2천만 달러 규모의 청소년 교육에 대한 약속을 한다.

회사는 직원들에게 신뢰, 목적, 다양성, 포용력 등을 구축하는 데 많은 초점을 맞추고 있으며, PWC의 목적과 회사의 인력에 어떻게 접근하는지, 이윤 추구와 목적 추구를 어떻게 결합하는지, 그리고, 이 모든 것이 어떻게 작동하는지를 설명한다.

PWC는 직원의 기술 세트를 판매하고 있으므로, 시장에서 그 어느 때보다 직원이 중요하지만 전문 서비스 회사에서는 훨씬 더 중요한데, 직원들에 대해 생각하고 이러한 종류의 활동에 참여하도록 할 때 참고하는 나이젤 마시(Nigel Marsh)라는 사람의 훌륭한 Ted 강연이 있다. 이 강연은 정말 볼 가치가 있는, 일과 삶의 균형에 대한 이야기이다. 그 강연의 내용은 너무 많은 사람들이 돈을 벌기 위해 너무 많은 시간을 일하고 있고, 그들이 원하지도 않는 물건을 사라고 권유하며 사람들에게 나쁜 인상을 줄 필요가 없다는 것이다. 직원들이 더 깊고 풍부한 의미를 가지고 그들의 일상 업무에 정보를 제공하는 데 도움이 될 뿐만 아니라, 그들이 일상 업무에 가지고 있는 기술을 가져와 다른 방식으로 적용하는 데 도움이 될 수 있는 경험을 찾고 구축하려고 노력해야 한다고 설명한다.

2.2. 기술의 사용이 미치는 영향

PWC의 직원들이 실제로 수행했거나, 실제로 자신의 기술을 사용하여 목적과 사회적 영향을 결합한 경우와 이것이 기업의 수익에 미치는 영향은 무엇인가?

그것에 대한 인과관계 분석이나 상관관계를 거치지는 않았지만, 오늘날 굉장히 흥미로운 발견이었다. 비영리 단체 이사회(board)에 참여하고 있는 3500명의 직원과 파트너들로부터 발견한 것이었다. 그들은 회계사로서 그들의 기술을 사용하고 있는 것이다. 우리가 조사한 바로는, 그들이 다른 회사들보다 고객과의 계약에서 승률이 두 배나 더 높다는 것을 알게 되었다. 그들이 가지고 있는 기술을 사용하여 어떤 이사회에 있는지 더 잘 나타낼 수 있고, 어떤 종류의 자기 선택 편향이 있을 수 있다는 것을 알 수 있지만, 우리는 항상 이러한 관계를 사회적 이익뿐만 아니라 비즈니스 이익에도 활용할 수 있다.

2.3. 목적의식과 기술을 갖춘 직원이 자원봉사와 고용 유지율, 생산성 등에 미치는 영향

8년 전에 시작했을 때, 우리 자원봉사 활동의 75%는 미숙련된 사람들이었다. 즉, 팀 빌딩을 위한 활동을 찾고 있다면 특히나 놀이터를 청소하고 교실에 페인트칠 하는 것이 매우 의미 있고 훌륭했지만, 우리는 실제로 회사 내에서 가장 높은 평가를 받는 전문가들을 끌어들이고 있지 않았다.

그래서 그것을 바꾸고 2년에 걸쳐 75%를 기술 기반으로 옮겼다. 이를 통해 매력 유지율이 상승하는 것을 볼 수 있었고, 10만 달러의 수익을 창출할 수 있었다. 제 직책을 다른 사람으로 대체하여 그가 훈련을 받고 속도를 높이며, 나와 같은 수준의 영향력을 발휘하도록 했다. 그리고 우리는 15,065명의 사람들이 적어도 1년 혹은 그 이상의 긴 재직 기간을 보내고 있다는 것을 발견했고, 우리는 이를 1억 5천만 달러 이상의 가치로 평가하고 있다.

2.4. 직업에 대한 기대와 재능을 위한 분야

단순히 급여를 넘어서 직원이 자신의 일에서 의미를 찾을 필요가 있다. 이것은 직원의 직업에 대한 사람들의 기대와 재능을 위한 분야에서 점점 더 중요한 부분이 되고 있다. 어떤 사람들은 그들의 일에서 사회적 영향을 찾고 싶어한다. 어떤 사람들은 발전할 수 있는 관계에 흥미를 느낄 것이다. 또다른 사람들은 특별한 도움이 필요한 아이가 있는 집에 아이를 특수 학교에 보낼 돈을 제공한다. 이것이 그들의 직업이며, 이 주위에 목적 의식이 있다. 개별적으로나 집단적으로나 회사로서 우리의 일에 최적화되어 있지 않지만, 그들은 그들이 하고 있는 일에 대해 흥분하고 있고 그것이 결과이기 때문에 열심히 자기의 일을 하고 있다.

몇 년전, Dunkin Donuts 광고에서 도넛을 만들고 있는 광고가 있었다. 뉴욕에서 흐릿한 눈으로 크로넛을 만들고 있는 남자와는 아주 다른 모습인데, 그는 예술성을 가지고 있고 이 먹을 수 있는 예술 작품을 만드는 것에 열정을 가지고 있는 것 같아 보였다. 아주 다른 게임이다.

2.5. 영향력에 대한 목적과 직원과의 참여

영향력에 대한 목적과 직원과의 참여를 중요시한다. CSR 지속 가능성 부서 또는 HR 부서와 대화를 통해서 목적을 중심으로 직원을 참여시키는 데 집중해야 한다. 사회적 가치와 환경적 가치의 의도된 결과로 사업 가치를 이끌어내는 것이어야 하기 때문이다. 그것들은 상호 지지 관계에 있으며, 지속가능성 공간에는 제로섬 게임이 존재하지 않기 때문이다.

당신의 회사는 무엇을 성취하고자 하나요? 그것의 목표는 무엇인가요? 그것의 성장 전략은 무엇인가요? 지속 가능성이나 기업의 책임이 그것을 어떻게 지원할 수 있나요? 이것이 우선 고려해야 할 것이다. 많은 회사가 저평가되고 있으며 잘 육성되지 않고 있는 방법 중 하나는 그러한 도구들을 사용하여 회사 내에서 변화에 대한 이야기를 만드는 것을 돕는 방법이다.

많은 회사들이 그들의 미래에 확신을 가지려 노력하고 있고, 그것이 무엇을 의미하는지 이해하려 노력하고 있다. 주주, 이해당사자, 모든 종류의 직원들과 소통하는 것은 정말 어려운 일이지만, 목적과 책임감 있는 비즈니스 리더십으로 기업의 책임이라고 부르고 싶은 것은 무엇이든 그 이야기를 함께 엮고 변화의 구조를 만들기 위한 플랫폼으로 사용해야 한다.

3. 웨스트 엘렘(West Elem)

West Elem: 인적 자원 관행을 통해 기업 생태계에 목적 제공
Randi Kronthal-Sacco (선임 연구 학자 2017년 8월) 이 작성한 글을 정리·요약한 것이다.

3.1. West Elem은 누구인가?

브루클린에 본사를 둔 가구 및 홈 라이프스타일 매장인 West Elm은 모회사인 Williams-Sonoma에 의해 2003년에 시작되었다. 창업 6년 후인 2009년, West Elm은 아직 흑자를 내지 못했고 여러 매장을 폐쇄했다. 2010년 짐 브렛(Jim Brett)은 사장으로 임명되어 사업 판도를 뒤집었다. 사장 역할을 맡은 Brett는 지속 가능성을 강조의 핵심 포인트로 삼았다. 그는 West Elm의 제품 제공이 고품질, 글로벌(그러나 지역적) 및 지속 가능함을 보장함으로써 브랜드에 대한 소비자 평가를 구축하는 데 초점을 맞췄다.

연례 보고서에는 "West Elm이 하는 모든 것은 영향력을 미치도록 설계되었습니다(William Sonoma, Inc., 2015[2])."라고 자랑스럽게 명시되어 있다. 이 회사는 공정무역 인증 제품만을 사용하여 전 세계 장인의 작품을 지원하고 전시하며, West Elm이 운영하는 커뮤니티를 지원하는 데 주력하고 있다. 지속 가능성에 대한 Brett의 초점은 결코 제품에 국한되지 않았다. West Elm은 직원 관리 방식을 포함하여 비즈니스의 모든 측면에 대해 지속 가능성을 주류로 삼았다.

People의 부사장인 알리슨 하이어스(Allison Hyers)는 컨설턴트이자 〈Purpose Economy〉의 저자인 에런 허스트(Aaron Hurst)와 협력하여 West Elm 조직 전체에 목적을 주입하고 있다(Hurst, 2014[3]). Hurst는 "가치는 직원과 고객 자신보다 더 큰 요구 사항을 충족하여 개인의 성장을 가능하게 하고 커뮤니티를 구축함으로써 직원과 고객을 위한 목적을 설정하는 데 있는 것"인 새로운 경제 시대가 도래했다는 가설을 세웠다. 그는 Etsy, Airbnb, Tesla, Kickstarter와 같은 밀레니얼 세대의 스타트업을 더 큰 커뮤니티와 연결하고, 업무에 목적을 부여함으로써 가치를 창출하는 기업의 예로 들었다. West Elm의 밀레니얼 세대 직원들은 고객 및 장인과 더 잘 연결되어 그들의 목적을 활용하기 위한 열정을 가지고 있다.

West Elm은 2015년에 3가지의 중요한 인적 자원(HR) 영역을 재설계함으로써 목적의 여정을 시작했다. 예를 들어, 목적 렌즈를 통해 인재의 영입을 살펴본 결과, 새로운 인재를 영입하는 것은 주로 의미 있는 관계를 쌓는 것이기 때문에 이제는 '관계'의 영역이라고 여겨지는데, 이는 채용과정에서 시작되어야 한다. 비슷하게, 참여와 문화로 여겨졌던 것이 이제는 "영향"으로 간주되고, 학습과 발전은 "성장"으로 여겨진다.

---

[2] William-Sonoma, Inc. (2015) Letters to Stockholders: 2015 Annual Report, San Francisco, CA
[3] Hurst, A. (2014) The purpose economy: How your desire for impact, personal growth and community is changing the world, Boise, ID: Elevate, A Russel Media

이러한 인사 영역의 재분류 작업은 잠재적 채용자의 면접 및 신규 채용의 참여 방식에서부터, 직원의 개발 및 유지 방식에 이르기까지 직원 참여 프로세스의 모든 측면에 영향을 미친다.

3.2. West Elm: 목적 지향적인 직무설명과 인재 채용의 변화

West Elm은 직무 설명을 재고하고 목적을 염두에 두고 직무 요구 사항을 다시 작성하여 HR 활동에 목적을 주입하기 시작했다. 새롭게 개정된 직무기술서는 West Elm에서 성공할 목적 지향적인 개인의 유형과 직원이 회사와 사회에 미칠 영향을 설명했다. 2017년 중반까지 직무 설명서의 70% 이상이 다시 작성되었다.

이러한 변화로 인해 지원자는 줄어들었지만 이들의 자격이나 실력이 훨씬 높아짐에 따라 지원자의 풀이 개선되다. West Elm은 모든 부서에 목적이 있는 지원자가 필요한 것은 아니지만, 이러한 직무 설명의 변화는 지원자와 채용 관리자 간의 보다 집중적인 소통을 촉진하였고, 지원자와 West Elm 모두에게 이상적인 지원자에 대한 더 나은 이해를 도왔다.

면접 과정에서도 채용에 대한 목적적 접근은 계속되는데, 이때 지원자들은 목적적 성향에 대해 평가를 받는다. 좀 더 구체적으로, 개별 후보들은 현재 삶의 자리에 어떻게 올랐는지, 그곳에 가기 위해 무엇을 했는지, 누구를 위해 했는지에 대한 평가를 받는다. 후보 면접에 앞서 목표 툴킷이 모든 채용 관리자에게 전달되며, 이는 지원자가 현재 직장에서 어떤 영향을 미쳤는지, 어떤 성장을 이루었는지, 어떤 관계를 구축했는지에 대한 응답을 이끌어내기 위한 팁을 제공한다. 관계와 영향력은 지원자의 성공에 매우 중요하기 때문에, 면접 과정에는 일단 고용되면 후보자가 상호 작용할 개인의 교차기능 슬레이트(cross-functional slate)와의 회의가 포함된다.

인사 관행의 또 다른 변경 사항은 이사급 직위로 승진하는 과정에 적용되었다. 이사급 승진은 리더십 직책으로의 첫 걸음으로 인식되며, 직무 범위와 보상 모두 상당히 증가한다. 역사적으로 West Elm은 재임 기간 및 후보자 관리자의 지원을 기반으로 후보자를 승진시켰다.

수정된 프로세스에는 이제 회사 사장 및 주요 경영진과의 인터뷰가 포함된다. 경영진 패널에는 일반적으로 후보자와 상호 작용하지 않는 개인(West Elm이 "바 레이져(bar-raiser)"라고 부르는 사람)이 포함된다. 임원 패널에 그 또는 그녀를 포함시키는 것은 후보자의 목적 의식에 대한 객관적인 관점을 제공하고, 후보자와 잘 아는 사람들에게는 쉽게 드러나지 않을 수 있는 문제/기회를 강조하기 위한 것이다.

후보자가 승진 지원을 받지 못하는 경우에는 이제 후보자가 상급 지도부로부터 직접 시정조치 계획을 받아야 한다. 후보자는 필요한 개선 사항을 해결하기 위한 지원을 받은 후 승진 결정을 재검토 받는다.

이 새로운 인터뷰 프로세스의 영향에 대한 예는 역사적으로 채우기 어려운 자리에 대한 고용에서 볼 수 있다. Hyers는 다음과 같이 말했다. "우리는 채우기가 더 힘든 직업 중 하나를 가졌습니다. 그것은 매력적이지 않고 아마도 가장 많은 이직률을 보입니다. 우리는 500명의 지원자를 받았고 3번의 직접 면접을 실시했고 그 결과 한 번의 채용 제안이 있었습니다. 그 사람은 그 일을 할 수 있는 도구가 없고 한 사람에게는 너무 벅차다고 말하면서 75일을 버텼습니다. 우리는 그 피드백을 받아들였고, 직업에 대해 아무것도 바꾸지 않았지만, 직무 설명에서 역할을 다르게 배치하여 이 개인이 만들 관계 유형, 그들이 가질 영향 유형 및 그들이 기대할 수 있는 개인적 및 직업적 성장을 강조했습니다.

그런 다음, 우리는 영향력과 성장 잠재력을 가진 목적 지향적인 사람들을 선별하고자 교차 기능 인터뷰 팀을 구성했습니다. 200명의 입사 지원자, 5명의 직접 면접, 3명의 결선 진출자가 있었으며, 그 중 아무나 채용할 수 있었지만 결정을 못 했습니다. 우리가 최종적으로 고용한 사람은 최근 보직이동(lateral move) 했습니다. 최근 이사회에 참석하기 전에 이 사람을 만났는데, 그는 '저는 이 일을 할 수 있는 도구를 가지고 있고, 업무량이 만족스러우며, 영향력을 행사하고 있다고 느낍니다.'라고 말했습니다. 감격스러웠습니다(A. Hyers)".

수정된 목적 지향적인 직무 설명은 West Elm에 다른 이점을 가져다 주었다. 매일 제시간에 출근하는 것이 비즈니스 결과를 제공하는 데 중요한 부서에서는 직원 출근 및 시간 준수에 대한 개선 사항을 보고하고, 개선사항에 대한 직무 설명에서 더 잘 정의된 기대치를 신뢰한다.

회사가 크게 성장하고 있다는 점을 감안할 때 HR은 주당 10개의 제안을 받아들일 수 있는 능력을 가지므로, 이 새로운 목적 지향적인 프로세스는 매우 중요하다. Hyers는 직무 기술을 변경할 수 없는 경우에 가끔씩 기존 방법론에 의존해야 했다고 언급한다. 그러나, 그녀는 회사가 목적 지향적인 직무 설명을 갖고 있다면 후보자 풀이 크게 향상됨을 이미 알고 있기 때문에 이것이 빠르게 변화할 것으로 예상한다.

3.3. 성장(학습 및 개발)

West Elm은 사람들의 성장을 깊은 관계 형성, 다른 사람들과 지역 사회에 영향을 미치기, 개인적 및 직업적 목표를 세우는 것으로 정의한다. Hyers는 다음과 같이 설명한다. "성장이 수직적으로 변화할 필요는 없습니다. 유감스럽게도 우리는 영향을 미칠 수 있었던 기회를 놓쳤는데, 그 이유는 그들이 실제로 "튀기(splash)"를 원했기 때문입니다. 그들은 영향력을 행사하고자 했으며, 그들은 이러한 새로운 임무를 맡거나 현재 임무의 책임을 확장하는 것을 의미할 수 있습니다. West Elm이 기회를 제공할 수 있었다면, 우리는 그것을 유지할 수 있었을 것입니다."

West Elm은 내부 후보자로 직무를 채우는 것을 매우 선호한다. 이는 때로 승진을 통해 이루어지기도 하지만, 종종 개인이 자신의 기술을 확장할 수 있는 내부 이동 기회를 통해 이루어진다. 이러한 내부 이동은 본사 이외의 지역에서도 발생할 수 있다. 또한, West Elm은 소매점에서 회사로의 이동도 가능하다. Hyers은 다음과 같이 말한다. "좋은 대화의 결과로 직원이 건강한 이직을 할 수도 있다." 그녀는 목적, 관심 그리고 성과에 대한 대화가 이러한 인사평가에 국한되지 않고 지속적인 토론을 통해 이루어짐을 보장한다.

이러한 성장에 대한 초점은 그녀가 "유감스럽고 통제할 수 없는" 사임이라고 부르는 사직의 급격한 감소를 가져왔다. 목적에 대한 대화를 정기적으로 진행하는 것 외에도, 직원의 인력 관리 및 참여 기술을 추적하며 개인적인 성과 평가에 기업 전체의 인력 메트릭을 추가하였다.

West Elm은 직원이 이 영역에서 "개선이 필요하다"는 평가를 받으면 연간 성과급 인상을 받지 못하도록 시행하고 있다. 이 조치는 West Elm이 직원들이 종종 자신의 상사로 인해 사직을 결정하는 경우가 많다는 사실을 발견했기 때문이다. HR 부서는 "어려움을 겪는" 관리자가 성과를 개선할 수 있도록 다양한 도구를 제공하였다.

3.4. 영향(참여 및 문화)

West Elm의 인사 접근 방식의 세 번째 기둥은 Impact이다. Brett가 사장으로 임명된 후 FYI Fridays를 포함하여 여러 프로그램이 도입되었다. 중요한 활동, 새로운 결과, 영감을 주는 이야기, 직원의 기여도의 인정을 통해 West Elm 커뮤니티에 투명성과 연결을 제공하고 궁극적으로는 직원 유지를 개선한다는 최종 목표를 가지고 있다. 이번 금요일 포럼은 고위 경영진이 조직의 문화와 목적에 영향을 미칠 수 있는 기회를 제공하고, 직원들이 리더십과 더 잘 연결할 수 있도록 한다. 경영진은 기밀 정보를 공유함으로써 위험을 감수하고 있음을 인식하지만, 회사의 긍정적인 영향을 공유하는 것이 직원 참여에 중요하다고 믿고 있다(A. Hyers).

이 회사는 또한 소매점에 목적을 제공하는 것에 중점을 두며, 시애틀에서 프로그램을 시범 운영하고 있다. 이 프로그램은 고객들을 한데 모아 교류하고 비공식적인 참여를 통해 관계를 구축하는 것을 목표로 한다. "시애틀은 일시적인 그룹과 다양한 신규 이민자들의 중심지로서, 우리 상점은 이민자들의 허브 역할을 하기 때문에 이곳을 선택했습니다. 처음에는 새로 오신 분들을 위해 저녁 식사를 제공했고, 그 후로는 기존 고객들이 서로 이야기를 나누고 싶어한다는 것을 알게 되었습니다. 이에 따라 West Elm이 이러한 모임을 위한 장소를 제공하였고, 매우 성공적인 계획이었습니다. 우리는 고객들이 어떤 변화를 원하고 있는지에 대해 이야기하고 싶습니다. 또한, 고객들이 실제로 우리 제품을 구매하려고 오는 진정한 고객들인지를 이해하는 것이 매장의 노력에 포함되어야 한다는 사실도 인지하고 있다."

West Elm은 조직에 목적을 촉진하기 위해 다양한 실험을 진행하고 있다. Hyers는 모든 것이 항상 성공적이지는 않다고 언급했다. 이전에 시도한 목적 관련 활동인 대사(ambassador), 커피, 그리고 행복한 시간들(happy hours)은 성공적으로 이뤄지지 못했다. 그녀는 이러한 실패의 이유로 목적이 내재적이기 때문에 외적인 동기 부족을 지적했다.

그녀는 이러한 노력을 확장하는 데 어려움이 있음을 알고 있다. West Elm은 여전히 영향이 제한적인 정도로 작은 규모를 가지고 있다. Williams-Sonoma라는 모회사가 목적에 집중하고 있는지에 대해 질문을 받았을 때, Hyers는 처음에는 지켜보는 입장이었지만 현재는 더 관심을 가지고 있다고 대답했다. 이 목적 여정에서 Hyers가 배운 가장 큰 교훈은 "우리가 프론트 엔드에서 제대로 수행한다면, 목적에 부합하는 후보자를 선택하고 열정을 가지며, 우리가 만들고자 하는 영향의 종류를 알고 어떤 성장을 이룰지 알고 있는 사람을 찾아야 한다"는 것이었습니다. 그 이상은 필요하지 않다고 생각하는데, 왜냐하면 이미 목적이 있는 사람을 선택했기 때문입니다."

Ⅳ. 직원과 지속 가능성에 대한 연습

다음 연습 문제들은 2021년 Business Sustainability Management of Cambridge Institute for Sustainability Leadership (University of Cambridge)에서 직원에 대한 관련 자료 중 일부를 인용한 것이다.

다음 프롬프트를 사용하여 당신의 회사의 고용 관행을 분석하라. 그런 다음 개선을 위한 권장 사항을 작성한다. 직원들(다양성, 급여 등)에 대한 자체적인 접근 방식에서 당신의 회사는 얼마나 지속가능한가? (핵심 지표에 대한 몇 가지 아이디어는 https://goodwellworld.com/how-it-works 참조). 각 영역의 회사를 1부터 5까지의 척도로 평가하고, 1은 낮은 성능, 5는 높은 성능으로 의미한다.

1. 직원

직원은 비즈니스의 핵심 이해 관계자이며 비즈니스 성공에 매우 중요한 역할을 한다. 그러나 종종 기업들은 직원을 관리하는 방식으로 접근한다. 이는 다양성을 감소시키거나 불평등을 증가시킬 수 있다. 또한 건강에 해로운 근무 조건을 가지고 있을 수도 있다. 직원들의 급여를 절감하여 이윤을 높이고 있는지도 모른다. 또한 직원들은 회사가 강력하고 설득력 있는 목표를 가지고 있다고 인식하지 않거나, 지속 가능하지 않은 관행에 대해 부끄러워할 수 있다.

회사의 고용 관행을 분석하고 개선을 위한 권장 사항을 작성하고 이해하고자 한다.

첫째, 공급망에서 직원 및 직원에 대한 자체 접근 방식에서 다양성, 임금 형평성, 안전성, 복지 등과 같은 문제들을 살펴봄으로써 회사가 얼마나 지속 가능한지 검토한다. 예를 들어, 회사의 임원급의 구성에 성평등이 존재하는가? 또한, 이러한 문제에 대해 투명한가? 실적이 좋지 않은 경우 어떻게 대처할지 계획이 있는가? 공공 정보나 내부 정보를 쉽게 수집할 수 있는가? 경영진은 직원의 복지와 만족을 우선시하고 있는가? 각 주제에 대해 1인 낮음에서 5인 높음까지의 점수를 부여한다.

둘째, 목표와 지속가능성은 현재 직원 참여 및 채용의 일부인가? 회사는 직원들을 참여시키는 명확한 목표를 가지고 있는가? 만약 그렇다면, 그 목표는 무엇인가? 회사는 명확한 지속가능성 목표를 가지고 있으며, 직원들이 그러한 목표를 달성하는 데 있어 그들의 역할에 대해 명확하고 적절하게 인센티브를 받고 있는가? 그렇다면 무엇인가? 마지막으로, 하위 수준의 성능이라 확인된 영역 중 2~3개를 선택한다.

셋째, 그 회사는 어떻게 관행을 개선할 것인가? 목표 및 구현 아이디어 측면에서 구체적인 제안을 제공한다. 조직에서 잘 채택된 다른 주제에서 영감을 찾아야 한다. 직원을 위해 사용된 접근법을 배울 의지가 있는가? 예를 들어, 관리자에게는 재무 목표 달성에 대한 현금 인센티브가 제공되지만 우수한 인력 관리에 대한 인센티브가 주어지지 않으면, 다양성이나 지속 가능성 목표의 달성을 장려할 수 있다. 이것이 어떤 종류의 신호를 보내는 것인가?

2. 평가 항목 및 답 사례

건설사 A를 대상으로 작성한 예를 참조하여 본인의 기업에 대해 작성하시오.

2.1. 성별, 성적 선호, 인종과 연령의 다양성, 급여 형평성

- 회사의 초고위층에 성평등이 있는가? 아니다. 한국 기업에서는 거

의 대부분의 초고위층이 남성이기 때문에 성 불평등이 가장 심각한 수준이다.
- 당신의 회사는 이러한 문제에 대해 투명한가? 아니다. 투명한 프로세스는 없다.
- 성과가 지연되고 있다면, 그것을 해결할 계획이 있는가? 아직은 아니다. 초고위층은 성 불평등의 위험을 인식하지 못하거나, 어떠한 경직되지 않은 의도도 갖고 있지 않을 것이다.
- 공공 정보나 내부 정보를 쉽게 수집할 수 있는가? 아니다. 정보 수집은 쉽지 않다.
- 낮은 수준의 직원부터 높은 수준의 직원까지 급여 형평성이 지켜지고 있는가? 아니다. 임금 불평등은 심각하다. 이는 매우 정상적인 현상이다.

2.2. 한국에서 일반적으로 나타나는 회사의 다양성 불평등은 개선할 여지가 많다.

1) 하위 직원들의 생활임금, 종합급여, 승진 경로

정규직인 하위 직급 직원들에 대한 충분한 임금과 포괄적 복리후생은 괜찮은 편이다. 그러나 비정규직 근로자의 직급이 낮은 경우에는 큰 차이가 없었다. 또한, 하위 직원들의 승진 경로는 명확하지 않다.

2) 생활임금과 복리후생이 양호하고, 하위 직원의 승진 경로가 명확하지 않다.

2.3. 관리자의 멘토링 및 우수한 인사 관리를 위한 교육 및 인센티브?

- 관리자에 의한 멘토링 및 우수한 인사 관리를 위한 많은 종류의 교육 및 인센티브가 있다. 이러한 과정에서 회사는 직원의 수준을 향상하도록 권장한다.

2.4. 근로자의 안전과 복지 수준이 높은가?

- 경영진은 직원의 복지와 만족을 우선시하고 있는가? 그렇다. 하지만 제도적으로 준비가 미흡한 부분이 많아 사고가 자주 일어났다.
- 근로자의 안전을 최우선으로 하고 복지도 높으나 제도상 준비가 미흡한 경우가 많다.

2.5. 이사회는 다양하며, 직원들과 관련된 문제에 초점을 맞춘 위원회가 있는가?

- 이사회는 매우 균질적이고 정상적이다. 그래서 위원회는 한국에서 일반적으로 직원들에게 초점을 맞추지 않는다.

2.6. 계약직, 건설 현장 및 공급망 노동자들은 어떻게 취급되는가? 그들의 급여 및 복리후생은 좋은가?

- 계약직 근로자에게는 혜택이 주어지지 않는다. 건설 현장과 공급망에서의 노동자는 다르게 취급된다. 큰 차이가 있어서 항상 불만이 생길 가능성이 크다. 직원이 복리후생 계획을 선택하는 데 도움이 되는 복리후생에 대한 교육은 거의 없다. 의사 결정 과정에 대한 기회는 매우 적다.

2.7. 다른 주요 지표들은 없는가?

목표와 지속가능성은 현재 직원 참여 및 채용의 일부인가? 회사는 직원들을 참여시키는 명확한 목표를 가지고 있는가? 만약 그렇다면, 그 목표는 무엇인가? 회사는 명확한 지속가능성 목표를 가지고 있으며, 직원들이 그러한 목표를 달성하는 데 있어 그들의 역할에 대해 명확하고 적절하게 인센티브를 주고 있는가?

최근 변화의 시대에 살고 있기 때문에, 기후와 환경에서부터 우리가 믿는 가치들에 이르기까지 엄청난 변화의 물결이 새로운 뉴노멀을 만들어냈다. 비즈니스 결과를 측정하는 전통적인 표준과 방법은 주도권을 잡고자 하는 사람들에게 더 이상 쓸모가 없다. 따라서, 목표와 지속가능성은 직원 참여와 채용의 일부가 된다. 이를 일찍이 알아차리면, 오늘날의 문제를 해결하고 더 나은 미래를 만들기 위한 혁신으로 선언하는 것이다.

기업들은 이제 환경문제를 해결하는 것은 물론이고 사회적 가치를 창출하는데 앞장서는 기회를 가지고 있다. 각 사업부문별 명확하고 구체적인 중장기 전략을 수립하여 '2023년 아시아 최고의 환경사업'을 향해 나아가고 있다. 뿐만 아니라, 기업의 책임과 신뢰성의 개념은 단순한 생산 및 판매 단계를 넘어 폐기 및 재활용 과정까지 확장되었다. 이로 인해 선형적인 글로벌 경제 생태계는 순환 생태계로 진화하고 있다.

3. 위에서 하위 수준으로 식별한 영역 중 2-3개를 선택한다. 회사는 어떻게 관행을 개선할 것인가? 이에 구체적인 제안을 제공한다.

이 회사는 재생 에너지 증가 및 순환 경제 제공과 관련된 몇 가지 지속가능성 약속을 하고 있다. 그러나, 대부분의 직원들은 재생 에너지와 순환 경제에 관여하지 않는다. 그들은 일상 업무에 더 집중한다.

폐기물 발생은 매립 및 소각을 증가시킨다. 폐기물 발생은 시간 지연, 보안 부족, 재작업, 과도한 비용, 불필요한 이동 또는 이송, 장거리 운송 및 역량 구축 조치를 야기할 수 있다.

- 자원 순환을 위한 순환 경제의 채택: 저 폐기물 기술 활용, 생산 공정에 에코 디자인 적용, 훈련 또는 교육 프로그램 시행, 재활용, 재사용 및 재생산과 같은 여러 폐기물 최소화 조치의 구현
- 높은 에너지 소비: 전 세계에서 소비되는 총 에너지의 약 40%를 차지하며, 이는 급속한 도시화와 인프라 개발로 인해 발생한다. 재생 에

너지 공급과 에너지 효율을 높이는 것은 중요하다. RE100(재생에너지 100) 시행을 위한 인센티브 준비와 탄소세 적용이 필요하다. 재생에너지는 국내외 태양광·해상풍력발전 자산과 수소산업 생태계 조성 및 수소시장 선점을 위한 수소에너지다. 이 혁신적인 탄소중립 솔루션은 국내 탄소배출권 강제할당업체에 탄소중립 솔루션을 제공함으로써 글로벌 탄소중립을 해결할 수 있다.

제8장
어떻게 변화담당자를 육성하고 활용할 것인가?

Ⅰ. 효과적인 변화담당자

Ⅱ. 지속가능성과 변화담당자에 대한 연습

08 어떻게 변화담당자(Change Agent)를 육성하고 활용할 것인가?

Ⅰ. 효과적인 변화담당자

1. 효과적인 변화 담당자 되기

저자: Stephanie Bertels, Jess Schulschenk, Andrea Ferry, Vanessa Otto-Mentz 및 Esther Speck(2016)

CEO는 조직의 전략과 일상적인 의사결정에 지속 가능성을 포함시키는 것을 지원하는 환경을 조성하는 데 중요한 역할을 한다. 이 가이드북은 남아프리카 공화국의 비즈니스 지속 가능성을 위한 네트워크를 위해 착수했던 보고서에서 파생되었다. 왜 일부 CEO들은 지속 가능성을 의사 결정에 포함시키기 위해 변화를 일으키는지 그리고 무엇이 다른 CEO들을 가로막는지에 대한 질문에 답을 줄 것이다. 본 가이드 북은 CEO 의사결정에 대한 선행 학술 연구의 검토와 금융/보험, 추출물, 소매, 제조, 운송 등 글로벌 기업 및 업계의 100명 이상의 CEO, 이사회 및 지속가능경영자와의 인터뷰를 통해 얻은 실제 경험과 통찰력을 바탕으로 작성되었다. 물류, 공공 시설 및 농업 그리고 공기업, 개인사업자, 협동조합을 포함한 다양한 소유구조를 가진 기업들도 대상이 되었다. 여기서는 또한 변화 담당자가 지속 가능성에 대한 CEO의 사고에 어떻게 영향을 미칠 수 있는지에 대한 통찰력을 공유한다.

2. 효과적인 변화 담당자 되기 - 특성 설명

가장 적합한 전략을 식별할 수 있도록 이 가이드 북을 인용하고 편집하였다. CEO와의 대화에서도 효과적인 지속가능성 변화 주체의 특성을 설명하고, 지속가능성 변화담당자가 자신의 준비성과 효율성을 강화하는 방법에 대해서도 설명하였다. 이러한 각 특성에 대해 자세히 설명한다.

2.1. 비즈니스를 파악한다.

변화 담당자들이 제기한 가장 큰 특징은 비즈니스를 알아야 한다는 것이다. 지속가능성은 매우 광범위하기 때문에, 많은 지속가능성 변화 요인들은 핵심 비즈니스 외부에서 온다. 가장 효과적인 변화 담당자는 사업을 철저히 알고 있는 것이라고 강조했다. 첫째, 변화 담당자는 경영팀, 운영팀, 재무팀과의 통합에 능숙해야 한다. 왜냐하면 이 팀의 팀원들은 가장 냉소적인 사람들이기 때문이다. 둘째, 지속가능성에 숙련되어야 한다. 미숙련자를 그 역할에 투입할 수 없다. 왜냐하면, 누가 와서 '모르겠다, 다 초록색으로 칠해야겠다'고 하면 그게 안 된다는 걸 알고 있기 때문이다. 무엇이 CEO를 밤잠을 설치게 하는지, 무엇이 CEO를 흥분시키는 지를 이해하는 것이 정말 중요하다. CEO가 단기적으로 그리고 장기적으로 생각하고 있는 것은 무엇인가에 대해 생각하고, 가능하다면 지속가능성에 대한 대화를 그 주제들과 연결시켜야 한다. CEO에게 실제적인 비즈니스 이슈의 관점에서 그것을 프레임화하는 것이 중요하다고 생각해야 한다. 그러면 신뢰성이 높아진다.

내가 우리 사업에 대해 얼마나 잘 아는지, 그리고 무엇을 하고 어떻게 하는지에 대해 더 많이 배우기 위해서는 다음과 같은 방법으로 비즈니스에 대한 지식을 쌓아야 한다. 첫째, 운영/작업 쉐이딩에 더 많은 시간을 쓰고 산업 수준 이니셔티브에 참여하기, 둘째, 프로젝트 지원 또는 해당 주제에 대한 위원회에 참여하는 것에 익숙하기, 셋째, 다른 부서 미팅에 참여하기, 넷째, 주요 인력과 일대일로 미팅하여 역할, 프로세스 및 과제를 이해하기, 다섯째, 관련 주제에 대한 강좌 수강, 여섯째, 기업 및 산업 뉴스레터, 연차 보고서 및 기타 출판물 읽기, 일곱째, 지속가능성 동향 뿐만 아니라 해당 분야의 새로운 동향 파악하기 등이다.

2.2. 올바른 결정을 내린 전력이 확립되어 있다.

비즈니스에 대해 올바른 결정을 내린 전력이 강한 것으로 나타났다. 만약 사람들이 당신을 존경하고, 당신이 사업 내에서 신뢰를 다질 수 있다면, 그것은 엄청난 차이를 만들어 낸다. 기본적인 것 이상으로, 실적 기록은 매우 중요하다. 실패는 허용되기도 하지만, 경력을 가지고 있고, 팀을 만드는 데 뛰어난 사람들은 후원을 받는다. 변화의 주체로써, 그것이 무엇이든 간에 당신이 하는 일에 신뢰를 굳게 할 필요가 있다.

다음과 같은 방법으로 올바른 결정을 내려 나만의 실적을 쌓을 수 있다. 첫째, 내가 하는 일을 측정 가능한 성과물로 세분화하고, 이정표의 성공적인 완료를 명확히 전달해야 한다. 둘째, 매우 강력한 실적을 가진 조직 내 사람들과 협력해야 한다. 셋째, 간단한 프레임워크 개발 과정 또는 코칭을 통해 의사 결정 기술 구축, 사례 연구로서 과거의 성공적인 의사 결정을 문서화할 수 있는 능력, 사업상 나의 결정에 따른 아이디어를 비즈니스 전략에 연결해야 한다.

2.3. 아이디어를 비즈니스 전략과 연결시킨다.

항상 지속가능성 변화 담당자들은 새로운 전략을 제안하려고 경영진에게 접근하며, 지속가능성이 기존 비즈니스 전략과 어떻게 연결되는지 명확하게 설명해야 한다. 중요한 것은 환경 및 사회적 문제를 다루는 것이 조직을 성공시키는 데 중요하다는 것을 증명하는 것이다. 조직에 있어서 성공이란 무엇인지에 대한 정의를 넓히려고 하는 것이 아니라, 조직이 성공하는 데 있어서 성공하거나 실패하는 위험을 방지하는 것이 중요하다. 사람들이 공유하는 관점을 가지고 항상 시작하며, 마침내 여러분이 공유하려는 것에 도달했을 때, 경영진은 최종 결과에 동의할 수밖에 없다.

다음과 같은 사항을 통해 핵심 비즈니스 전략에 지속 가능성을 더 잘 통합할 수 있다. 첫째, 핵심 비즈니스 전략의 뉘앙스를 더 잘 이해할 수 있다. 둘째, 전략 형성 프로세스에 환경 및 사회적 메가트렌드를 공급한다. 셋째, 환경 및 사회적 성과 데이터를 전략 형성 프로세스에 제공한다.

넷째, 지속가능성을 내부적으로 전달할 때 기존 전략 언어를 사용한다.

2.4. 아이디어를 분할하여 관리한다.

변화에 대한 큰 비전을 비즈니스에 쉽게 흡수될 수 있게 보다 구체적이고 점진적인 단계로 세분화할 필요가 있다. "매우 높고, 복잡하고, 이론적인 것들에 대해 말하지 마세요. 실제로 회사나 국가에 의미가 있고, 할 수 있는 것을 말해주세요. 실질적으로 이것이 의미이고, 실질적으로 우리 회사가 할 수 있는 일은 이것이예요" 라고 말해야 한다. 실용화하면 훨씬 더 관심과 행동이 많아질 수 있다. 정보는 매우 많은 양이 증류되어서, 구체적이고, 요점까지 정확해야 한다. 이런 일이 일어나고 있다고 말해야 한다. 사람들이 알 수 있는 일들을 사람들이 실제로 볼 수 있는 한두 가지 일들과 연결시켜 보라. 그리고 그것이 이 회사에 미치는 영향이 무엇인지 분명히 말해야 한다. 우리가 그것을 다루는 것이 왜 중요한가? 그러면 그것을 우리 회사가 해결할 수 있는 것과 연결시켜라. 이것이 우리가 할 수 있는 일이다.

실제로 상대방을 짓누를 수 있기 때문에, 당신이 하는 말이 상대방에게 전혀 중요하지 않다고 생각할 때, 그리고 말도 안 되는 소리라고 생각할 것이다. 당신은 매우 회복력이 강하더라도 당신의 메시지와 당신이 지지하는 것을 일관되게 하는 것이 어렵기 때문에, 때때로 그것을 조금씩 성취할 수 있는 것으로 분해해야 합니다. 한 가지 전술적 전략은 매우 관리하기 쉬운 시간 내에 청중들이 있어야 하고, 그 순간들이 항상 중요하며, 시간이 지남에 따라 그것들이 합산되도록 하는 것이다.

행동 넛지에 대한 최근의 연구는 최소한의 노력이 필요한 단순하고 작은 변화들이 채택될 것임을 시사한다. 중요한 변화를 가능하게 할 잠재력이 있다. 그리고 앞서 언급했듯이, 작은 초기 약속은 더 실질적인 미래 약속을 생성하는 경향이 있다. 큰 비전을 가져야 하는 만큼, 여러분은 또한 사람들이 그것이 가능하다는 것을 깨닫게 하는 작은 일들을 시작할 필요가 있다.

변화담당자의 경계 범위 지정 역할은 조직 내부자가 당신의 충성도에 의문을 제기할 수 있다. 즉 변화담당자들이 그들의 충성이 어디에 있는지 분명한 신호를 보낼 것을 권고했다. 항상 이 과정을 통해 자기 자신에 대한 것이 아니라 조직에 가장 좋은 것이 무엇인지를 상기시킨다. 한 사람이 이와 같은 책임을 지게 되면 큰 책임이 있다고 느끼고, 옳은 일을 하기 위해 이 책임의 크기를 스스로에게 상기시켜야 하기 때문이다. 효과적인 변화 담당자는 비즈니스에 대한 의지를 지속적으로 보여 주어야 한다.

아이디어를 관리 가능한 덩어리로 분할하여 큰 프로젝트를 관리 가능하게 하기 위해서는 다음과 같이 하여야 한다. 첫째, 간결하고 구체적인 행동, 개발 청중이 무엇을 통제하고 영향을 미칠 수 있는지 고려한다. 둘째, 모멘텀을 구축하기 위해 첫 번째 청크를 달성할 수 있도록 보장한다. 셋째, 아이디어의 명확하고 단순하며 도식적인 표현 활용을 한다. 넷째, 비즈니스 현장 사례를 사용하여 아이디어가 무엇을 의미하는지, 또는 달성할 수 있는지를 설명한다. 다섯째, 단계별로 프로젝트를 논의한다. 여섯째, 아이디어를 설명할 때 지나치게 전문적인 언어 또는 전문 용어를 피하고, 비즈니스에 대한 의지를 지속적으로 입증한다.

2.5. CEO에게 정중하게 도전하고 스스로에게 도전장을 내밀어야 한다.

지원팀으로서 당신이 속한 팀은 긴밀하게 협력해야 하며, 당신과 팀은CEO에게 도전할 수 있어야 한다. 지속 가능성 변화 담당자는 자신의 역할이 도전할 수 있어야 한다는 것을 인식해야 한다. 그리고 조직에서 자신의 역할을 어떻게 보는지, 또는 주어진 시간에 조직의 우선순위가 무엇이어야 하는지 고민해야 한다. "변화를 가져오려면 때때로 CEO를 불안정하게 만들 필요가 있다. CEO가 본인과 같은 전문 지식을 가지고 있지 않다는 것을 알고 있기 때문이다. 당신이 그 위계질서를 불안정하게 만들면, 당신이 권위자가 되고, 그는 당신을 믿고 올바른 결정을 내리기 시작한다. 종종 CEO에게 보고하는 사람들은 그렇게 하는 것을 불편해한다. 하지만 방법이 있다. 작은 전투를 여러 번 치르지 않고 더 큰 전투를 위해 아껴 둔다는 사실을 분명히 인식해야 한다. 그런 다음 더 중요한 토론과 더 중요한 것들을 배치한다. 변화담당자로서 자신에게 불리하게 작용할 수 있는 어떤 일이 일어날 수 있다는 위험을 감수하는 방법도 알고 있어야 한다. 항상 안전하게 행동하고 동의를 구하고 있다면, 아무것도 바꿀 수 없을 것이다. 혼자 갈 준비가 되어 있어야 하고, 그렇기에 외로운 길을 걸을 준비가 되어 있어야 한다. 그러나 CEO는 항상 조직에 도전하는 새로운 아이디어를 찾고 있다는 것을 알아야 한다.

칵테일 파티나 연례 또는 6개월간의 실적 발표나, 통로에서 우연히 만나거나, 당신은 이 기회를 이용할 수 있어야 한다. 당신은 기회주의자가 되어야 한다. 당신의 주장을 CEO에게 매우 빨리 밝혀야 한다. 보고 라인에서 문제가 있는 것처럼 보이지 않는 방식으로 해야 한다. CEO는 보고 라인의 사람과 후속 조치를 취할 수 있는 기회를 찾을 수 있으며, 그것은 조직에 의해 완전히 채택되도록 하는 데 매우 중요한 부분이다. 사람들이 그런 생각과 일치한다고 믿지 않는 것을 보았을 때 도전해야 한다.

CEO가 질문할 수 있는 질문을 예상하는 준비 작업을 다음과 같이 하여야 한다. 첫째, 내 제안의 준비 상태에 대한 신뢰할 수 있는 내부자의 피드백을 구하고, 둘째, 경영진이 직면한 현재 문제를 파악하고, 셋째, 비즈니스 문제 또는 미디어에서 제기된 문제를 활용할 준비가 되어 있어야 하며, 넷째, 가능하다면 미리 나의 주장을 준비하여야 하며, 다섯째, 도전을 받았을 때 내 자아를 제쳐 두고 건설적으로 참여하기 위해 자신을 드러내는 다음 순간을 포착할 수 있는 자신감을 가져야 한다.

2.6. 열정을 활용하면서도 감정을 억제해야 한다.

지속 가능성 문제에 대한 열정과 헌신으로 CEO에게 영감을 줄 필요가 있지만, 신뢰도를 잠식할 수 있는 감정적 쾌락을 피해야 한다. 변화담당자의 역량과 솔직해지려는 열정, 주제에 대한 열정이 있어야 한다. 열정이 있다는 것은 자신이 있다는 것이다. 일단 자신감을 확립하고 나서 어떻게든 그것을 더 흥미롭게 만드는 에너지로 전환되게 특정한 문제에 몰두하고 있어야 하며 객관적으로 대처해야 한다.

비즈니스는 감정을 표현할 수 있는 공간을 제공하지 않는다. 그래서 비즈니스에 대한 논리적, 좌뇌 유형의 접근 방식에서 편안한 영역을 찾아야 한다. 그리고 결과를 얻기 위해 실제로 행동으로 이끄는 열정을 갖어야 한다.

열정을 이용하되, 나의 감정을 억제하기 위해서는 다음과 같은 방법을 생각해야 한다. 첫째, 일반 직원이 아닌 신뢰할 수 있는 동료 또는 업계 동료에게 연락하여 환기(일상적이지 않음). 둘째, 나만의 동기를 이해해야 한다. 셋째, 화가 났을 때 내 감정을 발산할 수 있는 바디 랭귀지를 봐야 한다. 넷째, 내가 너무 감정적으로 변한 경우 신뢰할 수 있는 동료에게 신호 또는 피드백 제공을 요청한다. 다섯째, 나만의 스트레스 관리 및 자기 관리로 내 리더십 역량 개발을 위해 투자를 한다.

2.7. 지속가능성이 반려동물 프로젝트로 인식되는 것을 막아야 한다.

중요한 특징은 효과적인 지속가능성 변화담당자가 한 사람의 지위를 차지하지 못하도록 또는 그룹의 '반려동물 프로젝트가 되지 않도록' 막을 수 있어야 한다. 열정적인 CEO가 지속가능성 활동을 시작하고, 다음 CEO가 할 수 있는 상황이 되어야 한다. 사업에 뿌리를 두고 있지 않은 것을 창조하고 있다면 그것은 개인적인 취미일 뿐이다. 이것이 조직의 DNA에 있어야 하는 것이 가장 중요하다. 어느 누구도 그의 재임 기간 동안 특정 CEO의 일종의 반려동물 프로젝트가 되어서는 안된다. 자신의 반려견 프로젝트를 가져오지 않을 뿐만 아니라 다른 사람들의 반려견 프로젝트에 기꺼이 도전할 수 있어야 한다.

다음과 같은 방법으로 반려동물 프로젝트를 추진하거나 지원하는 모습을 피할 수 있다. 첫째, 전략에 적합한 프로젝트 종류에 대한 핵심 기준을 수립한다. 둘째, 중요성 측면에서 프로젝트 평가 및 지속가능성 전략과 연계한다. 셋째, 프로젝트 아이디어를 다른 사람에게 전달하여 관련성을 확인한다.

3. 성공적인 네트워킹 만들기

3.1. 인적 정보망(네트워킹) 형성의 필요성

네트워킹은 일반적으로 기업에서 승진하거나 새로운 지원을 얻기 위한 필수 도구로 인식된다. 그러나, 많은 사람들은 네트워킹이 단순한 도구가 아니라 배워야 할 기술이라는 것을 깨닫지 못하고 있다. 단순히 네트워킹 이벤트에 나타나거나 많은 사람과 친해진다고 해서 네트워킹의 이점을 누릴 수 있는 것은 아니다. 참여할 적절한 네트워크와 이벤트를 선택하는 것이 성공에 필수적이다.

지속가능성 실행 계획을 수립하고 실행 준비를 할 때, 여러분은 전문 지식이 필요하다는 것을 알게 될 것이고, 계획을 현실화하기 위해 많은 주요 이해 관계자들의 지지를 받게 될 것이다. 새로운 지속 가능성 여정에 동행할 강력한 지원 그룹을 갖는 것은 성공에 필수적이며, 네트워킹은 이러한 지원을 구축하는 데 중요한 측면이다.

3.2. 사례: 케임브리지 대학교 지속가능성 연구소(CISL) 네트워크

CISL 네트워크의 구성원이 되는 것도 한 방법으로, 이를 통해 네트워킹 기술을 실천할 수 있는 기회를 얻고, 적절한 연락처를 만나 지속가능성 노력에 도움을 주고 영감을 줄 수 있다.

CISL 네트워크는 모든 산업과 모든 대륙에서 기업, 공공 부문 및 시민 사회를 대표하는 거의 8,000명의 고위 지도자와 주요 실무자로 구성되어 있다. CISL 네트워크의 구성원으로서 다음 항목에 액세스할 수 있다.

지속적인 학습: 지속 가능성에 대한 지식을 강화하고 업데이트하기 위해 그에 관한 활동 및 자료에 액세스한다. 관련된 기관은 케임브리지에 본부를 둔 이틀 간의 지속가능성 리더십 연구소가 있다. 이를 통해 네트워크 구성원은 다시 연결하고 기술을 업데이트하고 천연 자원, 혁신, 리더십 및 금융을 비롯한 주요 주제에 대한 이해를 높일 수 있다.

연구에 기여할 수 있는 기회: 네트워크 구성원은 경제 재연결 출판물과 같은 혁신적인 연구에 참여하고 기여할 수 있는 특별한 기회에 참여할 수 있다.

전 세계 네트워킹 이벤트: 네트워크 구성원은 국제 CISL 대사가 주관하는 사고 리더십 웹 세미나 및 지역 및 주제별 네트워킹 기회를 포함하여 CISL 행사에 참석할 수 있다. 참여자는 지속가능성 리더십에 대한 관심을 공유하고 해당 지역에 거주하거나 일하는 동문 및 광범위한

CISL 네트워크의 구성원들과 연결될 수 있다.

연결 상태를 유지하는 기능: 회원들은 CISL의 최신 연구, 사고, 출판물, 동문 및 CISL 네트워크 내의 사상 지도자들의 최신 정보를 얻을 수 있는 기회가 주어진다. 이들은 월간 e-뉴스레터를 통해 캠브리지 및 전 세계의 이벤트 및 기회에 대해 쉽게 알아보고, 토론에 기여하며, 독점적인 CISL Network LinkedIn 그룹을 통해 동지들과 교류할 수 있다.

II. 지속가능성과 변화담당자에 대한 연습

다음 연습 문제들은 2021년 Business Sustainability Management of CISL(Cambridge Institute for Sustainability Leadership: University of Cambridge)에서 변화담당자에 대한 관련 자료 중 일부를 인용한 것이다. 아래의 예를 참조하여 자신의 문제를 연습하여 보시오.

1. 지속가능성 실행 계획 개발
올바른 해결책을 제시하려면 해결해야 할 문제를 이해해야 한다. 귀사의 업계가 직면한 지속 가능성 과제를 검토하시오.

1.1. 비즈니스의 지속 가능성 과제를 열거하고, 비즈니스 환경에 지속 가능성과 관련된 다른 과제와 기회를 포함시켜야 한다.
단어 제한: 100-150단어 (예시) 아래 예시를 보고 당신의 과제를 작성하시오.
▶지속가능성 과제의 목록은 재생에너지 사용 증가, 순환경제 강화, 작업장 안전 보장, 친환경 물품 공급망의 안보이다.
▶재생에너지는 지구의 탄소중립성과 온실가스 배출을 해결할 수 있

고, 순환경제는 세계적으로 더 많은 관심을 받고 있으며, 안전보건 원칙의 실천과 이행을 통해 무사고 사업장을 보장한다.
▶코로나19 범유행과 극한 날씨로 인한 글로벌 공급망 혼란은 피해야 한다. 기업의 사업 대상지가 아시아·중동 시장이고, 유럽·북미·호주 시장으로 확대되는 것이 중요하기 때문이다.
▶네 가지 과제에 대한 해결책은 17개의 SDGs의 일부 목표를 달성하는 데 도움이 되기 때문에 세계적으로나 한국에서나 모두 중요하다.

1.2. 지속 가능성 분야에서 귀중한 지식을 습득하여 비즈니스에 활용할 수 있다.

지속가능성 변화는 현실이 되기 위한 팀 노력이 필요하지만, 그 변화에 영향을 미치려면 팀 내에서 동기부여가 되고 객관적인 것을 지향하는 개인이 필요하다. 비즈니스 또는 영향력 범위 내에서 변화를 가져오기 위해 스스로 설정하고 싶은 네 가지 개인적 목표의 초안을 작성해야 한다. SMART(구체적, 측정가능, 달성가능, 관련성 및 시간지향적) 목표를 설정하여 달성 가능성을 높여야 한다(예: "2018년 6월 말까지 제품 설계 및 생산의 지속가능성에 대해 논의하기 위한 제조 책임자와 미팅 설정").

단어 제한: 100-150단어 (예시) 아래 예시를 보고 당신의 과제를 작성하시오.
▶효과적인 지속가능성 변화 주체가 되고자 한다.
▶2021년 10월 말까지 국내외 전문가 4대 과제 사업 관련 주제 1개월 수강
▶환경·사회 분야에서 두 달 동안 한 일을 기록하고 2021년 10월 말까지 하루 동안 중산층 경영자들과 4가지 과제에 대한 프레젠테이션을 할 수 있는 워크숍을 마련한다.

▶CEO 및 4명의 이사와 함께 4가지 과제에 대한 준비 작업을 수행하고 CEO 및 4명의 이사가 2021년 11월 말까지 질문할 것을 예상하면서 하루 동안 미팅 설정

▶2021년 11월 말까지 2개월 동안 우리 사업에 적용하기 위한 국제 지속가능성 동향에 대해 논의하기 위해 4개 과제 협력사 CEO들과 이틀간 미팅을 갖는다.

2. 변화에 대한 몇 가지 장벽에 직면

이러한 장벽을 극복하기 위해서는 변화를 잘 관리하는 것이 중요하다.

2.1. 귀사의 비즈니스의 지속 가능성과 관련된 변화에 대한 주요 장벽을 파악하시오.

각 장벽이 상위 장벽으로 등재되어야 마땅한 이유에 대한 간략한 설명과 함께 가장 눈에 띄는 세 가지 장벽을 나열하십시오.

단어 제한: 100-150단어 (예시) 아래 예시를 보고 당신의 과제를 작성하시오.

▶기업은 재벌이기 때문에 순환경제를 고려하지 않고 운영팀 단독으로 지속가능성 계획을 시행한다. 이 경우 폐기물이 많이 발생하고 매립과 소각이 늘어날 수 있다. 순환 경제는 폐기물-자원 순환 모델이며, 이는 폐기물-자원 순환 시스템을 실행에 옮긴다. 내부 팀이 많은 파트너 회사는 이러한 종류의 재활용품을 필요로 하며, 전체적인 시스템으로서 협력해야 한다는 뜻이다.

▶지속가능성 변화에 대한 야심찬 약속의 실현은 1962년 이후 설립의 오랜 역사와 5개 사업(5개)으로 인해 발생할 수 있으며, 이로써 열정적인 분산을 할 수 있다.

▶경력이 15년 이상 되고 기존 근무방식 문화를 고집하며 한계공간

과 '사이'에 있는 경영자 중산층에서 저항과 무시의 목소리가 나오는 이유는 직원 수가 5000여명에 달하고 재무실적이 좋기 때문이다.

2.2. 장벽이 확인되면 이를 극복할 방법을 결정하는 것이 중요하다.
질문 2.1에서 확인된 세 가지 장벽을 극복하고 주요 의사 결정권자의 지지를 받는 방법에 대한 간단한 전략을 작성하시오.

단어 제한: 100-150단어 (예시) 아래 예시를 보고 당신의 과제를 작성하시오.

▶ 최고 경영자를 포함한 지속적인 교육, 그리고 강력한 조치의 실행 등 두 가지 전략이 확인된다.
▶ 지속가능성 챔피언으로부터 제품의 수명 주기 영향을 생각하고 다른 이해 관계자들과 협력할 수 있는 학습을 한다. 이 학습을 통해, 그들은 관계를 맺고 다른 이해 관계자들과 접촉해야 한다. 그들의 성과는 평가되어야 한다.
▶ 지속가능성 관리자는 고위 리더와 CEO가 책임을 다하는 데 전념할 수 있도록 지원한다.
▶ 지속가능성을 인정하지 않는 사람들은 해고되어야 하며, 그 대신 다른 사람들을 현장에 파견하여 비용 절감, 안전 및 환경에 대한 지속가능성의 이점을 지속적으로 강화해야 한다. 저항받을 수 있는 것을 실제로 억제하는 이 첫 단계가 정말 중요하다. 또한 외부 지속가능성 전문가 교육을 통해 지속가능성 변화의 주체가 될 수 있다.

2.3. 일부 지속가능성 이니셔티브는 단기적이지는 않더라도 일정 기간 동안 비용을 절감할 수 있다.
그러나 장기적인 가치를 창출하기 위해 초기 투자에 대한 사례를 제시해야 할 수도 있다. 이는 어려울 수 있으며 계획에 통합되어야 한다. 지속 가능성 계획에 통합되어야 할 잠재적인 자금 조달 옵션을 파악한다.

단어 제한: 100-150단어 (예시) (예시) 아래 예시를 보고 당신의 과제를 작성하시오.

- ▶기업의 비즈니스를 지속가능성 계획에 통합하는 방법은 두 가지가 있다. 첫째는 재정적으로 창업을 지원하는 것이고, 둘째는 스스로 재정적으로 경영하는 것이다.
- ▶스타트업의 도움을 받아 지속 가능한 신기술 개발이 필요하다. 창업을 재정적으로 지원하기 위해, 그들에게 인큐베이터 프로그램, 벤처 투자가 및 비즈니스 엔젤과 같은 많은 자금 조달 옵션을 제공할 수 있다. 고위험, 고수익 및 고도로 선별된 절차를 통해 재정적으로 초기 단계와 약간 후반 단계를 지원할 것이다(Nicky Dee 박사, 섹션 8.3의 비디오 1).
- ▶임팩트 투자부터 재정적으로 스스로 관리하여 온실가스 감축, 에너지 효율 고도화, 신재생에너지 개발 등 지속 가능한 신기술을 개발할 수 있다. 이것은 본질적으로 재정적 이익 뿐만 아니라 사회적 이익을 준다.
- ▶이러한 재무과정을 통해 이해관계자의 브랜드와 로열티라는 명성을 얻을 수 있다.

2.4. 네트워킹의 중요성과 힘의 증명

흔히 "알고 있는 것이 아니라 아는 사람"이라고 말하는데, 비즈니스 리더나 기업가는 아이디어를 발전시키고 프로젝트를 시작하는데 있어서 네트워킹의 중요성과 힘을 증명할 수 있다. 앞에서 다루는 내용을 바탕으로 올바른 연결을 확보하고 중요한 의사 결정자에게 영향을 미쳐 지속 가능성 계획을 수립하고 계획이 진행됨에 따라 추진력을 유지할 수 있도록 "지원 네트워크" 계획을 제안해야 한다.

1) 귀하의 개인 및 전문 네트워크 내의, 비즈니스 또는 관련 영향력 있는 기관(예: 기업 협회, 정부 기관, 비영리 단체, 학계 등)에서 3-5명의 주요 구성원을 식별하시오. 비즈니스 내에서 지속 가능성과 관련된 변화에 영향을 미치는 데 도움이 될 수 있는 요소를 파악 하시오.

단어 제한: 50-100단어 (예시) 아래 예시를 보고 당신의 과제를 작성 하시오.

▶Mr. L : 국회의원, 산업통상자원중소벤처기업위원회 위원, 찾는 회사의 최고 경영자 소개 및 정확한 정보 입수
▶Mr. L: 사립대 교수, 관련 학회 회장, 순환경제 자문
▶Mr. L: 국책연구원 부원장, 환경정책 자문
▶Mr. C: 환경부 정책국장; 공공기관 소개
▶Ms K: NGO 대표, 다른 NGO와 지역공동체 소개

2) 지속 가능성 관련 목표를 달성하기 위해 질문 1)에서 확인한 네트워크 지원을 활용하기 위한 실행 계획 초안을 작성 하시오. 다음의 세부 정보를 포함 하시오.

개인에게 연락하거나 접근하기 위한 계획, 목표를 제시하고 토론하기 위해 만나는 방법(예: 일대일 미팅이 있는지, 아니면 그룹 형식으로 발표하는지, 네트워크는 그룹으로 함께 활동하는지, 아니면 각 개인이 개별적으로 보고하는지?)은 무엇인가. 그들의 도움에 대한 대가로 무엇을 제공할 것인가(즉, 그들이 참여하도록 동기를 부여할 수 있는 것과 그들이 참여할 수 있는 인센티브의 종류를 고려하라). 이것은 다양하며 각 개인과의 관계의 성격에 따라 크게 달라진다.

원하는 진전 수준(예: 두 당사자 간의 이해 충돌)을 저해할 수 있는 잠재적(관계적) 장벽 또는 구성원 간의 공통성과 같은 기회를 활용할 수

있다.

단어 제한: 200~250단어 (예시) 아래 예시를 보고 당신의 과제를 작성하시오.

▶나는 20년 이상 프로젝트를 했기 때문에 그들과 깊은 관계를 맺고 있다. 언제든지 전화와 이메일 또는 직접 연락할 수 있다. 그들은 내 소개로 사적인 만남을 했고 서로를 알고 있다.

▶상황에 따라 다양한 미팅을 통해 나의 목표를 발표하고 토론할 수 있다. 일대일 미팅, 자신이 소개한 다른 전문가들과의 그룹 미팅, 세미나 및 워크숍 개최, 개별 보고 등이 그것이다.

▶그들의 도움에 대한 보답은 각각 다르다.

설문지를 제공하고 구성원들에게 대정부질문의 핵심 주제에 대해 교육한다. 프로젝트 자문회의가 요청될 때마다 전문가로 참석한다. 전문가로서, 평가요원으로서 여러 위원회 회의에 참석한다. 다양한 행사에 참여하고 주민들을 위한 발표에 대한 설명을 한다.

▶멤버들은 각자 다른 분야에서 활동하며, 각자 다른 관점과 의견을 가지고 있다. 때로는 중요한 핵심 쟁점에 대해 그들 사이에 이해관계가 충돌하기도 한다. 예를 들어 정부는 코로나19 범유행으로 식당, 커피숍 등 상업 장소에 1회용 플라스틱을 일시적으로 사용하는 것을 허용하고 싶지만 NGO는 이에 반대하고 있다. 나머지는 자영업자협회의 의견을 듣고 중립을 지키고 있다. 갈등이 있더라도 집단지성이 축적돼 더 나은 계획이 실행될 수 있도록 했다.

3) 다른 지원 메커니즘(기존 네트워크와 비즈니스 네트워크 내의 개인 제외)이 현재의 역할에 더 효과적으로 도움이 될 수 있나? 다시 말해, 분점을 통해 더 많은 지원을 받을 수 있는 기회는 무엇인가?
단어 제한: 100-150단어 (예시) 아래 예시를 보고 당신의 과제를 작

성하시오.

▶주주, 고객, 직원, 협력업체 및 지역사회와 같은 이해당사자가 많다. 사업을 확장하고 더 많은 지원을 얻기 위해 추가 지원 메커니즘으로 나는 그들과 상호 의존적인 협업을 할 것이다.

▶외부 전략고문으로서 지속가능성 관련 실천을 위해 설득하고 있다. 나는 그들의 도움으로 상호의존적 리더가 되어 지금의 내 역할을 더 효과적이게 할 것이다.

▶사회경제발전에 기여하고, 주주들에게 효과적이고 투명한 경영을 실천하며, 고객에게 지속적인 만족감을 제공하고, 임직원들이 열심히 자발적으로 일하고, 파트너 회사와 함께 평등하게 참여할 수 있도록 최선을 다해 소통하고 설득하도록 한다.

나 혼자 하는 ESG
| ESG평가 준비 |

2권. 우수한 ESG 평가는 어떻게 가질 수 있나?

초판 1쇄 인쇄 2023년 8월 18일
초판 1쇄 발간 2023년 8월 20일

저자 | 이희선 · 구대환
발행인 | 배장호
발행처 | ESG교육평가원, S&M미디어
주소 | 서울시 서초구 명달로 120번지 S&M빌딩 5~7층
전화 | 02)583-4161
팩스 | 02)584-4161
홈페이지 | www.snmnews.com
등록 | 1996년 6월 10일, 제6-1318호

가격 10,000원
ISBN 978-89-89069-97-3
ISBN 978-89-89069-95-9(세트)

* 이 서적의 출판권은 S&M미디어(주)에 있습니다.
　S&M미디어(주)의 허락없이 무단 복제, 발췌, 전재를 금합니다.